D1664805

Einzig berechtigte deutsche Übersetzung
von Erwin Magnus

© Universitas Verlag Berlin

Alle Rechte vorbehalten

Schutzumschlag: Renate Weber-Rapp

Gesamtherstellung:

Graphische Kunstanstalt Jos. C. Huber KG, Dießen vor München

IBSN 3-8004-0815-5

Jack London

Geschichten aus der Südsee

Universitas

Berlin

Inhaltsverzeichnis

Die Perle

Trotz ihrer plumpen Linien steuerte die »Aorai« leicht in der sanften Brise. Um den Sog der Brandung zu vermeiden, ließ ihr Kapitän sie weit einlaufen, ehe er wendete. Das Atoll Hikueru lag niedrig auf dem Wasser, ein Kreis von feinem Korallensand, an hundert Ellen breit, zwanzig Meilen im Umkreis und drei bis fünf Fuß über der Hochwasserlinie. Auf dem Grunde der ungeheuren, glasklaren Lagune lagen viele Perlenmuscheln, und vom Deck des Schoners aus konnte man jenseits des schmalen Atollringes die Taucher bei der Arbeit sehen. Aber die Lagune bot selbst für einen Handelsschoner keine Einfahrt. Bei günstigem Winde konnten Kutter durch den seichten, gewundenen Kanal hineinschlüpfen, aber Schoner mußten draußen bleiben und ihre kleinen Boote hineinschicken.

Die »Aorai« schwang ein Boot aus, und ein halbes Dutzend braune, nur mit einem scharlachroten Lendenschurz bekleidete Matrosen sprangen hinein. Sie ergriffen die Riemen, während achtern am Ruder ein junger Mann stand, in dem man an der weißen Tropenkleidung den Europäer erkannte. Aber er war es nicht ganz. In dem Sonnenglanz seiner hellen Haut, auf der goldene Lichter spielten, dem blauen Schimmer seiner Augen verriet sich Polynesien. Es war Raoul, Alexander Raoul, der jüngste Sohn von Marie Raoul, der reichen Quadronin, die ein halbes Dutzend Handelsschoner wie die »Aorai« besaß. Durch die kochende Flut eines Wirbels gerade vor der Einfahrt erkämpfte sich das Boot seinen Weg in die spiegelblanke Ruhe der Lagune. Der junge Raoul sprang auf den weißen Sand und schüttelte einem langen Eingeborenen die Hand. Brust und Schultern des Mannes waren prächtig, aber der Stumpf des rechten Armes, über dessen Fleisch der altersgebleichte Knochen mehrere Zoll hinausragte, bezeugte die Begegnung mit einem Hai, die seinen Tauchertagen ein Ende und ihn zu einem Speichellecker gemacht hatte, der um geringe Gunstbeweise kroch.

»Hast du gehört, Alex«, waren seine ersten Worte, »Mapuhi hat eine Perle gefunden — eine solche Perle! Noch nie hat man ihresgleichen gefischt, weder auf Hikueru noch auf allen Paumotuinseln, noch in der ganzen Welt. Kauf sie ihm ab. Er hat sie noch. Und vergiß nicht, daß ich es dir zuerst erzählt habe. Er ist ein Dummkopf, du kannst sie billig bekommen. Hast du ein bißchen Tabak?«

Raoul steuerte gerade über den Strand auf eine Hütte los, über der sich grüne Pandangzweige wiegten. Er war der Superkargo seiner Mutter und hatte von ihr den Auftrag, die ganzen Paumotuinseln nach ihrem Reichtum an Kopra, Muscheln und den darin enthaltenen Perlen zu durchstöbern.

Er war ein junger Superkargo, erst auf seiner zweiten Reise in dieser Eigenschaft, und litt manche geheime Qual, weil er so wenig Erfahrung im Einschätzen von Perlen besaß. Als aber Mapuhi ihm die Perle zeigte, glückte es ihm doch, sein Staunen zu unterdrücken und einen unbekümmerten, geschäftsmäßigen Ausdruck zu bewahren. Sie war so groß wie ein Taubenei, vollkommen rund und von einer Weiße, die in Lichtern von allen Farben schillerte. Noch nie hatte er etwas Ähnliches gesehen. Als Mapuhi sie in seine Hand gleiten ließ, war er über ihr Gewicht erstaunt. Das zeigte, daß es eine gute Perle war. Er prüfte sie genau durch eine Taschenlupe. Sie war ohne Fehl und Makel. Ihre Reinheit schien sich mit der Atmosphäre zu verschmelzen. Im Schatten leuchtete sie zart und schimmerte sanft wie der Mond. So durchsichtig war sie, daß er Mühe hatte, sie in einem Glas Wasser wiederzufinden.

»Na, was willst du dafür haben?« fragte er mit gutgespielter Gleichgültigkeit.

»Ich will —«, begann Mapuhi, und hinter ihm nickten zu beiden Seiten seines dunklen Gesichtes die zweier Frauen und eines Mädchens ihren Beifall zu seinen Wünschen. Ihre Köpfe waren, erregt von unterdrücktem Eifer, vorgebeugt, und ihre Augen blitzten begehrlich.

»Ich will ein Haus haben«, legte Mapuhi los. »Es muß ein Dach aus verzinktem Eisenblech und eine achteckige Wanduhr haben. Es muß sechs Faden lang sein und rundherum eine Säulenhalle haben. Drinnen muß ein großes Zimmer sein mit einem runden Tisch in der Mitte und der achteckigen Uhr an der Wand. Vier Schlafzimmer muß es haben, zwei auf jeder Seite des großen Zimmers, und in jedem Schlafzimmer müssen ein eisernes Bett, zwei Stühle und ein Waschtisch sein. Und hinten am Hause muß eine Küche sein, eine gute Küche mit Töpfen, Pfannen und einem Herd. Und du mußt das Haus auf meiner Insel — auf Fakarava — bauen.«

»Ist das alles?« fragte Raoul ungläubig.

»Eine Nähmaschine muß da sein«, nahm Tefara, Mapuhis Weib, das Wort.

»Nicht zu vergessen die achteckige Wanduhr«, fügte Nauri, Mapuhis Mutter, hinzu.

»Ja, das ist alles«, sagte Mapuhi.

Der junge Raoul lachte. Er lachte lange und herzlich. Aber während er lachte, zerbrach er sich den Kopf mit Rechenproblemen. Er hatte noch nie im Leben ein Haus gebaut, und seine Begriffe waren in dieser Beziehung etwas unklar. Während er lachte, berechnete er die Kosten der Reise nach Tahiti, woher die Materialien geholt werden mußten, der Materialien selbst, der Rückreise nach Fakarava, der Landung der Materialien und des Hausbaus. Wenn man zur Sicherheit reichlich rechnete, kamen viertausend französische Dollar heraus — viertausend Dollar waren gleich zwanzigtausend Franc. Das war unmöglich. Woher sollte er den Wert einer solchen Perle kennen? Zwanzigtausend Franc waren eine Menge Geld — und obendrein das Geld seiner Mutter.

»Mapuhi«, sagte er, »du bist ein großer Narr. Mach einen Preis in Geld.«

Aber Mapuhi schüttelte den Kopf, und die drei Köpfe hinter ihm wurden im Chor geschüttelt.

»Ich will das Haus haben«, sagte er. »Es muß sechs Faden lang sein und rundherum eine Säulenhalle haben und —«

»Ja, ja«, unterbrach Raoul ihn, »ich weiß Bescheid über dein Haus, aber es geht nicht. Ich will dir tausend Chile-Dollar geben.«

»Ich will das Haus haben«, begann Mapuhi.

»Was hast du von dem Haus?« fragte Raoul. »Der erste Orkan fegt es weg. Das solltest du doch wissen.

Kapitän Raffy sagt, daß es gerade jetzt sehr nach einem Orkan aussieht.«

»Nicht auf Fakarava«, sagte Mapuhi. »Da liegt das Land viel höher. Auf dieser Insel, ja. Jeder Orkan kann Hikueru wegfegen. Ich will das Haus auf Fakarava haben. Es muß sechs Faden lang sein und rundherum eine Säulenhalle haben —«

Und Raoul wurde nochmals die Beschreibung des Hauses vorgesetzt. Mehrere Stunden verwandte er auf den Versuch, Mapuhi das Haus aus dem Kopfe zu hämmern; aber Mapuhis Mutter und Weib und Ngakura, Mapuhis Tochter, bestärkten diesen in seinem Entschluß. Bei der zwanzigsten Beschreibung des verlangten Hauses sah Raoul das zweite Boot seines Schoners auf den Strand fahren. Die Matrosen blieben an den Riemen und zeigten damit, daß sie schnell wieder weg wollten. Der erste Steuermann der »Aorai« sprang ans Land, wechselte ein paar Worte mit dem einarmigen Eingeborenen und eilte dann zu Raoul. Der Tag wurde plötzlich dunkel, eine Bö verbarg die Sonne. Jenseits der Lagune konnte Raoul die unheilverkündende Linie des Windstoßes sich nähern sehen.

»Kapitän Raffy sagt, Sie müßten machen, daß Sie hier wegkämen«, lautete der Gruß des Steuermanns. »Wenn's hier irgendeine Muschel gibt, müßten wir's drauf ankommen lassen und sie später aufsammeln — sagt er. Das Barometer ist auf neunundzwanzig, siebzig gefallen.«

Der Windstoß traf den Pandangzweig zu ihren Häuptern und sauste durch die Palme, wobei er ein halbes Dutzend reife Kokosnüsse mit dumpfem Schlag zu Boden schleuderte. Dann kam der Regen aus der Ferne, näherte sich brüllend wie ein Sturmwind und peitschte das Wasser der Lagune, daß es dampfte. Die ersten

Tropfen rasselten scharf herab, und Raoul sprang auf. »Tausend Chile-Dollar bar auf den Tisch, Mapuhi«, sagte er laut,»und für zweihundert Dollar Waren.«

»Ich will ein Haus haben —«, begann der andere.

»Mapuhi!« schrie Raoul, um mit der Stimme durchzudringen. »Du bist ein Rindvieh!«

Er stürzte aus dem Hause und erkämpfte sich Seite an Seite mit dem Steuermann den Weg nach dem Strande. Sie konnten das Boot nicht sehen. Der tropische Regen überschüttete sie so, daß sie nur den Sand zu ihren Füßen und die kleinen Wellen, die nach dem Sande schnappten und bissen, sehen konnten. Ein Gesicht tauchte aus der Sintflut auf. Es war Huru-Huru, der Einarmige.

»Hast du die Perle bekommen?« schrie er Raoul ins Ohr.

»Mapuhi ist ein Narr!« schrie dieser zur Antwort, und im nächsten Augenblick hatten sie sich in dem herabstürzenden Wasser verloren.

Eine halbe Stunde später sah Huru-Huru, der auf der Seeseite des Atolls Ausguck hielt, wie die beiden Boote eingeholt wurden und die »Aorai« ihren Bug seewärts wendete. Und nahe bei ihr sah er einen andern Schoner, auf den Schwingen des Sturmes hergetragen, sich schaukeln und ein Boot zu Wasser lassen. Er kannte ihn. Es war die »Orohena«, Eigentum Torikis, des halbblütigen Kaufmanns, der seinen eignen Superkargo machte und zweifellos selbst achtern im Boot stand. Huru-Huru kicherte. Er wußte, daß Mapuhi Toriki noch Geld schuldete für Waren, die er im Vorjahr auf Kredit gekauft hatte.

Die Bö war vorüber. Die Sonne flammte heiß, und die Lagune glich wieder einem Spiegel. Aber die Luft war klebrig wie Schleim, und ihr Gewicht lastete auf den Lungen und erschwerte das Atmen.

»Hast du die Neuigkeit gehört, Toriki?« fragte Huru-Huru. »Mapuhi hat eine Perle gefunden. Noch nie hat man ihresgleichen gefischt, weder auf Hikueru noch auf den Paumotuinseln, noch in der ganzen Welt. Mapuhi ist ein Narr. Übrigens ist er dir noch Geld schuldig. Vergiß nicht, daß ich es dir zuerst erzählt habe. Hast du ein bißchen Tabak?«

Und zu Mapuhis Grashütte ging Toriki. Er war ein herrischer, zudem ziemlich dummer Mensch. Unbekümmert warf er einen Blick auf die wundervolle Perle, einen einzigen Blick nur, und unbekümmert steckte er sie in die Tasche.

»Du hast Glück«, sagte er. »Eine nette Perle. Ich räume dir einen Kredit in meinen Büchern ein.«

»Ich will ein Haus haben«, begann Mapuhi bestürzt. »Es muß sechs Faden —«

»Erzähle das deiner Großmutter!« war die Antwort des Händlers. »Du willst deine Schuld bezahlen, nicht wahr? Du warst mir zwölfhundert Chile-Dollar schuldig. Na, schön: Du schuldest mir nichts mehr. Die Rechnung ist beglichen. Außerdem räume ich dir einen Kredit von zweihundert Chile ein. Wenn ich nach Tahiti komme und die Perle gut verkaufe, so gebe ich dir noch für hundert Kredit. Das macht zusammen dreihundert. Aber wohlgemerkt: nur, wenn die Perle gut verkauft wird. Ich kann vielleicht sogar Geld dabei zusetzen.«

Mapuhi kreuzte kummervoll die Arme und saß mit gebeugtem Haupte da. Die Perle war ihm gestohlen. Statt das Haus zu bekommen, hatte er eine Schuld bezahlt. Er hatte nichts Handgreifliches für die Perle erhalten. »Du bist ein Narr«, sagte Tefara. »Du bist ein Narr«, sagte Nauri, seine Mutter. »Warum hast du ihm die Perle in die Hand gegeben?«

»Was sollte ich machen?« protestierte Mapuhi. »Ich schuldete ihm das Geld. Er wußte, daß ich die Perle hatte. Ihr habt selbst gehört, daß er sie sehen wollte. Ich hab' ihm nichts davon erzählt. Er wußte es. Irgend jemand hat es ihm erzählt. Und ich schuldete ihm das Geld.«

»Mapuhi ist ein Narr«, äffte Ngakura.

Sie war zwölf Jahre alt und wußte es nicht besser. Mapuhi erleichterte sein Herz, indem er ihr eine Ohrfeige gab, daß sie taumelte, während Tefara und Nauri in Tränen ausbrachen und fortfuhren, ihn nach Weiberart auszuschelten.

Huru-Huru, der Ausguck am Strande hielt, sah einen dritten Schoner, den er kannte, vor der Einfahrt schaukeln und ein Boot aussetzen. Es war die »Hira«, die ihren Namen mit Recht trug, denn sie gehörte Levy, einem deutschen Juden, dem größten Perlenhändler von allen, und »Hira« war, wie bekannt, die tahitische Gottheit der Fischer und Diebe.

»Hast du die Neuigkeit gehört?« fragte Huru-Huru, als Levy, ein fetter Mann mit massigen, unregelmäßigen Zügen, den Strand betrat. »Mapuhi hat eine Perle gefunden. Noch nie hat man ihresgleichen gefischt, weder auf Hikueru noch auf allen Paumotuinseln, noch in der ganzen Welt. Mapuhi ist ein Narr. Er hat sie Toriki für vierzehnhundert Chile verkauft — ich horchte draußen und hörte es. Toriki ist auch ein Narr. Du kannst sie ihm billig abkaufen. Vergiß nicht, daß ich es dir zuerst erzählt habe. Hast du ein bißchen Tabak?«

»Wo ist Toriki?«

»Er ist bei Kapitän Lynch und trinkt Absinth. Seit einer Stunde.« Und während Levy und Toriki Absinth tranken und um die Perle schacherten, horchte Huru-Huru und hörte schließlich, daß sie zu dem erstaunlichen Preise von fünfundzwanzigtausend Franc einig wurden.

Um diese Zeit näherten die »Orohena« und die »Hira« sich dem Strande und begannen wie wahnsinnig ihre Kanonen abzufeuern und zu signalisieren. Die drei Männer kamen gerade noch rechtzeitig heraus, um die beiden Schoner in aller Eile mit Großsegel und Klüver von der Küste fort direkt der Bö in die Zähne fahren zu sehen, die sie weit über das schäumende Wasser jagte.

Dann verschwanden sie im Regen.

»Wenn's vorüber ist, kommen sie zurück«, sagte Toriki. »Draußen wären wir besser dran.«

»Ich vermute, daß das Glas noch weiter gefallen ist«, sagte Kapitän Lynch.

Er war ein weißbärtiger Seebär, der jetzt zu alt für die See war und die Erfahrung gemacht hatte, daß Hikueru die einzige Stelle der Erde war, wo er auf gutem Fuße mit seinem Asthma leben konnte. Er ging hinein, um nach dem Barometer zu sehen.

»Großer Gott!« hörten sie ihn ausrufen und stürmten hinein, um gemeinsam mit ihm auf das Zifferblatt zu starren, das jetzt neunundzwanzig, zwanzig zeigte. Als sie diesmal herauskamen, prüften sie ängstlich Himmel und Meer. Die Bö war vorüber, aber der Himmel war und blieb bedeckt. Sie konnten die beiden Schoner unter vollen Segeln in Gesellschaft eines dritten zurückkommen sehen. Der Wind drehte sich und zwang sie, die Segel festzumachen, und fünf Minuten später packte eine plötzliche Bö aus der entgegengesetzten Richtung alle drei Schoner von hinten, und man konnte am Strande sehen, wie die Spieren brachen und weggerissen wurden. Die Brandung erklang laut, hohl und drohend, und eine schwere Dünung setzte ein. Ein furchtbares Blitzen erleuchtete den dunklen Tag, und der Donner rollte wild über ihnen.

Toriki und Levy stürzten zu ihren Booten, der letztere wie ein gejagtes Nilpferd watschelnd. Als ihre beiden Boote zur Einfahrt hinausfegten, passierten sie das einkommende Boot der »Aorai«. Im Stern saß Raoul und spornte die Ruderer an. Außerstande, das Bild der Perle aus seinen Gedanken zu verscheuchen, kehrte er zurück, um auf Mapuhis Preis, das Haus mit der Säulenhalle, einzugehen.

Er landete mitten in einer treibenden Gewitterwolke, die so dicht war, daß er mit Huru-Huru zusammenstieß, ehe er ihn sah.

»Zu spät«, schrie Huru-Huru. »Mapuhi hat sie Toriki für vierzehnhundert Chile verkauft, und Toriki hat sie Levy für fünfundzwanzigtausend Franc verkauft. Und Levy will sie in Frankreich für hunderttausend Franc verkaufen. Hast du ein bißchen Tabak?«

Raoul fühlte fast eine Erleichterung. Seine Unruhe wegen der Perle war vorüber. Er brauchte sich keine Sorgen mehr zu machen, wenn er auch die Perle nicht bekam. Aber er glaubte Huru-Huru nicht. Mapuhi mochte sie wohl für vierzehnhundert Chile verkauft haben, daß aber Levy, der sich auf Perlen verstand, fünfundzwanzigtausend Franc dafür bezahlt haben sollte, war denn doch ein bißchen zu stark. Raoul beschloß, sich bei Kapitän Lynch danach zu erkundigen; als er aber das Haus des alten Seemanns betrat, fand er ihn, wie er mit weit aufgerissenen Augen auf das Barometer starrte.

»Was lesen Sie da heraus?« fragte Kapitän Lynch ängstlich, indem er seine Brille abwischte und wieder auf das Instrument sah.

»Neunundzwanzig, zehn«, sagte Raoul. »Ich hab's noch nie so niedrig gesehen.«

»Das glaub' ich gern!« schnaubte Kapitän Lynch. »Fünfzig Jahre hab' ich alle Meere befahren, aber so tief hab' ich es noch nie sinken sehen. Hören Sie!«

Sie standen einen Augenblick regungslos, während die Brandung polterte und das Haus schüttelte. Dann gingen sie hinaus. Die Bö war vorüber. Sie konnten die »Aorai« sehen, die in einer Entfernung von einer Meile in völliger Windstille lag und wie verrückt stampfte und rollte unter den fürchterlichen Seen, die in einer stattlichen Reihe aus Nordost herankamen und sich wütend auf das Korallenriff warfen. Einer von den Matrosen im Boot zeigte auf die Mündung der Einfahrt und schüttelte den Kopf. Raoul blickte hin und sah einen weißen Wirrwarr von Gischt und Wogen.

»Ich denke, ich bleibe heut nacht bei Ihnen, Kapitän«, sagte er. Dann wandte er sich an den Matrosen und befahl ihm, das Boot auf den Strand zu ziehen und mit den andern Leuten Schutz zu suchen.

»Rund neunundzwanzig«, berichtete Kapitän Lynch, der mit einem Stuhl herauskam, nachdem er nochmals nach dem Barometer gesehen hatte.

Er setzte sich und starrte das Schauspiel an, das das Meer jetzt bot. Die Sonne brach durch und vermehrte noch die Schwüle des Tages, und die völlige Windstille hielt an.

»Ich verstehe nicht, woher dieser Seegang kommt«, murmelte Raoul verdrießlich. »Es ist kein Wind, und doch, sehen Sie bloß diesen Burschen da!«

Meilenweit, mit einem Gewicht von Zehntausenden von Tonnen, erschütterte der Anprall der Woge das Atoll wie ein Erdbeben. Lynch war bestürzt.

»Großer Gott!« rief er aus, indem er sich halb von seinem Stuhl erhob und dann wieder zurücksank.

»Aber es ist gar kein Wind«, beharrte Raoul. »Ich könnte es noch verstehen, wenn wir Wind hätten.«

Die beiden Männer saßen schweigend da. Der Schweiß trat ihnen in Myriaden winziger Perlen auf die Haut und bildete feuchte Flecke, die sich zu Bächen vereinigten und dann auf den Boden tropften. Sie keuchten nach Atem, und namentlich der alte Mann mühte sich ab. Eine See fegte auf den Strand, leckte an den Kokosbäumen und setzte fast zu ihren Füßen ab.

»Ein ganzes Stück über der Hochwasserlinie«, bemerkte Kapitän Lynch, »und ich lebe hier seit elf Jahren.« Er sah nach der Uhr. »Es ist drei.«

Ein Mann und eine Frau kamen mit einem bunten Gefolge von Kindern und Kötern verzagt angezogen. Hinter dem Hause machten sie halt und setzten sich nach kurzer Unschlüssigkeit in den Sand. Wenige Minuten darauf kam von der andern Seite noch eine Familie, deren männliche und weibliche Mitglieder mit den verschiedenartigsten Besitztümern beladen waren. Und bald waren mehrere hundert Menschen jedes Alters und Geschlechtes um den Wohnsitz des Kapitäns versammelt. Er rief eine Frau an, die mit einem Säugling auf dem Arm gekommen war, und erfuhr, daß ihr Haus soeben in die Lagune gespült war.

Sie befanden sich hier auf dem höchsten Punkt des Landes, und schon schlugen die großen Seen an manchen Stellen zu beiden Seiten glatte Breschen in den schmalen Ring des Atolls und braußten in die Lagune. Zwanzig Meilen im Umkreis maß das Atoll und war nirgends über fünfzig Faden breit. Es war mitten in der Taucherzeit, und von allen Inseln, selbst von Tahiti, hatten die Eingeborenen sich hier versammelt.

»Hier sind zwölfhundert Männer, Frauen und Kinder«, sagte Kapitän Lynch. »Ich möchte wissen, wieviel es morgen noch sein werden.«

»Aber warum weht es nicht? Wenn ich das nur wüßte«, sagte Raoul.

»Keine Sorge, junger Mann, keine Sorge! das Unglück kommt schon früh genug.«

Im selben Augenblick traf eine mächtige Wassermasse das Atoll. Das Seewasser wühlte sich drei Zoll tief unter ihre Stühle. Ein dumpfer Angstruf entfuhr den zahlreichen Frauen. Die Kinder starrten mit gefalteten Händen auf die ungeheuren Seen und weinten kläglich. Hühner und Katzen, die verstört durch das Wasser wateten, suchten, wie auf gemeinsamen Beschluß, fliegend und kletternd ihre Zuflucht auf dem Dache vom Hause des Kapitäns. Ein Paumotuaner klomm mit einem Korb voll neugeborener Hunde auf eine Kokospalme und befestigte ihn dort zwanzig Fuß über dem Erdboden. Die Mutter watete jaulend und kläffend unten im Wasser.

Und immer noch schien die Sonne mit aller Macht, und die Windstille hielt an. Sie beobachteten die Seen und das unsinnige Stampfen der »Aorai«. Kapitän Lynch starrte sich an den ungeheuren Wasserbergen, die hereinströmten, die Augen aus. Er bedeckte das Gesicht mit den Händen, um den Anblick zu verlöschen, und ging dann ins Haus.

»Achtundzwanzig, sechzig«, sagte er ruhig, als er wiederkam.

Über dem Arm trug er eine Rolle dünnes Tau. Er zerschnitt es in Stücke von zwei Faden Länge, gab eins Raoul, behielt ein zweites für sich und verteilte den Rest unter die Frauen mit dem Rat, sich einen Baum zu wählen und hinaufzuklettern.

Ein leichter Wind begann aus Nordost zu wehen, und sein Fächeln erfrischte Raoul. Er konnte sehen, wie die »Aorai« Segel setzte und in See stach, und bedauerte, daß er nicht an Bord war. Sie kam schon irgendwie durch, aber das Atoll —. Eine See brach darüber und riß ihm fast die Füße unter dem Leibe fort. Dann fiel ihm das Barometer ein, und er lief zum Hause zurück. Er traf Kapitän Lynch, der denselben Gedanken hatte, und sie gingen zusammen hinein.

»Achtundzwanzig«, sagte der alte Seebär. »Eine schöne Hölle wird das hier — was war das?«

Die Luft schien mit einem Rauschen erfüllt. Das Haus zitterte und bebte, und sie hörten ein mächtiges Dröhnen. Die Fenster klirrten. Zwei Scheiben krachten; ein Windstoß fuhr herein und traf sie, daß sie wankten. Die gegenüber befindliche Tür schlug so heftig zu, daß die Klinke in Stücke ging. Der weiße Türknauf fiel in Atome zerschmettert zu Boden. Die Wände des Raumes bauschten sich wie ein Luftballon, der plötzlich gefüllt wird. Dann kam ein neuer Ton, wie Gewehrfeuer; der Gischt einer Woge schlug gegen das Haus. Kapitän Lynch sah nach der Uhr. Es war vier. Er zog eine blaue Jacke an, nahm das Barometer vom Haken und verstaute es in seiner geräumigen Tasche. Wieder schlug eine See mit dumpfem Schlag gegen das Haus, das leichte Gebäude kippte, drehte sich im rechten Winkel um sein Fundament und brach zusammen, so daß der Fußboden einen Winkel von zehn Grad bildete. Raoul ging zuerst hinaus. Der Sturm erfaßte ihn und wirbelte ihn fort. Er bemerkte, daß der Wind sich nach Osten gedreht hatte. Mit großer Mühe warf er sich in den Sand, indem er sich duckte und seine Sachen festhielt. Kapitän Lynch wurde wie ein Strohwisch herausgefegt und fiel, so lang er war, über ihn. Zwei

Matrosen verließen eine Kokospalme, die sie erklettert hatten, und kamen ihnen zu Hilfe, mußten sich aber in unmöglichen Stellungen gegen den Wind lehnen und jeden Zoll Weges kriechend erkämpfen.

Die Glieder des alten Mannes waren steif, und er konnte nicht klettern. Die Matrosen wanden ihn daher mit Hilfe von kurzen Tauenden in Zwischenräumen von wenigen Fuß den Baum hinauf, bis sie ihn schließlich im Wipfel, fünfzig Fuß über dem Erdboden, befestigen konnten. Raoul schlang sein Tauende um den Fuß eines danebenstehenden Stammes und beobachtete. Der Wind war entsetzlich.

Er hätte sich nie träumen lassen, daß es so furchtbar wehen könnte. Eine See durchbrach das Atoll und ging ihm bis an die Knie, ehe sie sich in die Lagune ergoß. Die Sonne war verschwunden, und bleifarbenes Zwielicht senkte sich herab. Einige waagrecht treibende Regentropfen trafen ihn. Ihr Anprall glich dem geschleuderter Kugeln. Ein Spritzer von salzigem Gischt traf sein Gesicht. Es war wie ein Schlag von Menschenhand. Seine Wangen brannten, und unwillkürlich traten ihm Schmerzenstränen in die Augen. Mehrere hundert Eingeborene hatten die Bäume erklommen, und der Anblick der auf den Wipfeln scheinbar wachsenden Menschenfruchtbündel wirkte beinahe lächerlich. Dann umklammerte er als geborener Tahitianer den Baum mit den Händen, preßte die Fußsohlen gegen den Stamm und begann, ihn zu erklettern. Im Wipfel fand er zwei Frauen, zwei Kinder und einen Mann vor. Ein kleines Kind hielt eine Katze im Arm.

Von seinem Horst aus winkte er mit der Hand Kapitän Lynch zu, und der unerschrockene Patriarch winkte zurück. Raoul war entsetzt über das Aussehen des Himmels. Der war viel näher gekommen — schien sich gerade über seinem Kopf zu befinden, und er war nicht mehr bleifarben, sondern schwarz. Viele Menschen waren noch unten, standen in Gruppen um die Baumstämme und hielten sich an ihnen fest. Mehrere Gruppen beteten, und inmitten der einen predigte ein Mormonenmissionar. Ein seltsamer Ton traf Raouls Ohr, rhythmisch, schwach wie das Zirpen einer Grille in der Ferne, nur einen Augenblick, aber dieser Augenblick erweckte in ihm den unbestimmten Gedanken an die Musik der himmlischen Heerscharen. Er blickte umher und sah am Fuße eines andern Baumes einen großen Menschenhaufen, der sich, aneinandergeklammert, an Tauen festhielt. Er konnte ihre Gesichter arbeiten und ihre Lippen sich gleichförmig bewegen sehen. Kein Ton drang zu ihm, aber er wußte, daß sie Psalmen sangen.

Immer noch nahm der Wind an Stärke zu. Raoul hatte keinen Maßstab für ihn, denn es war längst alles übertroffen, was er je an Wind erlebt hatte, aber irgendwie spürte er doch, daß er stärker wurde. In geringer Entfernung wurde ein Baum entwurzelt, seine Last an Menschen zu Boden geschleudert. Eine See spülte über den Sandstreifen, und sie waren verschwunden. Die Ereignisse jagten sich. Er sah die Silhouette einer braunen Schulter, eines schwarzen Kopfes sich gegen das aufgewühlte Weiß der Lagune abheben. Im nächsten Augenblick war auch das verschwunden. Andere Bäume stürzten, zersplitterten wie Streichhölzer. Er war bestürzt über die Gewalt des Windes. Sein eigener Baum schwankte gefährlich, die eine Frau jammerte und hielt das kleine Kind umschlungen, das sich seinerseits wieder an die Katze klammerte.

Der Mann, der das andere Kind hielt, berührte Raouls Schulter und zeigte auf etwas. Dieser wandte den Kopf und sah die Mormonenkirche in einer Entfernung von etwa hundert Ellen wie einen Betrunkenen wanken. Sie war von ihrem Fundament losgerissen und wurde von Wind und Wogen der Lagune zugeschoben. Eine furchtbare Wasserwand packte sie, warf sie um und schleuderte sie gegen ein halbes Dutzend Kokospalmen. Die Büschel von Menschenfrüchten fielen wie reife Kokosnüsse. Die zurückgehende Welle zeigte sie, einige lagen regungslos auf dem Boden, andere krümmten und wanden sich. Sie erinnerten ihn merkwürdig an Ameisen. Er entsetzte sich nicht. Das Schaudern hatte er überwunden. Wie etwas Selbstverständliches bemerkte er, wie die folgende Welle den Sand von menschlichen Wrackstücken reinwusch. Eine dritte Welle, riesiger als alle, die er bisher gesehen, schleuderte die Kirche in die Lagune, von der sie seewärts ins Dunkle schwamm, wie eine Arche Noah. Er sah nach Kapitän Lynchs Haus und erblickte es zu seiner Überraschung nicht mehr. Zweifellos kamen die Ereignisse Schlag auf Schlag. Er bemerkte viele, die von den noch stehenden Bäumen heruntergestiegen waren. Immer noch nahm der Wind zu. Sein eigener Baum zeigte es ihm. Er schwankte nicht mehr, bog sich nicht mehr hin und her. Er stand, in einem scharfen Winkel gekrümmt, tatsächlich still da und zitterte nur. Aber dieses Zittern war widerwärtig. Es war wie das einer Stimmgabel oder der Zunge einer Mundharmonika. Die Schnelligkeit des Zitterns war beklemmend. Selbst wenn die Wurzel hielt, konnte der Baum die Anspannung nicht mehr lange ertragen. Etwas mußte brechen. Ah, da war einer gestürzt! Er hatte ihn nicht brechen sehen, aber da stand der halbe Stamm noch. Wenn man es nicht selbst sah, wußte man nicht, wie es geschah. Das Krachen der Bäume und das Jammern menschlicher Verzweiflung war in dem Chaos von Tönen nicht zu hören. Er sah gerade nach Kapitän Lynch, als es geschah. Er sah den Baumstamm ohne Laut in der Mitte zersplittern und ohne Geräusch verschwinden. Die Krone segelte mit drei Matrosen von der »Aorai« und Kapitän Lynch über die Lagune hinweg. Sie fiel nicht zu Boden, sondern trieb wie ein Stückchen Spreu durch die Luft. Hundert Ellen weit verfolgte er ihren Flug, bis sie das Wasser berührte. Er strengte seine Augen an und war sicher, Kapitän Lynch zum Abschied winken zu sehen.

Raoul wartete nicht länger. Er berührte den Eingeborenen und bedeutete ihm, auf die Erde zu steigen. Der Mann wollte, aber seine Frau hatte der Schrecken gelähmt, und er zog es vor, bei ihnen zu bleiben. Raoul legte sein Tau um den Baum und glitt hinab. Eine Woge von Salzwasser ging ihm über den Kopf. Er hielt den Atem an und klammerte sich verzweifelt an das Tau. Die Welle trieb vorbei, und im Schutze des Baumes atmete er auf. Er befestigte das Tau sicherer und tauchte dann in einer anderen Welle unter. Eine der Frauen glitt herab und kam zu ihm, während der Mann bei der andern Frau, den beiden Kindern und der Katze blieb. Raoul hatte bemerkt, wie die Gruppen, die sich an den Fuß der andern Bäume geklammert hatten, immer kleiner wurden. Jetzt sah er, daß es auch dort, wo er sich befand, so zuging. Er bedurfte seiner ganzen Kraft, um sich festzuhalten, und die Frau, die sich ihm angeschlossen hatte, wurde immer schwächer. Jedesmal, wenn er aus einer See auftauchte, war er erstaunt, sich selbst und die Frau noch dort zu finden. Zuletzt tauchte er auf und sah sich allein. Er blickte nach oben. Die Spitze des Baumes war auch fort. In halber Höhe zitterte noch ein zersplittertes Ende. Er befand sich in Sicherheit. Der Baum bot dem

Winde keinen Widerstand mehr, und die Wurzeln hielten noch. Er begann hinaufzuklimmen, war aber so kraftlos, daß es nur langsam ging und Welle auf Welle ihn traf, ehe er oben war. Dann band er sich an den Stamm und stärkte seine Seele, um der Nacht und dem Unbekannten entgegenzusehen.

Er fühlte sich sehr einsam in der Dunkelheit. Zuweilen schien es ihm, daß dies der Untergang der Welt und er der einzige Überlebende sei. Noch immer wuchs der Wind. Stunde um Stunde wuchs er. Als es seiner Berechnung nach elf Uhr war, hatte er einen Grad erreicht, der ihn unmöglich dünkte. Er war schrecklich, unerhört, eine brüllende Furie, eine Wand, die zermalmend vorüberglitt, immer wieder kam und ging, eine Wand ohne Ende. Es schien Raoul, als sei er leicht und ätherisch geworden, als sei er es, der sich in Bewegung befinde, als werde er mit unfaßbarer Geschwindigkeit durch eine unendlich feste Masse getrieben. Der Wind war nicht mehr bewegte Luft. Er war körperlich geworden wie Wasser oder Quecksilber. Raoul hatte das Gefühl, daß er in ihn hineinfassen, ihn in Stücke reißen könnte wie das Fleisch eines toten Ochsen, daß er den Wind greifen und sich an ihn hängen könnte wie an einen Felsblock.

Der Wind erstickte ihn. Er konnte ihm nicht trotzen, konnte nicht atmen, denn er drang ihm in Mund und Nase und weitete ihm die Lungen wie Blasen. In solchen Augenblicken schien es ihm, daß sein Körper mit fester Erde gefüllt und geschwollen sei. Nur indem er die Lippen an den Baumstamm preßte, vermochte er zu atmen. Der unaufhörliche Ansturm des Windes erschöpfte ihn. Körper und Gehirn wurden müde. Er beobachtete, dachte nicht länger, er war nur halb bei Bewußtsein. Ein Gedanke erfüllte ihn: Das also war ein Orkan! Dieser eine Gedanke kehrte unregelmäßig, aber beharrlich wieder. Er war wie eine schwache Flamme, die gelegentlich aufflackerte. Aus einem Zustand der Starre kehrte er immer wieder zu ihm zurück — das also war ein Orkan! Und dann versank er wieder in neue Starre.

Von elf Uhr abends bis drei Uhr morgens raste der Orkan in gleicher Stärke. Es war elf, als der Baum, an dem Mapuhi und seine Frauen hingen, brach. Mapuhi tauchte an der Oberfläche der Lagune auf und konnte gerade seine Tochter Ngakura packen. Nur ein Südseeinsulaner vermochte in solchem erstickenden Getriebe zu leben. Der Pandanenstamm, an den er sich klammerte, wirbelte in Schaum und Gischt herum, und nur dadurch, daß er ab und zu schnell den Griff wechselte und sich umdrehte, war er imstande, seinen und Ngakuras Kopf für Augenblicke über Wasser zu bekommen, die genügten, sie Luft schöpfen zu lassen. Aber die Luft war wie Wasser, war fliegender Schaum und strömender Regen, der waagrecht durch die Luft peitschte.

Es waren zehn Meilen durch die Lagune bis zur andern Seite des Sandringes. Und neun Zehntel der unglücklichen Wesen, die der Lagune lebend entronnen waren, wurden hier von stürzenden Bäumen, Wrackteilen und Haustrümmern getötet. Halbertrunken, zu Tode erschöpft, wurden sie in diesen wahnsinnigen Mörser der Elemente geschleudert und zu formlosen Fleischmassen zerstampft. Aber Mapuhi hatte Glück. Das hatte einer von zehn; es fiel ihm durch eine Laune des Schicksals zu. Aus einer Unzahl Wunden blutend, erreichte er den Strand. Ngakuras linker Arm war gebrochen, ihre rechte Hand stark gequetscht, und Wange und Stirn bis auf den Knochen zerfetzt. Er packte einen noch stehenden Baum und klammerte sich daran, drückte das Kind an sich und schnappte nach Luft, während das Wasser der Lagune ihm die Knie und zuweilen die Brust umspülte.

Um drei Uhr morgens war dem Orkan das Rückgrat gebrochen.Um fünf Uhr wehte nur noch eine steife Brise. Und um sechs Uhr war es totenstill, und die Sonne schien. Die See hatte sich gelegt. An dem noch unruhigen Rande der Lagune sah Mapuhi die zerfleischten Leichen derer, denen die Landung mißglückt war. Zweifellos waren Tefara und Nauri unter ihnen. Er ging suchend am Strande entlang und fand seine Frau, die halb im, halb über dem Wasser lag. Er setzte sich nieder und weinte mit den tierischen Lauten primitiven Kummers. Da bewegte sie sich unruhig und stöhnte. Er blickte genauer hin. Sie lebte nicht nur, sie war sogar unverletzt. Sie schlief. Auch sie hatte das Glück des einen von zehn gehabt.

Von den zwölfhundert, die die Insel am Abend zuvor belebt hatten, waren nur dreihundert übrig. Der Mormonenmissionar und ein Polizist nahmen die Zählung vor. Die Lagune war mit Leichen übersät. Nicht ein Haus, nicht eine Hütte stand mehr. Auf dem ganzen Atoll war nicht ein Stein auf dem andern geblieben. Von je fünfzig Kokospalmen stand noch eine, aber auch sie waren Wracks, und auf keiner war auch nur eine Nuß geblieben. Es gab kein frisches Wasser. Die Brunnen waren mit Salzwasser gefüllt. Aus der Lagune wurden drei ganz durchnäßte Mehlsäcke gefischt. Die Überlebenden schnitten das Mark aus den gestürzten Kokospalmen und aßen es. Hier und da krochen sie in winzige Hütten, die sie machten, indem sie Löcher in den Sand gruben und sie mit Resten von Blechdächern überdeckten. Der Missionar verfertigte einen rohen Brennkolben, konnte aber nicht genug Wasser für dreihundert Menschen destillieren. Als Raoul am Ende des zweiten Tages in der Lagune badete, entdeckte er, daß sein Durst dadurch etwas gestillt wurde. Er rief die Neuigkeit aus, und gleich darauf konnte man dreihundert Männer, Frauen und Kinder bis an den Hals im Wasser stehen und durch die Haut die Feuchtigkeit aufsaugen sehen. Ihre Toten schwammen um sie her oder lagen auf dem Grunde, so daß man auf sie trat. Am dritten Tage wurden sie begraben, dann setzte man sich hin, um auf die Hilfsdampfer zu warten.

Inzwischen erlebte Nauri, die der Orkan ihrer Familie entrissen hatte, ein Abenteuer auf eigene Faust. An eine ungehobelte Planke geklammert, die sie verletzte und quetschte und ihren Körper mit Splittern zerriß, wurde sie quer über das Atoll ins offene Meer geschwemmt. Unter dem erstaunlichen Schwall wahrer Berge von Wasser entglitt ihr die Planke. Sie war eine alte Frau, nahe an die sechzig, aber sie war in Paumotu geboren und hatte ihr ganzes Leben am Meere verlebt. In der Finsternis schwimmend, kämpfend, erstickend, nach Luft schnappend, erhielt sie von einer Kokosnuß einen heftigen Schlag an die Schulter. Im selben Augenblick war ihr Plan gefaßt, und sie ergriff die Nuß. Im Laufe der nächsten Stunde fischte sie noch sieben dazu auf. Zusammengebunden bildeten sie einen Rettungsgürtel, der ihr zwar das Leben rettete, sie aber gleichzeitig kurz und klein zu stoßen drohte. Sie war eine fette Frau und leicht zu quetschen, aber sie wußte mit Orkanen Bescheid, und während sie zu ihrem Haigott um Schutz vor Haien betete, wartete sie darauf, daß der Wind sich legen sollte. Um drei Uhr war sie jedoch so erstarrt, daß sie die Besinnung verlor. Als es um sechs ruhig wurde, merkte sie auch nichts davon.

Sie erwachte erst aus ihrer Bewußtlosigkeit, als sie auf den Strand geworfen wurde. Mit aufgerissenen, blutenden Händen und Füßen grub und stemmte sie sich gegen den Rückschlag der Wellen, bis sie aus ihrem Bereiche war. Sie wußte, wo sie sich befand. Dies Land konnte nichts anderes sein als die kleine Insel Takokota. Sie besaß keine Lagune. Niemand lebte auf ihr. Hikueru war fünfzehn Meilen entfernt. Sie konnte Hikueru nicht sehen, wußte aber, daß es gegen Süden lag. Die Tage vergingen, und sie lebte von den Nüssen, die sie über Wasser gehalten hatten. Sie dienten ihr als Trinkwasser und Speise. Aber sie trank und aß nicht so viel, wie sie gern gewollt hätte. Die Rettung war zweifelhaft. Sie sah den Rauch des Hilfsdampfers am Horizont; es war aber nicht daran zu denken, daß er etwa hierher nach dem einsamen, unbewohnten Takokota kam.

Vor allem wurde sie von Leichen gequält. Die See schleuderte sie hartnäckig auf ihr kleines Fleckchen Sand, und Nauri warf, solange ihre Kräfte reichten, sie ebenso hartnäckig wieder ins Wasser, wo die Haie an ihnen zerrten und sie zerrissen. Als ihre Kräfte nachließen, bekränzte sich der ganze Strand mit Leichen, und sie zog sich, soweit sie konnte — was nicht sehr weit war —, von ihnen zurück.

Am zehnten Tage war ihre letzte Kokosnuß verzehrt, und sie schrumpfte ganz vor Durst ein. Sie schleppte sich den Strand entlang auf der Suche nach Kokosnüssen. Es war merkwürdig, daß so viele Leichen angeschwemmt wurden und gar keine Kokosnüsse. Es mußten doch mehr Nüsse als Leichen herumschwimmen. Schließlich gab sie es auf und blieb erschöpft liegen. Das Ende war gekommen; es blieb nichts übrig, als auf den Tod zu warten.

Als sie nach kurzer Bewußtlosigkeit wieder zu sich kam, wurde sie gewahr, daß sie auf ein Büschel rotblonden Haares auf dem Kopfe einer Leiche starrte. Die See warf die Leichen heran und riß sie wieder fort. Dann wurde sie umgedreht, und Nauri sah, daß sie kein Gesicht hatte. Und doch war etwas Bekanntes an diesem rotblonden Haarbüschel. Eine Stunde verging. Sie zerbrach sich nicht den Kopf darüber, wer es sein könnte. Sie wartete auf den Tod, und es war ihr gleichgültig, welcher Mensch dieser Gegenstand des Schreckens einst gewesen sein mochte.

Als die Stunde um war, setzte sie sich jedoch langsam auf und betrachtete den Leichnam. Eine ungewöhnlich hohe Welle hatte ihn in den Bereich der kleineren geworfen. Ja, sie hatte recht, dieser Büschel roten Haares konnte nur einem einzigen Manne auf den Paumotuinseln gehören. Es war Levy, der deutsche Jude, der Mann, der die Perle gekauft und auf der »Hira« weggebracht hatte. Nun, jedenfalls war die »Hira« untergegangen. Der Gott der Fischer und Diebe hatte den Perlenhändler im Stich gelassen.

Sie kroch zu dem toten Mann. Seine Hand war zerrissen, und sie konnte den ledernen Geldgurt um seinen Leib sehen. Sie hielt den Atem an und löste die Schnallen. Leichter, als sie erwartet hatte, gaben sie nach, und sie kroch, den Gurt hinter sich herschleppend, hastig über den Sand. Eine Tasche des Gurtes nach der andern öffnete sie und fand sie leer. In der allerletzten aber entdeckte sie die einzige Perle, die er auf dieser Reise gekauft hatte. Um dem Leichengeruch zu entgehen, kroch sie einige Schritte weiter und untersuchte dann die Perle. Es war die, die Mapuhi gefunden und Toriki diesem geraubt hatte. Sie wog sie in der Hand und rollte sie zärtlich hin und her. Aber sie sah nicht ihre innere Schönheit. Was sie sah, war das Haus, das Mapuhi, Tefara und sie so sorgsam in Gedanken erbaut hatten. Jedesmal, wenn sie die Perle betrachtete, sah sie das Haus in allen Einzelheiten, einschließlich der achteckigen Wanduhr. Das war etwas, wofür es schon wert war, zu leben.

Sie riß einen Streifen von ihrem Ahu und band sich die Perle sorgfältig am Halse fest. Dann ging sie keuchend und stöhnend, aber entschlossen, nach Kokosnüssen suchend, den Strand entlang. Bald fand sie eine und, als sie sich umsah, noch eine. Sie brach die eine auf, trank die Milch, die modrig schmeckte, und aß das Fleisch bis auf den letzten Rest. Ein wenig später fand sie ein zersplittertes Kanu. Der Ausleger fehlte, aber sie war guten Mutes, und ehe der Tag um war, hatte sie ihn gefunden. Jeder Fund war ein glückliches Vorzeichen. Die Perle war ein Talisman. Spät am Nachmittage sah sie eine Holzkiste tief im Wasser schwimmen. Als sie sie auf den Strand zog, rasselte der Inhalt, und sie fand Dosen mit eingemachtem Lachs darin. Durch Hämmern auf das Kanu öffnete sie eine davon. Sie machte mit Mühe ein Loch und trank den flüssigen Inhalt. Dann brauchte sie mehrere Stunden, um den Lachs herauszubekommen, indem sie hämmerte und jedes Stückchen einzeln herauspreßte.

Noch acht Tage wartete sie auf Hilfe. Unterdessen befestigte sie den Ausleger wieder am Kanu, indem sie ihn mit allen Kokosfasern, deren sie habhaft werden konnte, und den Überresten ihres Ahus festzurrte. Das Kanu war bös mitgenommen, und sie konnte es nicht wasserdicht machen, aber sie verstaute als Schöpfeimer an Bord eine Kalabasse, die sie aus einer Kokosnuß machte. Schwere Mühe bereitete ihr das Ruder. Mit einem Stück Bleck sägte sie sich alles Haar dicht an der Kopfhaut ab, flocht ein Seil daraus und band dann ein drei Fuß langes Stück von einem Besenstiel an ein Brett von der Lachskiste. Mit den Zähnen nagte sie Keile und keilte damit die Sorring fest.

Um Mitternacht des achtzehnten Tages schob sie das Kanu durch die Brandung und machte sich nach Hikueru auf. Sie war eine alte Frau. Die Mühen hatten sie ihr Fett verlieren lassen, so daß kaum mehr als Haut und Knochen und wenige zähe Muskeln übriggeblieben waren. Das Kanu war so groß, daß zum Rudern drei kräftige Männer gehört hätten. Aber sie schaffte es allein mit ihrem Notruder. Auch leckte das Boot schwer, so daß sie den dritten Teil der Zeit mit Schöpfen verbringen mußte. Bei Tagesanbruch blickte sie vergebens nach Hikueru aus. Hinter ihr war Takokota fast unter dem Rande des Meeres versunken. Die Sonne schien auf ihren nackten Körper und preßte ihm alle Feuchtigkeit aus. Sie hatte noch zwei Dosen Lachs, und im Laufe des Tages schlug sie Löcher hinein und trank die Flüssigkeit. Das Fleisch herauszuziehen und zu essen, hatte sie keine Zeit. Eine Strömung führte sie nach Westen, und nach Westen fuhr sie, mochte sie auch, soviel sie wollte, nach Süden steuern.

Früh am Nachmittage sichtete sie, aufrecht im Boote stehend, Hikueru. Sein Reichtum an Kokospalmen war verschwunden. Nur in weiten Zwischenräumen konnte sie hier und da die armseligen Überreste von Bäumen sehen. Dennoch ermunterte der Anblick sie. Sie war näher, als sie gedacht hatte. Die Strömung führte sie nach Westen. Sie ruderte und kämpfte dagegen an. Die Keile in der Sorring des Ruders lösten sich, und sie verlor viel Zeit mit dem Befestigen. Dazu kam das Schöpfen. Von drei Stunden mußte sie eine mit Schöpfen verbringen. Und immerfort trieb sie nach Westen.

Bei Sonnenuntergang lag Hikueru dreiviertel Meilen östlich. Es war Vollmond, und um acht Uhr befand sich die Insel genau östlich von ihr. Sie war mitten in der stärksten Strömung; das Kanu war zu groß, das Ruder zu mangelhaft, und sie mußte zuviel Zeit und Kraft mit Schöpfen verschwenden. Dazu war sie sehr schwach und wurde immer schwächer. Trotz ihrer Anstrengungen trieb das Kanu nach Westen. Sie sandte ein Gebet zu ihrem Haigott, glitt über Bord und begann zu schwimmen. Das Wasser erfrischte sie, und schnell ließ sie das Kanu hinter sich zurück. Nach Verlauf einer Stunde war sie dem Lande merklich näher gekommen. Da kam der Schrecken. Gerade vor ihren Augen, keine zwanzig Fuß entfernt, durchschnitt eine große Flosse das Wasser. Sie schwamm standhaft darauf zu, und die Flosse glitt langsam fort, indem sie rechts abbog und sie umkreiste. Sie heftete ihre Augen auf die Flosse und schwamm weiter. Verschwand die Flosse, so senkte sie das Gesicht auf das Wasser und wartete. Erschien die Flosse wieder, so nahm sie das Schwimmen wieder auf. Das Ungeheuer war träge — das konnte sie sehen. Zweifellos hatte es seit dem Orkan genug zu fressen gehabt. Wäre es hungrig gewesen, so hätte es keinen Augenblick gezögert, sich auf sie zu stürzen. Es war fünfzehn Fuß lang, und ein Biß hätte sie, wie sie wußte, in zwei Teile schneiden können.

Aber sie hatte keine Zeit, sich mit dem Hai aufzuhalten. Soviel sie auch schwamm, die Strömung trieb sie doch immer wieder ab. Eine halbe Stunde verging, und der Hai begann dreister zu werden. Als er sah, daß er von ihr nichts Böses zu erwarten hatte, zog er in immer engeren Kreisen näher und blickte sie im Vorbeigleiten unverschämt und verschmitzt an. Sie wußte gut, daß er früher oder später genügend Mut aufbringen würde, um auf sie zu stoßen. Da beschloß sie, ihm zuvorzukommen. Es war eine Verzweiflungstat. Sie war eine alte Frau, allein im Meere und schwach von Entbehrungen und Mühsal, und doch mußte sie dem Angriff dieses Tigers der Meere zuvorkommen und ihn selber angreifen. Auf eine günstige Gelegenheit wartend, schwamm sie weiter. Da schwamm er träge in einer Entfernung von kaum acht Fuß vorbei. Sie tat, als ob sie ihn angreifen wollte, und stürzte sich plötzlich auf ihn. Er schlug wild mit dem Schwanze, während er floh, und seine sandpapierartige Haut traf sie und scheuerte ihr die Haut vom Ellbogen bis zur Schulter ab. In immer weiteren Kreisen schwamm er schleunigst fort und verschwand schließlich.

In der mit Blechstücken bedeckten Höhle lagen Mapuhi und Tefara und zankten sich sehr. »Hättest du getan, wie ich dir sagte«, beschuldigte Tefara ihn zum tausendsten Male, »die Perle versteckt und niemand etwas davon gesagt, so hättest du sie noch.«

»Aber Huru-Huru war dabei, als ich die Muschel öffnete — habe ich dir das nicht wieder und wieder und immer wieder gesagt?«

»Und nun bekommen wir kein Haus. Raoul hat mir heute gesagt, wenn du die Perle nicht verkauft hättest, so —«

»Ich hab' sie nicht verkauft. Toriki hat sie mir gestohlen.«

»— wenn du die Perle nicht verkauft hättest, so würde er dir fünftausend franzöische Dollar gegeben haben, und das sind zehntausend Chile.«

»Er hat mit seiner Mutter gesprochen«, erklärte Mapuhi. »Sie versteht sich auf Perlen.«

»Und nun ist die Perle verloren«, klagte Tefara.

»Dafür bin ich Toriki nichts mehr schuldig. Das macht immerhin zwölfhundert, die ich bekommen habe.«

»Toriki ist tot!« rief sie. »Man hat nichts von seinem Schoner gehört. Er ist mit der »Aorai« und der »Hira» verlorengegangen. Bezahlt Toriki dir denn die dreihundert, die er dir als Kredit versprochen hat? Nein, denn Toriki ist tot. Und würdest du Toriki heute die zwölfhundert schulden, wenn du die Perle nicht gefunden hättest? Nein, denn Toriki ist tot, und einem toten Mann kannst du nichts schulden.«

»Aber Levy hat Toriki nichts bezahlt«, sagte Mapuhi.

»Er hat ihm ein Stück Papier gegeben, das in Papeete für das Geld gut war; und jetzt ist Toriki tot und das Papier mit ihm verloren, und die Perle ist mit Levy verloren. Du hast recht, Tefara. Ich habe die Perle verloren und nichts dafür bekommen. Nun laß uns schlafen.«

Er hob plötzlich die Hand und lauschte. Von draußen kam ein Geräusch, wie wenn jemand schwer und mühsam atmete. Eine Hand tastete an der Matte, die als Eingangstür diente.

»Wer ist da?« rief Mapuhi.

»Nauri«, lautete die Antwort. »Kannst du mir sagen, wo mein Sohn Mapuhi ist?«

Tefara schrie und packte den Arm ihres Mannes.

»Ein Gespenst!« klapperte sie. »Ein Gespenst!«

Mapuhis Gesicht war fahl wie der Tod. Er klammerte sich entsetzt an seine Frau.

»Gute Frau«, stammelte er und bemühte sich, seine Stimme zu verändern, »ich kenne deinen Sohn gut. Er lebt auf der Ostseite der Lagune.«

Von draußen kam ein Seufzer. Mapuhi fühlte sich erleichtert. Er hatte das Gespenst genarrt.

»Aber wo kommst du her, alte Frau?« fragte er.

»Aus dem Meere«, lautete die verzagte Antwort.

»Ich wußte es! Ich wußte es!« schrie Mapuhi und schüttelte sich.

»Seit wann hat Tefara ihr Lager in einem fremden Hause?« erklang Nauris Stimme durch die Matte.

Mapuhi blickte sein Weib furchtsam und vorwurfsvoll an. Ihre Stimme hatte sie verraten.

»Und seit wann verleugnet Mapuhi, mein Sohn, seine alte Mutter?« tönte die Stimme wieder.

»Nein, nein, ich habe — Mapuhi hat dich nicht verleugnet«, rief er. »Ich bin nicht Mapuhi. Er ist auf der Ostseite der Lagune, sage ich dir.«

Ngakura setzte sich im Bette auf und begann zu weinen. Die Matte zitterte.

»Was tust du?« fragte Mapuhi.

»Ich komme hinein«, sagte Nauris Stimme.

Ein Ende der Matte wurde gelüftet. Tefara versuchte, unter die Decke zu kriechen, aber Mapuhi klammerte sich an sie. Er mußte sich an etwas festhalten. Miteinander ringend, zitternd und mit hervorquellenden Augen blickten sie zusammen auf die Matte, die sich hob. Sie sahen Nauri, von Seewasser triefend, ohne Ahu hereinkriechen. Sie fielen nach hinten, rollten übereinander und kämpften um Ngakuras Decke, um sich darunter zu verstecken.

»Ihr könntet eurer alten Mutter einen Schluck Wasser geben«, sagte das Gespenst kläglich.

»Gib ihr einen Schluck Wasser«, befahl Tefara mit zitternder Stimme.

»Gib ihr einen Schluck Wasser«, gab Mapuhi den Befehl an Ngakura weiter.

Und gemeinschaftlich holten sie Ngakura unter der Decke hervor. Als Mapuhi eine Minute darauf verstohlen aufblickte, sah er das Gespenst trinken. Als es dann gar die Hand ausstreckte und sie in die seine legte, fühlte er ihr Gewicht und überzeugte sich, daß es kein Geist war. Da tauchte er auf, zerrte Tefara hinter sich her, und nach einigen Minuten lauschten alle Nauris Erzählung. Und als sie von Levy sprach und die Perle in Tefaras Hand gleiten ließ, war auch sie mit der Wirklichkeit ihrer Schwiegermutter ausgesöhnt.

»Morgen früh«, sagte Tefara, »verkaufst du Raoul die Perle für fünftausend französische.«

»Und das Haus?« warf Nauri ein.

»Er wird das Haus bauen«, antwortete Tefara. »Er sagt, es kostet viertausend. Außerdem will er noch einen Kredit von tausend geben.«

»Und es wird sechs Faden lang sein?« zweifelte Nauri.

»Gewiß«, antwortete Mapuhi, »sechs Faden.«

»Und im Mittelzimmer wird die achteckige Wanduhr sein?«

»Gewiß, und der runde Tisch auch.«

»Dann gib mir etwas zu essen, denn ich bin hungrig«, sagte Nauri zufrieden. »Und dann wollen wir schlafen, denn ich bin müde. Und ehe wir die Perle morgen verkaufen, wollen wir weiter über das Haus sprechen. Es ist besser, wir fordern die tausend in bar. Geld ist immer besser als Kredit, wenn man von den Händlern kaufen soll.«

Ein königlicher Sport

Das eben ist es — ein Sport für Könige im Reiche der Natur. Das Gras wächst bis hinab ans Wasser am Strande von Waikiki, es sind keine fünfzig Fuß zwischen ihm und dem ewigen Meer. Die Bäume wachsen auch ganz hinab bis zum salzigen Rand der Erde, und man sitzt im Schatten und sieht hinaus über das Meer, über eine majestätische Brandung, die, gerade zu unsern Füßen, mit Lärm und Poltern gegen die Küste schlägt. Eine halbe Meile weiter draußen, wo das Korallenriff liegt, werden die weißgegipfelten Brecher plötzlich aus dem friedlichen türkisblauen Meer gen Himmel geschleudert und rollen dann weiter an Land. Eine nach der andern kommen sie, eine ganze Meile lang und mit rauchenden Schaumgipfeln, diese weißen Bataillone, die zur endlosen Armee des Meeres gehören. Und man hört den ewigen Lärm und sieht die nie ruhende Prozession, man fühlt sich so winzig und gebrechlich gegenüber der gewaltigen Kraft, die den Ausdruck ihres Wesens in Raserei und Schaum und Lärm findet. Ja, man fühlt sich so mikroskopisch klein, daß der Gedanke, man sollte einen Kampf mit diesem

Meere wagen, einen in der Phantasie fast ängstlich schaudern läßt. Sie sind eine ganze Meile lang, diese Ungeheuer mit ihren gewaltigen Rachen, und sie wiegen Tausende von Tonnen, und sie stürzen schneller, als ein Mann laufen kann, auf die Küste los.

Und plötzlich erscheint dort draußen ein Männerkopf über einer schwindelnd hohen, vorwärtsstürmenden Woge, ein Meeresgott taucht aus dem weißen, kochenden Schaum auf. Hastig hebt er sich aus all dem schaumigen Weiß. Seine schwarzen Schultern, seine Brust, seine Lenden, seine Beine — alles das steht plötzlich vor einem. Wo vor einem Augenblick nur die große Öde und ein ohrenbetäubender Lärm herrschten, steht jetzt ein Mann, aufrecht, daß die ganze Gestalt deutlich hervortritt, und kämpft weder mit dem weißen Wirbel, noch wird er von den mächtigen Ungeheuern begraben, zurückgeschlagen und umhergeworfen, sondern hebt sich hoch über sie alle, ruhig und stolz, auf dem schwindelnden Gipfel ruhend, die Füße in dem wirbelnden Schaum, der ihm salzig die Knie umsprüht, während sich die ganze übrige Gestalt von der freien Luft und dem blinkenden Sonnenlicht abzeichnet, er fliegt durch die Luft, fliegt, fliegt so schnell wie das wirbelnde Schaumgesprüh, auf dem er steht. Es ist Merkur, ein brauner Merkur. Seine Fersen sind beschwingt, und die Schwingen besitzen die Blitzesschnelle des Meeres. Wahrlich, dem Meere ist er entsprungen auf dem Rücken des Meeres, und er reitet auf dem Meere, das brüllt und lärmt und ihn nicht abwerfen kann. Er ist unbeweglich wie eine Statue, die plötzlich wie durch ein Wunder dasteht, ausgehauen aus der Meerestiefe selbst, der er entstiegen ist. Und bis zur Küste fliegt er auf seinen beschwingten Füßen und auf dem weißen Wogenkamm der Sturzseen. Ein kochender Schaumwirbel, ein Lärm und Rauschen, bis die Sturzsee kraftlos ermattet auf dem Strande vor meinen Füßen sich beruhigt, und dort, gerade vor mir, steht ein Kanake, golden und braun von den brennenden Strahlen der Tropensonne. Er hat die Sturzsee mit ihrem mächtigen Rachen gezügelt und geritten, und sein Stolz auf die Leistung zeigt sich in der Haltung seines herrlichen Körpers.

Es ist schön und gut, hier in dem kühlen Schatten am Strande zu sitzen, aber man ist doch ein Mann, man gehört dem königlichen Geschlecht an, und was ein Kanake kann, das muß man doch wohl auch selber können. Hinaus mit dir! Wirf die Kleider ab, die dich in dieser schmelzenden Hitze nur beschweren. Hinaus mit dir und ringe mit dem Meere, beschwinge deine Fersen mit aller Fertigkeit und aller Macht, die in dir wohnt, zügle die Sturzseen des Meeres, mache sie dir untertänig und reite auf ihrem Rücken, wie es sich für einen König ziemt.

So kam ich dazu, auf der Brandung zu reiten. Und jetzt, da ich auf ihr reite, halte ich es mehr als je für einen königlichen Sport. Aber laßt mich zuerst die physikalische Seite der Sache erklären. Eine Woge ist verpflanzte Unruhe. Das Wasser, das die Hauptmasse der Woge bildet, regt sich nicht. Täte es das, so würde an einer Stelle, wo man einen Stein in einen Teich wirft und sich immer weitere Kreise ausbreiten, ein immer größeres Loch mitten im Teiche entstehen. Nein, das Wasser, das die Hauptmasse einer Woge bildet, steht still. Man kann einen Teil der Meeresoberfläche verfolgen und wird dasselbe Wasser sich tausendmal heben und senken sehen, getrieben von der Unruhe, die sich von tausend Wogen, einer nach der andern, darauf verpflanzt. Diese verpflanzte Unruhe bewegt sich auf die Küste zu. Da der Meeresboden sich hebt, stößt der untere Teil einer Woge zuerst auf und wird festgehalten. Und wenn der Gipfel einer Woge sich weiter bewegt, während der untere Teil nicht mitkommen kann, muß notwendigerweise etwas geschehen. Der untere Teil der Woge bleibt, wo er ist, und der obere schießt einen Purzelbaum nach vorn und unten, er kräuselt und hebt sich und brüllt dabei.

Aber die Verwandlung aus einer schönen Wellenbewegung in eine Sturzsee geschieht nicht plötzlich, außer dort, wo sich der Meeresboden steil hebt. Gesetzt, daß der Meeresboden sich gleichmäßig auf einer Strecke von einer Viertelmeile bis zu einer Meile hebt, so wird sich die Verwandlung über eine entsprechende Strecke hinziehen. Solchen Meeresboden hat man vor Waikiki, und deshalb wird eine Brandung erzeugt, auf deren Gipfeln sich so wunderbar reiten läßt. Man springt auf den Rücken einer Sturzsee, wenn sie zu brechen beginnt, und reitet weiter auf ihr, während sie die ganze Strecke bis zur Küste schäumt.

Und jetzt kommen wir zur Hauptsache. Man schwimmt auf einem flachen, sechs Fuß langen, zwei Fuß breiten und einigermaßen ovalen Brett hinaus. Man legt sich flach darauf und rudert mit den Händen in das tiefe Wasser hinaus, wo die Wellen sich zu gipfeln beginnen. Dann liegt man dort ganz still auf dem Brett. See auf See brechen sich, vor, hinter, unter und über einem und hasten nach der Küste, während man selbst zurückbleibt. Wenn eine Woge sich gipfelt, wird sie steiler. Stellt euch nun vor, daß ihr auf dem Brett auf der steilen Schräge steht. Läge es fest, so würde man hinabgleiten, genau wie ein Knabe mit seinem Schlitten einen Hügel hinabgleitet. Aber — wird man einwenden — die Welle liegt doch nicht fest. Das ist sehr richtig, aber die Wassermasse, die die Welle bildet, steht still, und das ist das ganze Geheimnis. Wenn man anfängt, sich einen Wogenabhang hinabgleiten zu lassen, so wird man weitergleiten, ohne je den Grund zu erreichen. Nein, das ist nicht zum Lachen! Es ist möglich, daß der Wogenhang nur sechs Fuß lang ist, und doch kann man ihn eine viertel und eine halbe Meile lang hinabgleiten, ohne den Grund zu erreichen. Denn man erinnert sich: Da eine Woge nur verpflanzte Unruhe oder Bewegung ist und da die Wassermasse, die die Woge ausmacht, jeden Augenblick wechselt, so hebt sich neues Wasser in der Woge ebenso schnell, wie es weiterfließt. Man gleitet auf diesem neuen Wasser hinab und behält doch seine alte Stellung auf der Woge bei, und dann gleitet man auf dem beständig vorstürmenden neuen Wasser hinab, das sich hebt und die Woge bildet. Man gleitet genauso rasch wie die Woge. Macht sie fünfzehn Meilen in der Stunde, so gleitet man fünfzehn Meilen in der Stunde. Zwischen der Küste und einem selber liegt eine Wasserfläche von einer Viertelmeile. Wenn die Woge vorwärtsgleitet, geht dieses Wasser in ihr auf; das Gesetz der Schwere tut das übrige, und man gleitet die ganze lange Fläche hinab. Hat man, wenn man gleitet, beständig die Vorstellung, daß das Wasser sich mit einem bewegt, so braucht man nur die Arme hineinzustecken und zu versuchen zu rudern, um die Entdeckung zu machen, daß man verflucht schnell sein muß, um auch nur Gelegenheit zu einem einzigen Schwimmzug zu bekommen, denn das Wasser strömt von hinten ebenso schnell, wie man selbst vorwärtsschießt.

Und jetzt zu einer neuen Phase des Brandungsreitens. Keine Regel ohne Ausnahme. Allerdings fließt das Wasser in einer Welle nicht vorwärts. Aber da ist etwas, das man den Vorwärtstrieb des Meeres nennen kann. Das Wasser in dem wankenden Wogengipfel will vorwärts, worüber man sich bald klar wird, wenn man darunter gerät und durch einen mächtigen Schlag, stöhnend und nach Luft schnappend, eine halbe Minute unter die Oberfläche gezwungen wird. Das Wasser des Wogengipfels ruht auf dem Unterteil der Woge. Wenn aber das Unterteil gegen den Meeresboden stößt, macht es halt, während der Gipfel weitergleitet. Er hat kein Unterteil mehr, das ihn oben hält. Wo zuvor eine Wassermasse unter ihm war, ist jetzt Luft, er fühlt zum erstenmal, wie das Gesetz der Schwere ihn packt, und er wird von seiner Unterlage, der er nicht mehr folgen kann, weggerissen und gleichzeitig vorwärtsgeschleudert. Man wird hochgehoben und wie von einer Titanenfaust nach der Küste geschleudert.

Ich verließ den kühlen Schatten der Bäume, zog meinen Badeanzug an und nahm mir ein Brett. Das Brett war zu klein, aber das wußte ich nicht, und keiner sagte es mir. Ich ging zu einigen kleinen Kanakenjungen, die sich im seichten Wasser tummelten, wo die Wellen klein und kraftlos waren — ein richtiger Kindergarten. Ich besah mir die kleinen Kanakenknaben. Wenn eine einigermaßen annehmbare Welle kam, warfen sie sich auf den Bauch und ritten auf der Welle bis zum Strande. Ich versuchte es ihnen nachzutun. Ich studierte sie, versuchte es genau wie sie zu machen, aber es mißlang vollkommen. Die Sturzsee schoß vorbei, aber ohne mich. Ich versuchte es immer wieder. Ich trat doppelt so toll wie sie, und es mißlang immer wieder. Es waren fünf oder sechs. Wir sprangen alle auf unsern Brettern vor eine richtige Sturzsee. Wir plätscherten mit den Beinen im Wasser wie das Rad eines Flußdampfers, und fort sausten die kleinen Bengel, während ich beschämt zurückblieb. Ich versuchte es eine ganze Stunde lang und konnte nicht eine einzige Welle dazu bringen, mich an Land zu schieben. Und dann kam einer meiner Freunde, Alexander Hume Ford, Globetrotter von Beruf und ständig auf der Jagd nach Sensationen. Und die hatte er in Waikiki gefunden. Auf dem Wege nach Australien war er hier vor ein paar Wochen an Land gegangen, um zu sehen, ob das Reiten in der Brandung Spaß machte, und jetzt konnte er sich gar nicht mehr von diesem Sport losreißen.

»Weg mit dem Brett!« sagte er. »Werfen Sie es sofort weg. Sehen Sie, wie Sie darauf zu reiten versuchen! Wenn die Spitze des Brettes einmal den Grund trifft, wird Ihnen der Bauch aufgeschlitzt. Hier, nehmen Sie mein Brett! Das ist ein richtiges Männerbrett!«

Ford wußte Bescheid. Er zeigte mir, wie ich es machen sollte, um auf sein Brett zu kommen. Und dann wartete er, bis eine Sturzsee kam, gab mir gerade im rechten Augenblick einen Puff und stieß mich hinein. Oh, herrlicher Augenblick, als ich fühlte, wie die Sturzsee mich packte und vorwärts schleuderte. Dahin schoß ich, hundertundfünfzig Fuß weit, und landete mit der Sturzsee auf dem Strande. Von diesem Augenblick an war ich verloren. Ich watete mit dem Brett zu Ford zurück. Es war ein großes, mehrzölliges Brett, das reichlich seine fünfundsiebzig Pfund wog. Er gab mir Ratschläge, viele Ratschläge. Er hatte keinen Lehrer gehabt, alles, was er sich mühsam in mehreren Wochen angeeignet hatte, teilte er mir im Laufe einer halben Stunde mit. Und dann konnte ich mich selbst in Gang setzen und reiten. Ich tat es immer wieder, und Ford ermunterte mich und erteilte mir gute Ratschläge. Zum

Beispiel erzählte er mir, daß ich mich soundso weit nach vorn auf das Brett legen sollte und nicht weiter. Aber ich muß mich etwas weiter nach vorn gelegt haben, denn als ich damit an Land kam, steckte das verfluchte Brett die Spitze in den Grund, machte plötzlich halt und schlug einen Purzelbaum, wobei es gleichzeitig brutal jede Verbindung zwischen sich und mir abbrach. Ich wurde hochgeschleudert wie ein Holzspan und landete unter der vorstürmenden Sturzsee. Und es war mir ganz klar, daß ich mir, wenn Ford nicht gewesen wäre, den Bauch aufgeschlitzt hätte. Das ist das Risiko dabei, und es gehört eben mit zum Sport, wie Ford sagt. Vielleicht erlebt er es selbst, ehe er Waikiki verläßt, und dann ist seine Sensationslust sicher vorläufig befriedigt.

Alles in allem ist es mein unerschütterlicher Glaube, daß Mord schlimmer als Selbstmord ist, namentlich, wenn es eine Frau gilt. Ford bewahrte mich vor einem Morde. »Stellen Sie sich vor, daß Ihre Beine ein Ruder darstellen«, sagte er. »Halten Sie sie dicht zusammen und steuern Sie damit.« Ein paar Minuten später kam ich auf einem Wellengipfel angeschossen. Als ich mich der Küste näherte, tauchte eine Frau aus den Wogen auf. Sie stand mir gerade im Wege, bis an den Leib im Wasser. Wie sollte ich die Sturzsee anhalten, auf der ich ritt? Es sah aus, als sei die Frau dem Tode geweiht. Das Brett wog fünfundsiebzig Pfund. Ich hundertfünfzig. Dieses Gewicht bewegte sich mit einer Schnelligkeit von fünfzehn Meilen die Stunde. Das Brett und ich bildeten ein Projektil. Ich überlasse es den Physikern, zu berechnen, mit welcher Kraft wir die arme schwache Frau getroffen haben würden. Da fiel mir mein Schutzengel, Ford, ein. »Steuern Sie mit den Beinen!« klang es mir durchs Hirn. Ich steuerte

mit den Beinen, heftig und mit aller Kraft. Das Brett
schoß mit der Breitseite hinunter. Es war so vieles, das
auf einmal geschah. Die Welle gab mir im Vorbeischie-
ßen eine Ohrfeige, für eine Welle nur ein kleiner
Klaps, aber ein Klaps, der stark genug war, mich vom
Brett herunterzuschleudern und durch das vorstürmen-
de Wasser bis auf den Grund zu schicken. Ich prallte
gegen den Grund und schlug ein paar Purzelbäume,
dann aber glückte es mir, den Kopf über Wasser zu bekommen, Atem zu schöpfen und wieder auf die Füße
zu gelangen. Dort vor mir stand die Frau. Ich kam mir
wie ein Held vor. Ich hatte ihr das Leben gerettet.
Und sie lachte mich aus. Sie hatte nichts von der Gefahr geahnt, der sie ausgesetzt gewesen. Aber es war
großartig, so mit den Beinen zu steuern. Als ich mich
noch ein paar Minuten geübt hatte, konnte ich an
verschiedenen Badenden vorbeisteuern und mich sogar
auf meinem Wellengipfel halten, statt darunter zu geraten.

»Morgen«, sagte Ford, »nehme ich sie mit hinaus in das
blaue Wasser.«

Ich sah über das Meer hinaus in die Richtung, die er
mir wies, und sah die großen, schaumbedeckten Sturzseen, im Vergleich mit denen die Wellen, die ich bisher geritten hatte, ein Nichts waren. Ich weiß nicht,
was ich gesagt haben würde, wenn ich mich nicht in
diesem Augenblick daran erinnert hätte, daß auch ich
dem königlichen Geschlecht angehörte. Deshalb sagte
ich nur: »Schön, also morgen.«

Das Wasser, das an den Strand von Waikiki plät-
schert, ist genau dasselbe, das alle Hawaii-Inseln be-
spült, und in gewissem Sinne, namentlich vom Schwim-
merstandpunkt aus, ist es ein herrliches Wasser. Es ist
hinreichend kühl, um angenehm zu sein, und gleichzei-

tig warm genug, daß ein Schwimmer sich den ganzen Tag darin aufhalten kann, ohne sich zu erkälten. Im Schein der Sonne und der Sterne, mittags oder mitternachts, im Winter oder im Sommer, einerlei, immer hat es dieselbe Temperatur, nicht zu warm, nicht zu kalt, sondern gerade richtig. Es ist ein herrliches Wasser, salzig wie das ewige Weltmeer selbst, rein und kristallklar. Bei diesem Wasser ist es tatsächlich kein Wunder, daß die Kanaken als die besten Schwimmer der Welt gelten.

So kam es, daß ich mich, als Ford mich am nächsten Morgen abholte, in das herrliche Wasser stürzte. Rittlings auf unsern Brettern sitzend oder vielmehr flach auf dem Bauche liegend, arbeiteten wir uns durch den Kindergarten hinaus, wo die kleinen Kanakenknaben spielten. Bald waren wir im tiefen Meer, wo die großen Wogen mit Lärmen und Poltern gegen die Küste geschossen kamen. Schon der Kampf, die Begegnung mit ihnen und das Hinausrudern aufs Meer, über und durch sie hinweg, war an sich ein herrlicher Sport. Man mußte sich gut vorsehen, denn es war eine Schlacht, in der auf der einen Seite mächtige Ohrfeigen ausgeteilt wurden und auf der andern Seite alle Geschicklichkeit aufgewandt werden mußte — ein Ringen zwischen roher Kraft und Intelligenz. Ich brauchte nicht lange, um es zu lernen. Wenn eine Woge sich über meinem Kopfe kräuselte, konnte ich in einem kurzen Augenblick das Tageslicht durch die smaragdgrüne Masse hindurch sehen, und dann duckte ich mich und packte das Brett aus aller Kraft. Dann kam der Schlag, und für die Zuschauer an Land mußte es aussehen, als sei ich ganz verschwunden. Tatsächlich aber waren das Brett und ich nur durch den Wellengipfel hindurchgekommen und lagen ruhig auf der andern Seite. Ich empfehle diese heftigen Schläge keinem Invaliden oder schwächlichen Menschen. Es steckt eine gewaltige Kraft dahinter, und wenn das Wasser auf einen lostreibt, so ist es wie eine Lawine.

Draußen schloß sich uns ein Dritter namens Freeth an. Als ich aus einer Woge auftauchte und mir das Wasser aus den Augen schüttelte, während ich vorwärts guckte, um zu sehen, wie die nächste Woge sich ausnahm, sah ich ihn auf ihrer Spitze dahergeschossen kommen, und er stand aufrecht da, unbekümmert und sicher, ein junger Gott mit seiner von der Sonne gebräunten Haut. Ford rief ihn an. Er machte einen Luftsprung von seiner Woge fort, ruderte zu uns herüber und begann mit Ford sich meiner Erziehung anzunehmen. Namentlich eines lernte ich von Freeth, nämlich, wie ich den ungewöhnlich großen Wogen zu begegnen hatte, die sich hin und wieder an die Küste wälzten. Diese Wogen waren wirklich unheimlich, und es war nicht ratsam, ihnen zu begegnen, wenn man auf seinem Brett saß. Aber Freeth zeigte mir, wie es gemacht werden mußte, und jedesmal, wenn ich eine derartige Woge sich auf uns zuwälzen sah, ließ ich mich über den hinteren Rand des Brettes hinabgleiten und tauchte unter, während ich die Arme über dem Kopf hob und mich an das Brett klammerte. War die Woge vorbei, so kletterte ich wieder auf das Brett und ruderte weiter.

Die Hauptsache, wenn man auf der Brandung reitet und mit ihr kämpft, ist, keinen Widerstand zu leisten. Man muß versuchen, dem Schlag, der gegen einen gerichtet ist, zu entgehen. Man muß in die Woge tauchen, die einem ins Gesicht zu schlagen versucht. Man muß mit den Füßen voran tief unter die Oberfläche sinken und die große Woge, die einen zu zerschmettern versucht, hoch über dem Kopf passieren lassen. Man muß die Muskeln erschlaffen lassen, die an einem reißen und zerren. Wenn die Unterströmung einen packt und am Meeresboden ins Meer hinaus schleppt, muß man nicht gegen sie ankämpfen. Tut man das, so hat man alle Aussicht zu ertrinken, denn sie ist die Stärkere. Schwimmt man mit ihr und nicht gegen sie an, so wird man merken, daß der Druck nachläßt. Und gleichzeitig muß man aufwärts schwimmen. Dann wird man keine Schwierigkeit haben, wieder an die Oberfläche zu gelangen.

Der Mann, der lernen will, auf der Brandung zu reiten, muß ein tüchtiger Schwimmer und gewohnt sein, unter Wasser zu schwimmen. Kann er das, so sind einigermaßen gute Kräfte und gesunder Menschenverstand alles, was er braucht. Der Brandungsreiter ist ganz auf sich gestellt. Mag er auch mit noch so vielen Schwimmern hinausziehen, so kann er sich doch auf keinen von ihnen verlassen. Das eingebildete Sicherheitsgefühl, das die Anwesenheit Fords und Freeths mir gab, ließ mich ganz vergessen, daß ich zum erstenmal in dem großen blauen Meer zwischen den gewaltigen Wogen schwamm. Aber ich wurde aus meinem Irrtum gerissen, und das ziemlich plötzlich, denn es kam eine große Woge, und die zwei Männer setzten sich obendrauf, und dahin ging es nach der Küste. Ich hätte ein dutzendmal ertrinken können, ehe sie wieder zu mir zurückkamen.

Man gleitet auf seinem Brett den Wogenhang hinab, aber zuerst muß man sehen, in Gang zu kommen. Brett und Reiter müssen ziemlich schnell nach der Küste schwimmen, denn die Woge holt sie ein. Wenn man eine Woge kommen sieht, auf der man reiten will, so kehrt man ihr den Rücken und rudert mit aller

Kraft nach der Küste. Man muß dabei crawlen. Ist das Brett in Fahrt, so treibt die Woge es vorwärts, und das Brett beginnt die lange Strecke zu gleiten.

Nie vergesse ich die erste Woge, die ich draußen im tiefen Wasser fing. Ich sah sie kommen, kehrte ihr den Rücken zu und ruderte, als gälte es das Leben. Was hinter mir geschah, konnte ich nicht sehen. Ich hörte, wie der Wogengipfel zu sieden und kochen begann, und dann wurde mein Brett gehoben und vorwärts geschleudert. Obwohl ich die Augen geöffnet hielt, konnte ich nichts sehen, denn ich war in dem weißen, brausenden Schaum der Woge begraben. Das einzige, dessen ich mir bewußt war, war ein seliges Entzücken, daß ich die Woge gefangen hatte. Als aber eine halbe Minute vergangen war, begann ich mich umzusehen und Luft zu schöpfen. Ich sah, daß drei Fuß vom Vorderende des Brettes aus dem Wasser herausragten und frei in der Luft schwebten. Ich schob mich vor und drückte das Brett hinab. Nun lag ich in vollkommener Ruhe inmitten all dieser lärmenden Bewegung und sah die Küste und die Badenden am Strande, die allmählich immer deutlicher wurden. Aber ich legte nicht die ganze Strecke auf der Woge zurück, denn in der Absicht, das Brett daran zu hindern, auf den Grund zu gehen, setzte ich mich zurück, tat es aber zu weit und glitt den hinteren Hang der Woge hinab.

Es war der zweite Tag, daß ich in der Brandung war, und ich war ganz stolz. Ich blieb vier Stunden, und als es vorbei war, sagte ich mir, daß ich am nächsten Tage bis zur Küste kommen wollte — stehend. Aber der Weg zur Hölle ist mit guten Vorsätzen gepflastert. Am nächsten Tage lag ich im Bett. Ich war nicht krank, aber ich war sehr unglücklich und lag im Bett. Ich habe das wunderbare Wetter Hawaiis beschrieben, aber ich habe ganz vergessen, die wunderbare Sonne Hawaiis zu beschreiben. Zum erstenmal in meinem Leben war ich, mir selbst unbewußt, tüchtig von der Sonne verbrannt. Meine Arme, meine Schultern und mein Rücken waren früher oft verbrannt und abgehärtet gewesen, aber meine Beine nicht. Und vier Stunden lang hatte ich die empfindliche Rückseite meiner Beine der senkrechten Sonne Hawaiis ausgesetzt. Erst als ich an Land kam, merkte ich, daß die Sonne mich verbrannt hatte. Anfangs spürt man nur ein wenig Hitze, wo die Sonne einen verbrannt hat, hinterher aber wird die Hitze so stark, daß Blasen kommen. Und wo die Haut in Falten liegt, kann man die Glieder gar nicht beugen. Das ist der Grund, weshalb ich den ganzen Tag im Bett verbracht habe. Ich konnte nicht gehen. Und deshalb schreibe ich dies heute im Bett. Das ist leichter, als es zu unterlassen. Aber morgen, oh, morgen werde ich wieder draußen sein in dem wunderbaren Wasser, aufrecht auf meiner Woge stehend. Und wenn es morgen nicht geht, dann werde ich es übermorgen oder an einem anderen Tage tun. Zu einem bin ich fest entschlossen: Die Snark fährt nicht von Honolulu weg, ehe auch ich meine Füße so in der Gewalt habe, daß sie so schnell werden wie die Wogen des Meeres, und ehe ich zu einem sonnenverbrannten Merkur geworden bin.

Ein Abend in Goboto

In Goboto gehen die Händler von ihren Schonern an
Land, die Pflanzer kommen von fernen wilden Küsten;
aber vorher legen sie einer wie der andre Schuhe und
weiße Flanellhosen sowie die sonstigen Kennzeichen
der Zivilisation an. In Goboto erhält man seine Post,
begleicht seine Rechnungen und kann Zeitungen lesen,
die selten mehr als fünf Wochen alt sind; denn die kleine, von einem Korallenriff umgebene Insel bietet einen
sichern Ankergrund, wird von allen Dampfern ange-
laufen und ist das Zentrum der ganzen weit verstreu-
ten Inselgruppe.

Das Leben in Goboto ist überhitzt, ungesund und traurig, und im Verhältnis zu seiner Größe erhebt die
Insel Anspruch darauf, mehr Fälle von akutem Alko-
holismus aufzuweisen als irgendein Ort sonst in der
Welt. Guvutu im Salomon-Archipel behauptet, daß
man dort in jeder Pause zwischen zwei Gläsern ein
drittes trinkt. Das bestreitet Goboto nicht, erklärt seinerseits nur, überhaupt keine Pausen beim Trinken zu
kennen. Es weist auch auf seine Einfuhrstatistik hin,
die einen weit größeren Kopfverbrauch an Spirituosen

ergibt. Guvutu wiederum erklärt den größeren Umsatz Gobotos mit der bedeutenderen Zahl von Passanten, und Goboto erwidert, daß seine Einwohner zwar an Zahl geringer, dafür aber durstiger seien. So geht der Streit immer weiter, hauptsächlich, weil die Streitenden nicht lange genug leben, um die Frage entscheiden zu-können.

Goboto ist nicht groß. Die Insel hat nur einen Durchmesser von einer viertel Meile, und es befinden sich auf ihr ein Marinekohlendepot, in dem einige Tonnen Kohle seit zwanzig Jahren unberührt lagern, Baracken für eine Handvoll schwarzer Arbeiter, ein großes Lager, ein Warenhaus mit Wellblechdächern und ein von einem Verwalter und seinen zwei Gehilfen bewohnter Bungalow. Diese drei bilden die weiße Bevölkerung der Insel. Abwechselnd hat immer einer von ihnen Fieber. Ihre Aufgabe ist nicht leicht. Die Konkurrenz gebietet der Handelsgesellschaft, ihre Kunden gut zu behandeln, und das ist eben die Aufgabe des Verwalters und seiner beiden Gehilfen. Das ganze Jahr kommen Händler und Werber sowie Pflanzer, alle von fernen, trockenen Gestaden, und alle bringen einen unlöschbaren Durst mit. Goboto ist das Mekka der Durstigen. Und wenn sie sich satt getrunken haben, wenden sie den Kiel ihrer Schiffe ihren Plantagen zu, um wieder zu Kräften zu kommen. Die weniger Trinkfesten brauchen an sechs Monate, ehe sie die Fahrt wiederholen können. Für den Verwalter und seine Gehilfen aber gibt es keine Pausen. Sie sind immer da, und Woche auf Woche weht der Wind, der Monsun wie der Passat, die Schiffe her, die mit Kopra, Elfenbeinnüssen, Perlmutter, Schildpatt und Durst beladen sind.

Die Bewohner von Goboto haben es schwer. Daher ist auch das Gehalt doppelt so hoch wie auf den andern

Stationen, und darum nimmt die Handelsgesellschaft auch nur besonders mutige und beherzte Leute für diesen Posten. Sie halten nur etwa ein Jahr aus, dann werden ihre traurigen Reste nach Australien geschafft oder ihre Gebeine im Sand auf der Leeseite der Insel verscharrt.

Johnny Basset, der fast legendäre Held von Goboto, schlug jeden Rekord. Er bekam Zuschüsse aus der Heimat, besaß eine bemerkenswerte Konstitution und blieb sieben Jahre. Seine letzte Bitte wurde gewissenhaft von seinen Gehilfen erfüllt: Sie schickten ihn in einem Faß Rum (das sie von ihrem Gehalt bezahlten) seiner Familie in England zurück.

Trotz allem versuchten die Leute von Goboto Gentlemen zu sein. Und sie waren es auch, waren es immer gewesen, wenn sie auch hin und wieder ein bißchen anrüchig waren. Das war der Grund zu dem ungeschriebenen Gesetz, daß die Besucher Gobotos Schuhe und Hosen anziehen mußten. Badehosen, Lavalavas, das sind die Lendenschürze der Eingeborenen, und nackte Beine wurden nicht geduldet.

Als Kapitän Jensen, der wildeste aller Sklavenjäger, ein Nachkomme der alten New Yorker Knickerbocker, in Hemd und Lendenschurz, mit zwei Revolvern und einem Messer im Gurt, an Land gehen wollte, wurde er am Strande angehalten. Das geschah in Johnny Bassets Tagen, der ein Formenmensch war und stets auf Etikette hielt.

Kapitän Jensen stand achtern in seinem Walboot und behauptete, daß es auf seinem Schoner keine Hosen gäbe. Gleichzeitig erklärte er, daß es seine unerschütterliche Absicht sei, an Land zu gehen.

Man mußte ihn dann in Goboto von einer Schußwunde in der Schulter gesund pflegen und ihn noch obendrein sehr um Entschuldigung bitten, denn es zeigte sich, daß es auf seinem Schiff wirklich keine Hosen gab. Aber am ersten Tage, als er wieder auf seinen Füßen stand, half Johnny Basset seinem Gast freundlich, aber bestimmt in eine seiner eignen Hosen. Hiermit war ein Präzedenzfall geschaffen. Seither wurde nie wieder gegen das Gesetz gesündigt. Weiße hatten Hosen zu tragen. Nur Nigger liefen nackt herum. Hosen bezeichneten die Kaste.

An diesem Abend lagen die Dinge mit einer einzigen Ausnahme in keiner Beziehung anders als sonst. Sieben Mann, die den ganzen Tag abwechselnd schottischen Whisky und amerikanische Cocktails getrunken hatten, setzten sich jetzt mit schwimmenden Augen und steifen Beinen zum Essen. Mit Jacke, Hosen und guten Schuhen bekleidet, waren es: Jerry McMurtrey, der Verwalter; Eddy Little und Jack Andrews, die Gehilfen; Kapitän Stapler von der Werberjacht Merry; Derby Shryleton, ein Pflanzer von Tito-Ito; Peter Gee, ein Halbblutchinese, der als Perlenaufkäufer von Ceylon nach den Paumotus fuhr, und Alfred Deacon, ein Reisender, der mit dem letzten Dampfer angekommen war und hier seine Reise unterbrochen hatte.

Zuerst wurde denen, die ihn trinken mochten, von den schwarzen Dienern Wein gereicht, dann aber kehrten alle schnell zum Whisky-Soda zurück, womit sie das Essen einpökelten, ehe es in ihre eingepökelten Mägen wanderte.

Als sie Kaffee tranken, hörten sie das Rasseln einer Ankerkette durch ein Klüsgatt und wußten, daß wieder ein Schiff angekommen war.

»Das ist David Grief«, bemerkte Peter Gee.

»Woher wissen Sie das?« fragte Deacon herausfordernd, in der Absicht, mit dem Halbblut Streit anzufangen. »Ihr möchtet euch hier vor einem neuen Kameraden wichtig machen, Jungens. Aber ich bin auch seinerzeit ein bißchen gefahren. Ein Schiff benennen zu wollen, wenn man seine Segel nur ganz verschwommen sieht und nur das Rasseln der Ankerkette hört, das ist die reine Aufschneiderei.«

Peter Gee, der sich eine Zigarette anzündete, antwortete nicht.

»Es gibt Nigger, die Erstaunliches darin leisten«, warf McMurtrey höflich ein.

Dem Verwalter wie auch den andern war das Benehmen des Fremden sehr unsympathisch. Von dem Augenblick an, als Peter Gee am Nachmittag angekommen war, hatte Deacon Lust gezeigt, mit ihm anzubandeln. Er hatte ihm andauernd rüde widersprochen.

»Das kommt vielleicht daher, daß Peter Chinesenblut in den Adern hat«, meinte Andrews. »Deacon ist, wie sie wissen, Australier, und die sind ja ganz übergeschnappt in der Rassenfrage.«

»Das wird schon stimmen«, erwiderte McMurtrey, »aber wir können seine Grobheiten nicht dulden, namentlich, da es sich um Peter Gee handelt, der weißer als mancher Weiße ist.«

In dieser Beziehung hatte der Verwalter durchaus nicht unrecht. Peter Gee war ein seltenes Geschöpf, ein ebenso guter wie kluger Eurasier. Die unerschütterliche Rechtschaffenheit des chinesischen Blutes hatte den Leichtsinn und die Laster, die in den Adern seiner englischen Vorfahren rollten, überwunden. Dazu hatte er eine bessere Bildung als irgendeiner der Anwesenden genossen, sprach ein reineres Englisch, beherrschte außerdem mehrere andre Sprachen und entsprach ih-

rem Ideal eines Gentlemans mehr als sie selber. Endlich hatte er ein sanftes Gemüt. Er haßte Gewalt, wenn
er auch schon seinen Mann getötet hatte. Roheit verab-
scheute er wie die Pest.

Kapitän Stapler wollte McMurtrey unterstützen.

»Ich entsinne mich, wie ich einmal den Schoner ge-
wechselt hatte und nach Altman kam. Die Nigger
wußten doch, daß ich es war. Sie hatten mich nicht erwartet, am wenigsten mit einem andern Schiff, aber sie
sagten dem Händler, daß ich es war. Er nahm das
Fernrohr und wollte ihnen nicht glauben. Aber sie
wußten Bescheid. Wie sie mir sagten, hätten sie dem
ganzen Schoner angemerkt, daß ich ihn führte.«

Deacon ignorierte die Worte des Kapitäns und setzte
den Angriff auf den Perlenhändler fort.

»Wie können Sie denn aus dem Klang der Ankerkette
erkennen, daß es dieser — wie heißt er noch? — ist?«

»Es sind so viele Kleinigkeiten, aus denen zusammen
man es erkennt«, antwortete Peter Gee. »Es ist schwer
zu erklären, man müßte fast ein Lexikon dazu haben.«

»Das dachte ich mir«, höhnte Deacon. »Eine Erklärung, die nichts erklärt, ist kein Kunststück.«

»Wer will Bridge spielen?« unterbrach der zweite Gehilfe das Gespräch, sah sich erwartungsvoll um und
begann, die Karten zu mischen. »Sie spielen doch, nicht
wahr, Peter?«

»Wenn er es tut, dann will er nur kneifen«, stichelte
Deacon weiter. »Ich habe genug von diesem Unsinn,
Herr Gee, Sie würden mir einen Gefallen erweisen
und sich selbst in ein besseres Licht setzen, wenn Sie
mir wirklich sagten, woher Sie wissen, wer eben vor
Anker ging. Nachher spiele ich Piquet mit Ihnen.«

»Ich ziehe Bridge vor«, erwiderte Peter. »Und mit

dem andern verhält es sich etwa folgendermaßen: Dem Klange nach war es ein kleines Fahrzeug ohne Rahentakelung. Kein Pfeifen- oder Sirenensignal — bedeutet wieder ein kleines Schiff. Es ging dicht an Land vor Anker — wieder ein Beweis, daß es ein kleines Fahrzeug ist, denn Dampfer oder andere größere Schiffe müssen draußen vor der mittleren Sandbank liegen. Die Einfahrt ist ja stark gewunden. Es gibt keinen Schiffer in diesen Gewässern, der sich nach Einbruch der Dunkelheit hereinwagen würde, und ein Fremder würde es ganz bestimmt nicht. Es gibt nur zwei Ausnahmen.

Die eine war Margonville. Aber der wurde von den Behörden der Fidschiinseln hingerichtet.

Bleibt die zweite Ausnahme: David Grief. Der wagt die Einfahrt bei jedem Wetter, Tag und Nacht. Das weiß jeder. Möglich wäre es natürlich — wenn Grief sich anderswo befände —, daß irgendein tollkühner junger Schiffer es versuchte. Aber da muß ich sagen, daß weder ich noch sonst jemand einen solchen Mann kennen. Dazu kommt, daß David Grief sich gerade jetzt in dieser Gegend befindet, er macht eine Fahrt mit der Gunga und sollte dieser Tage von Karo-Karo abgehen. Ich besuchte Grief vorgestern auf der Gunga in der Sandfliegen-Passage.

Er setzte einen Händler auf einer neuen Niederlassung ab. Er erzählte mir, daß er Babo anlaufen und dann nach Goboto kommen würde. Der Zeit nach kann es also stimmen. Ich habe einen Anker fallen hören. Wer kann es also sein, außer Grief? Kapitän Donovan ist Schiffer auf der Gunga, und ich kenne ihn zu gut, um nicht zu wissen, daß er in Goboto nicht nach Einbruch der Dunkelheit einlaufen würde, wenn er nicht seinen Reeder an Bord hätte.

In wenigen Minuten wird David Grief durch diese Tür eintreten und sagen: ›In Guvutu trinkt man nur in jeder Pause zwischen zwei Gläsern ein drittes.‹«

Deacon war geschlagen. Das Blut schoß ihm in den Kopf.

»Jetzt haben Sie Ihre Antwort«, lachte McMurtrey gemütlich. »Und ich will ein paar Sovereigns wetten, daß er recht hat.«

»Bridge! Wer macht mit?« rief Eddy Little ungeduldig. »Los, Peter!«

»Ihr andern könnt Bridge spielen«, sagte Deacon. »Gee und ich spielen Piquet.«

»Ich ziehe Bridge vor«, sagte Peter Gee sanft.

»Spielen Sie kein Piquet?«

Der Perlenhändler nickte.

»Dann kommen Sie. Vielleicht kann ich Ihnen zeigen, daß ich davon mehr verstehe als vom Ankern.«

»Hören Sie —« begann McMurtrey.

»Sie können ja Bridge spielen«, fiel Deacon ihm ins Wort. »Wir ziehen Piquet vor.«

Widerstrebend ließ Peter Gee sich zu einem Spiel zwingen, das, wie er wußte, Unannehmlichkeiten bringen würde.

»Nur einen Robber«, sagte er, indem er abhob.

»Wie hoch?« fragte Deacon.

Peter Gee zuckte die Achseln. »Wie Sie wollen.«

»Von hundert an — fünf Pfund das Spiel.«

»Schön«, sagte Peter Gee.

An einem andern Tisch saßen vier beim Bridge. Kapitän Stapler, der keine Karten spielte, kiebitzte und füllte die hohen Whiskygläser, die rechts neben jedem Spieler standen. McMurtrey beobachtete mit schlecht verhohlener Besorgnis die Vorgänge am Piquet-Tisch. Seine englischen Landsleute fühlten sich ebenso unangenehm wie er durch das Benehmen des Australiers berührt, und alle fürchteten, daß es zu einem Zusammenstoß käme. Daß er sich in immer größere Wut auf den Chinesen hineinredete und daß die Explosion kommen mußte, war allen klar.

»Ich hoffe, daß Peter verliert«, sagte McMurtrey leise.

»Nicht, wenn er kein Pech hat«, antwortete Andrews. »Er ist der reine Hexenmeister im Piquet. Ich weiß es aus eigner Erfahrung.«

Daß Peter Gee kein Pech hatte, ging deutlich aus den unausgesetzten Sticheleien Deacons hervor, der immer wieder sein Glas füllte.

Er hatte das erste Spiel verloren und war offenbar im Begriff, auch das zweite zu verlieren, als David Grief eintrat.

»In Guvutu trinkt man nur in jeder Pause zwischen zwei Gläsern ein drittes«, meinte er beiläufig, ehe er dem Verwalter die Hand drückte.

»Hallo, Mac! Hören Sie, mein Kapitän ist unten im Walboot. Er hat ein seidenes Hemd, Krawatte und Tennisschuhe, alles in Ordnung, möchte aber, daß Sie ihm eine Hose schicken. Meine sind ihm zu eng, aber Ihre werden ihm passen.

Hallo, Eddy! Wie steht's mit Ihrem ngari-ngari? — Obenauf, Jack? Dann ist ja ein Wunder geschehen. Keiner hat Fieber, und keiner ist besonders betrunken.«

Er seufzte.

»Ich nehme an, daß der Abend erst angebrochen ist. Hallo, Peter! Die große Bö hat Sie wohl auch, eine Stunde nachdem Sie uns verlassen hatten, erwischt? Wir mußten den zweiten Anker werfen.«

Während er sich Deacon vorstellen ließ, schickte McMurtrey einen Boy mit der Hose zu Kapitän Donovan, der, als er bald darauf eintrat, den Anforderungen entsprach, die man an einen Weißen stellt — wenigstens in Goboto.

Deacon verlor das zweite Spiel, was einen Wutausbruch bei ihm verursachte.

Peter Gee zündete sich eine Zigarette an und verhielt sich im übrigen ruhig.

»Was, hören Sie auf, weil Sie gewonnen haben?« fragte Deacon.

Grief hob fragend die Brauen und sah McMurtrey an, der seinerseits durch Stirnrunzeln seinem Unwillen Ausdruck verlieh.

»Der Robber ist aus«, antwortete Peter Gee.

»Zu einem Robber gehören drei Spiele. Ich gebe. Los!«

Peter Gee gab nach, und das dritte Spiel begann.

»Ein grüner Bengel — verdient eine Lektion«, sagte McMurtrey leise zu Grief. »Laßt uns aufhören, Jungens. Ich möchte ein Auge auf ihn halten. Wenn er zu weit geht, schmeiße ich ihn auf den Strand hinaus, und die Gesellschaft kann mir den Buckel runterrutschen.«

»Wer ist er?« fragte Grief.

»Er kam mit dem letzten Dampfer. Die Gesellschaft hat Order gegeben, ihn gut zu behandlen. Er beabsichtigt, sich an einer ihrer Plantagen zu beteiligen. Hat einen Kreditbrief über zehntausend Pfund auf die Gesellschaft. Hat sich ›Australien nur für die Weißen‹ in den Kopf gesetzt. Glaubt, sich wie ein Lümmel benehmen zu dürfen, nur weil seine Haut weiß ist und sein Vater Staatsanwalt war. Das ist der Grund, daß er es auf Peter abgesehen hat, und Sie wissen, daß Peter der letzte auf der Welt ist, der Skandal macht oder sich mit jemand anlegt. Der Teufel soll die Gesellschaft holen. Ich hab' mich nicht engagieren lassen, um Säuglinge mit Bankkonten trockenzulegen. Kommen Sie, Grief, gießen Sie sich ein. Der Bursche ist eine Plage, eine niederträchtige Plage.«

»Vielleicht ist er nur ein bißchen jung«, meinte Grief.

»Jedenfalls bekommt ihm das Trinken nicht — das ist klar.«

Der Verwalter verhehlte seine Verachtung und seinen Zorn nicht.

»Wenn er die Hand gegen Peter hebt, dann helfe mir Gott, wenn ich ihm nicht eine Tracht Hiebe verabreiche, diesem ungeschliffenen Gernegroß!«

Der Perlenhändler zog die Stifte aus dem Rechenbrett und lehnte sich zurück. Er hatte das dritte Spiel gewonnen. Er blickte zu Eddy Little hinüber und sagte:

»Jetzt bin ich bereit, Bridge zu spielen.«

»Ich würde an Ihrer Stelle nicht kneifen«, höhnte Deacon.

»Ach, ich habe keine Lust mehr zu dem Spiel«, versicherte Peter Gee mit seiner gewohnten Ruhe.

»Los, machen Sie weiter«, hetzte Deacon. »Noch ein Spiel. Sie können doch nicht so mit meinem Geld abschieben. Ich habe fünfzehn Pfund verloren. Doppelt oder quitt.«

McMurtrey war nahe daran, sich einzumischen, aber Grief hielt ihn mit einem Blick zurück.

»Also schön, wenn es wirklich das letzte ist«, sagte Peter Gee und schob die Karten zusammen. »Ich glaube, ich bin am Geben. Also, wenn ich recht verstanden habe, dann geht es jetzt um fünfzehn Pfund. Entweder schulden Sie mir dreißig, oder wir sind quitt.«

»Eben, mein Jungchen. Entweder sind wir quitt, oder ich zahle Ihnen dreißig.«

»Das nennt man schröpfen, was?« meinte Grief und nahm sich einen Stuhl.

Die andern saßen oder standen um den Tisch herum.

Deacon hatte wieder Pech. Er war offenbar ein guter Spieler, bekam aber schlechte Karten. Ebenso offenbar war, daß er sein Pech nicht mit Gemütsruhe ertragen konnte. Er stieß häßliche Flüche aus und knurrte den unerschütterlichen Chinesen an. Peter Gee war fertig, als Deacon noch nicht fünfzig hatte. Er starrte seinen Gegner finster an.

»Match«, sagte Grief.

»Ja, das zählt doppelt«, sagte Peter Gee.

»Das brauchen Sie mir nicht erst zu erzählen«, knurrte Deacon. »Ich habe Rechnen gelernt. Ich schulde Ihnen fünfundvierzig Pfund. Da, nehmen Sie.«

Die Art und Weise, wie er die neun Fünf-Pfund-Scheine auf den Tisch warf, war an sich schon eine Beleidigung, aber Peter Gee blieb ganz ruhig.

»Sie haben das Glück eines Narren, aber Karten spielen können Sie nicht, das will ich Ihnen sagen«, fuhr Deacon fort. »Ich könnte Sie spielen lehren.«

Gee lächelte, neigte zustimmend den Kopf und steckte das Geld ein.

»Es gibt ein kleines Spielchen, das Casino heißt — ich möchte wissen, ob Sie je davon gehört haben —, ein reines Kinderspiel.«

»Ich hab' es spielen sehen«, murmelte Gee freundlich.

»Ach«, höhnte Deacon, »und da bilden Sie sich vielleicht ein, es spielen zu können.«

»O nein, durchaus nicht. Ich fürchte, daß ich nicht genug Verstand dazu habe.«

»Casino ist ein hübsches Spiel«, mischte Grief sich heiter ein. »Ich hab' es gern.« Deacon beachtete ihn nicht.

»Ich will um zehn Pfund das Spiel spielen — mit einunddreißig Points aus«, forderte Deacon Peter Gee auf. »Und ich werde Ihnen zeigen, wie wenig Sie von Karten verstehen. Los! Kann ich ein neues Spiel haben?«

»Nein, ich danke«, erwiderte der Chinese. »Die andern warten mit dem Bridge auf mich.«

»Ja, kommen Sie«, bat Eddy Little eifrig. »Kommen Sie, Peter, lassen Sie uns anfangen.«

»Fürchtet sich vor einem kleinen Spielchen wie Casino«, hetzte Deacon. »Vielleicht ist Ihnen der Satz zu hoch. Wir können ja um halbe oder viertel Pennies spielen, wenn Sie wollen.«

Das Benehmen des Mannes war eine Beleidigung für alle. McMurtrey konnte es nicht mehr ruhig mit ansehn.

»So, jetzt hören Sie aber auf, Deacon. Er hat Ihnen ja gesagt, daß er nicht spielen will. Lassen Sie ihn in Ruhe.«

Deacon wandte sich wutschnaubend gegen seinen Wirt; ehe er jedoch die Schmähung, die er auf der Zunge hatte, ausstoßen konnte, war Grief eingeschritten.

»Ich will gerne Casino mit Ihnen spielen«, sagte er.

»Verstehen Sie was davon?«

»Nicht viel, aber ich möchte es gerne lernen.«

»Heute abend gebe ich aber keinen Unterricht für Pennies.«

»Oh, das hat nichts zu sagen«, antwortete Grief. »Ich spiele um jeden Betrag — innerhalb vernünftiger Grenzen natürlich.«

Deacon gedachte den Eindringling mit einem Schlage abzufertigen.

»Ich will um hundert Pfund das Spiel mit Ihnen spielen, wenn es Ihnen recht ist.«

Grief strahlte. »Ausgezeichnet, ausgezeichnet. Lassen Sie uns anfangen.«

Deacon war bestürzt. Er hatte nichts anderes erwartet, als daß ein Goboto-Händler durch einen derartigen Vorschlag zu Boden geschmettert würde.

»Lassen Sie uns anfangen«, wiederholte Grief.

Andrews hatte ein neues Spiel Karten gebracht, und er suchte gerade den Joker heraus.

»Ach, wissen Sie«, meinte Deacon, »wir wollen kein Kinderspiel machen.«

»Ganz Ihrer Meinung«, stimmte Grief ihm zu. »Ich liebe Kinderspiele auch nicht.«

»Also wissen Sie was: Wir werden um fünfhundert Pfund das Spiel spielen.«

Wieder mußte Deacon eine unangenehme Überraschung erleben.

»Ist mir sehr angenehm«, sagte Grief, indem er zu mischen begann.

»Sie scheinen hier hoch zu spielen«, lachte Deacon, aber sein Lachen klang gezwungen. »Wie soll ich wissen, ob Sie das Geld auch haben?«

»Gerade wie ich weiß, daß Sie es haben. Mac, wie hoch beläuft sich mein Kredit bei der Gesellschaft?«

»So hoch Sie wollen«, antwortete der Verwalter.

»Garantieren Sie persönlich dafür?« fragte Deacon.

»Jawohl«, sagte McMurtrey. »Verlassen Sie sich darauf. Die Gesellschaft honoriert seine Unterschrift weit über Ihren Kreditbrief hinaus.«

»Wer die höchste Karte zieht, gibt«, sagte Grief und legte die Karten vor Deacon auf den Tisch.

Der zögerte einen Augenblick mitten im Abheben und blickte unschlüssig in die Gesichter der andern. Die Gehilfen und der Kapitän nickten.

»Sie sind mir alle fremd«, klagte Deacon. »Was weiß ich. Ein Fetzen Papier ist immer eine zweifelhafte Sache.«

Da trat Peter Gee in Aktion. Er zog seine Brieftasche heraus und lieh sich von McMurtrey einen Füllfederhalter.

»Ich hab' noch nicht eingekauft«, erklärte er. »Mein Guthaben ist daher noch unberührt. Ich übertrage es an Sie, Grief. Es sind fünfzehntausend. Bitte.«

Deacon nahm den Kreditbrief, der ihm über den Tisch gereicht wurde. Er las ihn langsam, blickte dann McMurtrey an.

»Stimmt das?«

»Jawohl. Stimmt und ist genauso gut wie Ihr eigner. Die Kreditive der Gesellschaft sind immer gut.«

Da hob Deacon ab und bekam die höchste Karte. Er hatte zu geben und begann sorgsam zu mischen. Aber das Glück war immer noch gegen ihn, und er verlor das Spiel.

»Noch einmal«, sagte er. »Wir haben eine Anzahl der Spiele nicht abgemacht, und Sie können nicht aufhören, da ich in Verlust bin. Ich will Revanche haben.«

Grief mischte und reichte ihm die Karten zum Abheben.

»Lassen Sie uns um tausend spielen«, sagte Deacon, als er das zweite Spiel verloren hatte.

Und als die tausend Pfund den Weg der beiden vorhergehenden Einsätze zu fünfhundert gegangen waren, schlug er zweitausend vor.

»Das nennt man verdoppeln«, warnte McMurtrey und fing einen wütenden Blick von Deacon auf. Aber der Verwalter ließ sich nicht einschüchtern.

»Verdoppeln Sie nicht, Grief, das wäre närrisch.«

»Wer spielt hier, Sie oder ich?« fuhr Deacon auf.

Dann wandte er sich an Grief.

»Ich habe zweitausend an Sie verloren. Wollen Sie um zweitausend spielen?«

Grief nickte, das vierte Spiel begann, und Deacon gewann. Daß es kein anständiges Spiel war, die Einsätze zu verdoppeln, wußten alle. Wenn er auf diese kindische Art jedesmal, wenn er verlor, den Einsatz verdoppelte, mußte er beim erstenmal, wenn er gewann, den ganzen Verlust wieder herausbekommen.

Man sah ihm an, daß er gern aufgehört hätte, aber Grief reichte ihm die Karten zum Abheben.

»Was?« rief Deacon. »Sie wollen weitermachen?«

»Ich habe noch nichts gewonnen«, antwortete Grief heiter und begann auszuteilen. »Wieder um fünfhundert, nehme ich an.«

Vielleicht schämte Deacon sich seiner Handlungsweise, denn er antwortete:

»Nein, wir wollen um tausend spielen. Und hören Sie: Einunddreißig Points dauern zu lange. Wollen wir nicht einundzwanzig sagen — wenn es Ihnen nicht zu rasch geht?«

»Das gibt ein nettes Spielchen«, stimmte Grief zu.

Die Spielmethode von vorhin wurde wieder aufgenommen. Deacon verlor zwei Spiele, verdoppelte den Einsatz, gewann und hatte den Verlust wieder gedeckt. Aber Grief war geduldig, obgleich die Geschichte sich in der nächsten Stunde mehrmals wiederholte. Dann geschah, was er erwartet hatte. Deacon verlor eine größere Reihe von Spielen hintereinander. Er verdoppelte auf viertausend und verlor, verdoppelte auf achttausend und verlor wieder.

Da schlug er vor, den Satz auf sechzehntausend zu verdoppeln.

Grief schüttelte den Kopf.

»Sie wissen gut, daß Sie das nicht können. Sie haben nur für zehntausend Kredit bei der Gesellschaft.«

»Heißt das, daß Sie mir keine Revanche geben wollen?« fragte Deacon heiser. »Heißt das, daß Sie mit achttausend von meinem Geld abziehen wollen?«

Grief schüttelte lächelnd den Kopf.

»Das ist Raub, offener Raub«, fuhr Deacon fort. »Sie nehmen mir mein Geld ab und wollen mir keine Revanche geben.«

»Sie irren. Ich bin durchaus bereit, Ihnen Revanche zu geben, soweit Ihr Guthaben reicht. Sie haben ja noch zweitausend.«

»Schön, spielen wir um die«, sagte Deacon. »Sie heben ab.«

Das Spiel wurde bis auf die erregten Bemerkungen und Flüche Deacons schweigend gespielt. Schweigend füllten und leerten die Zuschauer ihre Whiskygläser.

Grief beachtete die Ausbrüche seines Gegners nicht, sondern konzentrierte sich auf das Spiel. Er ging ganz darin auf. Es galt, zweiundfünfzig Karten im Gedächtnis zu haben, und er hatte sie im Gedächtnis. Als noch ein Drittel übrig war, warf er die Karten hin.

»Ich bin aus«, sagte er. »Ich habe siebenundzwanzig.«

»Wenn Sie sich irren ...«, sagte Deacon drohend mit weißem, verzerrtem Gesicht.

»Dann habe ich verloren. Zählen Sie nach.«

Grief reichte seine Stiche hinüber, und Deacon bestätigte mit zitternden Händen die Rechnung. Er schob seinen Stuhl zurück und leerte sein Glas. Dann blickte er um sich, begegnete aber nur teilnahmslosen Blicken.

»Ich glaube, ich werde mit dem nächsten Dampfer wieder nach Sydney fahren«, sagte er, und zum erstenmal war sein Ton ruhig und nicht überheblich.

Grief sagte später: »Hätte er gejammert oder gebrüllt, so würde ich ihm nicht die letzte Chance gegeben haben. Aber er schluckte die Medizin wie ein Mann, und da mußte ich es tun.«

Deacon sah auf die Uhr, tat, als ob er gähnte, und wollte aufstehen.

»Warten Sie«, sagte Grief. »Wollen Sie Revanche haben?«

Der andre sank auf seinen Stuhl nieder, versuchte zu sprechen, konnte es aber nicht, befeuchtete sich die trocknen Lippen und nickte.

»Kapitän Donovan segelt bei Tagesanbruch mit der Gunga nach Karo-Karo«, begann Grief, als ob es nichts mit der Sache zu tun hätte. »Karo-Karo ist eine Sandbank mitten im Meer mit einigen tausend Kokospalmen. Auch Pandanusbäume gedeihen dort, aber weder Bataten noch Taro. Es gibt etwa achthundert Eingeborene, einen König und zwei Premierminister, und die drei letzteren sind die einzigen, die etwas wie Kleidung tragen. Es ist ein gottverlassenes Loch, und einmal jährlich schicke ich von Goboto einen Schoner hin. Das Trinkwasser ist zwar brackig, aber der alte Tom Butler hat es schon zwölf Jahre vertragen. Er ist der einzige Weiße dort, und er hat eine Bootsmannschaft von fünf Santa-Cruz-Leuten, die, wenn sie könnten, ihn totschlagen und durchbrennen würden. Darum sind sie gerade dorthin geschickt. Dort können sie nämlich nicht durchbrennen. Die schwierigsten Leute von den andern Plantagen werden immer nach Karo-Karo geschickt. Missionare gibt es dort nicht. Zwei eingeborene Lehrer aus Samoa wurden vor einigen Jahren gleich bei der Landung erschlagen.

Sie wundern sich natürlich, daß ich Ihnen dies alles erzähle. Aber haben Sie Geduld. Wie gesagt, tritt Kapitän Donovan morgen bei Tagesanbruch seine jährliche Fahrt nach Karo-Karo an. Tom Butler ist alt und fängt an, hinfällig zu werden. Ich wollte ihn überreden, nach Australien zurückzukehren, aber er sagte, daß er in Karo-Karo bleiben und sterben will, und das wird nicht mehr sehr lange dauern. Er ist ein merkwürdiger alter Kauz. Jedenfalls wird es Zeit, daß ich einen andern Weißen hinschicke, der ihm die Arbeit abnimmt. Was würden Sie zu dem Posten sagen? Sie müßten sich auf zwei Jahre binden. Still! Ich bin noch nicht fertig. Sie haben heute abend verschiedentlich von Revanche gesprochen. Es ist keine Revanche, zu verspielen, was Sie nicht im Schweiße Ihres Angesichts verdient haben. Das Geld, das Sie an mich verloren haben, ist Ihnen von Ihrem Vater oder einem Verwandten vermacht, der das Schwitzen für Sie übernommen hat. Aber zwei Jahre Händler auf Karo-Karo — das wäre etwas! Ich setze die zehntausend, die ich Ihnen abgenommen habe, gegen zwei Jahre Ihrer Zeit. Gewinnen Sie, so gehört das Geld Ihnen. Verlieren Sie, so fahren Sie morgen früh nach Karo-Karo. Sehen Sie, das nenne ich Revanche. Wollen Sie spielen?«

Deacon vermochte kein Wort herauszubringen. Seine Kehle war ihm wie zugeschnürt. Er nickte nur, während er die Hand nach den Karten ausstreckte.

»Noch eins«, sagte Grief. »Ich will noch weiter gehen. Verlieren Sie, dann gehören zwei Jahre Ihres Lebens mir — natürlich ohne Gehalt. Wenn Sie jedoch zu meiner Zufriedenheit arbeiten und alle meine Regeln und Instruktionen beachten, will ich Ihnen für die zwei Jahre ein Gehalt von fünftausend Pfund jährlich geben. Das Geld wird bei der Gesellschaft deponiert und Ihnen nach Ablauf der Zeit mit Zinsen ausbezahlt. Sind Sie einverstanden?«

»Das ist zuviel«, stammelte Deacon. »Sie begehen ein Unrecht gegen sich selbst. Ein Händler bekommt ja nicht mehr als zehn bis fünfzehn Pfund monatlich.«

»Sehen Sie es eben als Revanche an«, erwiderte Grief mit einer Miene, die zeigte, daß er den Fall für erledigt hielt. »Aber bevor wir anfangen, möchte ich Ihnen einige Regeln aufschreiben. Sie werden sie sich jeden Morgen in diesen zwei Jahren laut hersagen, wenn Sie verlieren. Es wird Ihnen gut tun. Wenn Sie sie siebenhundertdreißigmal auf Karo-Karo aufgesagt haben, werden Sie sie bestimmt nicht wieder vergessen. Leihen Sie mir Ihren Federhalter, Mac. Also warten Sie —«

Er schrieb einige Minuten schnell hintereinander und las dann laut vor:

»Ich darf nie vergessen, daß ein Mensch ebenso gut wie der andre ist, außer wenn er sich selbst für besser hält.

Wie betrunken ich auch sein mag, darf ich doch nie vergessen, daß ich ein Gentleman bin. Ein Gentleman ist ein Mensch, der sich anständig beträgt. Anmerkung: Am besten ist es, sich überhaupt nicht zu betrinken.

Wenn ich mit Männern Männerspiel spiele, muß ich wie ein Mann spielen.

Ein kräftiger Fluch selten, aber bei rechter Gelegenheit angebracht, kann recht wirksam sein. Zu viele Flüche verderben nur den Eindruck. Anmerkung: Ein Fluch kann ebensowenig die Karten verändern wie den Wind zum Wehen bringen.

Ein Mann hat nicht das Recht, weniger als ein Mann zu sein. Nicht einmal für zehntausend Pfund kann er sich dieses Recht erkaufen.«

Bei Beginn der Lektüre wurde Deacons Gesicht weiß vor Wut. Dann überzog es sich langsam vom Hals bis zur Stirn mit dunkelroter Farbe, die sich immer mehr vertiefte, je weiter Grief las.

»Das ist alles«, sagte Grief, indem er das Papier zusammenfaltete und auf den Tisch warf. »Sind Sie noch bereit zu spielen?«

»Ich verdiene es«, murmelte Deacon mit gebrochener Stimme. »Ich bin ein Esel. Herr Gee, ehe ich weiß, ob ich gewinne oder verliere, möchte ich Sie um Verzeihung bitten. Vielleicht war es der Whisky, ich weiß es nicht, aber ich bin ein Esel, ein Lümmel, ein Idiot — ich weiß nicht, was alles.«

Er streckte die Hand aus, die Gee mit strahlendem Gesicht drückte.

»Hören Sie, Grief«, rief er. »Der Junge ist allright: Machen Sie einen Strich durch die Rechnung, wir trinken noch ein Glas und vergessen alles darüber.«

Grief schien mit sich reden lassen zu wollen, aber Deacon rief:

»Nein, das gebe ich nicht zu. Ich bin kein Drückeberger. Wenn es Karo-Karo sein soll, dann ist es eben Karo-Karo. Es ist kein Wort darüber zu verlieren.«

»Das ist richtig«, sagte Grief und begann die Karten zu mischen. »Wenn er das rechte Zeug hat, um nach Karo-Karo zu gehen, wird er keinen Schaden dadurch nehmen.«

Der Kampf wurde hart und spannend. Dreimal wurden die Karten zwischen ihnen aufgeteilt, ohne daß sie zählten. Zu Beginn der fünften und letzten Runde brauchte Deacon nur noch drei Points, um fertig zu sein, Grief dagegen vier. Es galt jetzt nur noch, so viele Stiche wie möglich zu machen, und Deacon paßte scharf auf. Er schimpfte weder, noch fluchte er und spielte sein bestes Spiel an diesem Abend. Er bekam die beiden schwarzen und das Herz-As.

»Ich nehme an, daß Sie die vier Karten, die ich in der Hand habe, nennen können«, sagte er, als die letzten Karten ausgeteilt waren.

Grief nickte.

»Dann nennen Sie sie.«

»Pikbube, Pikzwei, Herzdrei und Karo-As«, antwortete Grief.

Die hinter Deacon Stehenden blickten in seine Karten, verrieten aber nicht, daß Grief sie richtig genannt hatte.

»Ich glaube, Sie spielen besser Casino als ich«, gab Deacon zu. »Ich kann von Ihren Karten nur drei nennen: einen Buben, ein As und das große Casino.«

»Falsch. Es sind nicht fünf Asse im Spiel. Drei haben Sie gehabt, und das vierte halten Sie jetzt in der Hand.«

»Wahrhaftig, Sie haben recht«, räumte Deacon ein. »Drei habe ich gehabt. Aber ich werde doch noch ein paar Stiche machen; mehr brauche ich nicht.«

»Ich will Ihnen das kleine Casino lassen —«

Grief hielt inne, um nachzurechnen.

»Ja, und das As auch, aber ich werde doch die meisten Stiche machen und mit dem großen Casino herauskommen. Spielen Sie aus.«

»Ich gewinne«, frohlockte Deacon, als er die letzte Karte ausgespielt hatte. »Ich gehe mit dem kleinen Casino und den vier Assen heraus. Mit dem großen Casino und Ihren Piks kommen Sie höchstens auf zwanzig.«

Grief schüttelte den Kopf.

»Ich fürchte, Sie irren sich.«

»Nein«, erklärte Deacon bestimmt. »Ich habe jeden Stich gezählt. Ich bin ganz sicher. Ich habe sechsundzwanzig und Sie auch.«

»Zählen Sie noch einmal«, sagte Grief.

Sorgfältig und langsam, mit zitternden Händen zählte Deacon seine Stiche. Es ergab fünfundzwanzig. Er streckte die Hand aus, nahm das von Grief Geschriebene, faltete es zusammen und steckte es in die Tasche. Dann leerte er sein Glas und stand auf.

Kapitän Donovan sah auf seine Uhr, gähnte und erhob sich ebenfalls.

»Gehen Sie an Bord?« fragte Deacon.

»Ja«, lautete die Antwort. »Um welche Zeit soll ich Ihnen das Walboot schicken?«

»Ich gehe gleich mit Ihnen. Wir können mein Gepäck unterwegs von der Billy holen. Ich wollte morgen mit ihr nach Babo fahren.«

Deacon schüttelte allen die Hände, nachdem sie noch mit ihm auf »Gut Glück« in Karo-Karo angestoßen hatten.

»Spielt Tom Butler Karten?« fragte er Grief.

»Solitaire«, lautete die Antwort.

»Dann werde ich ihm Doppelsolitaire beibringen.«

Deacon wandte sich zur Tür, an der Donovan wartete, und fügte mit einem Seufzer hinzu:

»Ich fürchte, wenn er so spielt wie ihr andern Insulaner, wird er mir die Haut vom Leibe ziehen.«

Der Walzahn

Es war in Fidschis frühesten Tagen, als John Starhurst im Missionshause des Dorfes Rewa aufstand und seine Absicht kundtat, das Evangelium über ganz Viti Levu zu verkünden. Nun heißt Viti Levu »Das Große Land«, da es die größte in einer Gruppe vieler großer Inseln ist, von den Hunderten kleiner ganz zu schweigen. Hier und da lebten an der Küste in höchst unsicheren Verhältnissen kleine Missionssprengel, Händler, Trepangfischer und Deserteure von Walfängern. Der Rauch der heißen Öfen stieg unter ihren Fenstern auf, und die Leichen der Erschlagenen wurden an ihren Türen vorbei zur Opferung geschleppt.

Lotu, das Christentum, machte nur langsam Fortschritte und ging oft den Krebsgang. Häuptlinge, die sich selbst für Christen erklärt hatten, zeigten eine bedauerliche Neigung zu Rückfällen, um sich am Verzehren eines Lieblingsfeindes beteiligen zu können. Fressen oder gefressen werden, das war das Gesetz des Landes gewesen, und fressen oder gefressen werden versprach noch lange das Gesetz des Landes bleiben zu wollen. Es gab Häuptlinge, wie Tanoa, Tuiveikoso oder Tuikilakila, die buchstäblich Hunderte ihrer Mitmenschen gefressen hatten. Aber den höchsten Rang unter diesen Prassern nahm Ra Undreundre ein. Ra Undreundre lebte auf Takiraki. Er führte ein Register über seine kulinarischen Heldentaten. Eine Reihe von Steinen vor seinem Hause bezeichnete die Leichen, die er gefressen hatte. Diese Reihe war zweihundertunddreißig Schritt lang und zählte achthundertundzweiundsiebzig Steine. Jeder Stein bedeutete eine Leiche. Die Reihe wäre wohl noch länger gewesen, hätte Ra Undreundre nicht unglücklicherweise bei einem Buschgefecht auf Somo Somo einen Speerstich in den Rücken bekommen und wäre als Braten Naungavuli vorgesetzt worden, dessen unbedeutende Steinreihe nur achtundvierzig zählte. Die schwer arbeitenden, fiebergeplagten Missionare hingen mit äußerster Treue, wenn auch manchmal der Verzweiflung nahe, an ihrer Aufgabe und warteten auf irgendeine besondere Offenbarung, die ihnen eine ruhmvolle Ernte an Seelen bringen sollte. Aber das heidnische Fidschi blieb verstockt. Die krausköpfigen Kannibalen zeigten keine Neigung, ihre Fleischtöpfe zu verlassen, solange es eine reichliche Ernte an menschlichen Leichen gab. War sie allzu reichlich, so betrogen sie wohl auch die Missionare, indem sie das Gerücht ausstreuten, daß an dem und dem Tage ein Schlachtfest stattfinden werde. Sofort pflegten dann die Missionare das Leben der Opfer mit Tabakstangen und Kalikostücken und Handelsperlen loszukaufen. Indem sie so über ihren Überschuß an lebender Spende verfügten, trieben die Häuptlinge einen schwunghaften Handel. Sie konnten ja jederzeit wieder ausziehen und mehr fangen.

Zu diesem Zeitpunkt machte John Starhurst bekannt, daß er das Evangelium im Großen Lande von Küste zu Küste verbreiten und damit beginnen wollte, in die Berge an der Quelle des Rewaflusses zu dringen. Seine Worte wurden mit Bestürzung aufgenommen.

Die eingeborenen Lehrer weinten leise. Seine beiden Missionare versuchten, es ihm auszureden. Der König von Rewa warnte ihn, daß die Gebirgsbewohner ihn sicher kai-kai — das bedeutet fressen — würden und daß er, der König von Rewa, der doch Lotu geworden sei, dann gezwungen wäre, Krieg gegen jene zu führen. Daß er sie nicht besiegen könne, wisse er ganz genau. Ebensogut wisse er, daß sie den Fluß herabkommen und das Dorf Rewa plündern würden. Aber was solle er machen? Bestehe John Starhurst darauf, auszuziehen und gefressen zu werden, so gebe es eben einen Krieg, der Hunderte von Menschenleben kosten würde.

Später am Tage machte eine Deputation von Rewahäuptlingen John Starhurst ihre Aufwartung. Er hörte sie geduldig an und sprach geduldig mit ihnen, gab aber nicht ein Tüttelchen nach. Seinen Kameraden erklärte er, daß er eben den Ruf erhalten habe, das Evangelium nach Vitu Levu zu tragen, und daß er einfach dem Wunsche des Herrn gehorche.

Den Händlern, die ihm am eifrigsten entgegentraten, sagte er: »Eure Einwände sind wertlos. Sie beruhen nur darauf, daß euer Geschäft Schaden erleiden könnte. Ihr interessiert euch fürs Geldverdienen, ich mich für die Rettung von Seelen. Die Heiden dieses dunklen Landes müssen gerettet werden.«

John Starhurst war kein Fanatiker. Er wäre selbst der erste gewesen, diesen Vorwurf zurückzuweisen. Er war durchaus gesund und praktisch veranlagt. Er war überzeugt, daß seine Sendung zum Guten führen müßte, und hatte geheime Visionen, wie er das Pfingstfeuer in den Seelen der Gebirgsbewohner entzünden und von den Bergen aus das Große Land der Länge und Breite nach von Meer zu Meer bis zu den kleinsten Inseln erwecken wollte. In seinen milden, **grauen** Augen flammte kein wildes Licht, nur ruhige Entschlossenheit und unerschütterlicher Glaube an die höhere Macht, die ihn leitete.

Nur einen Menschen fand er, der seinen Plan billigte, und das war Ra Vatu, der ihn heimlich ermutigte und sich erbot, ihm Führer bis zum Fuße der Berge zu leihen. John Starhurst war äußerst erfreut über Ra Vatus Angebot. Ra Vatu, der ein unverbesserlicher Heide mit einem Herzen so schwarz wie seine Gewohnheiten gewesen war, begann jetzt, Licht auszustrahlen. Er sprach sogar davon, Lotu zu werden. Allerdings hatte er schon vor drei Jahren die gleiche Absicht bekundet und wäre der Kirche beigetreten, wenn John Starhurst nicht Einspruch dagegen erhoben hätte, daß er seine vier Frauen mitbrachte. Ra Vatu hatte ökonomische und ethische Einwände gegen die Monogamie erhoben. Außerdem hatte die Haarspalterei des Missionars ihn beleidigt, und zum Beweise, daß er ein Mann von Willensfreiheit und Ehre war, hatte er seine ungeheure Schlachtkeule über John Starhursts Haupt geschwungen. Starhurst hatte die Keule unterlaufen und sich an ihm festgeklammert, bis Hilfe kam. So war er dem Tode entgangen. Aber das war nun alles vergeben und vergessen. Ra Vatu wollte in die Kirche eintreten, nicht nur als bekehrter Heide, sondern auch als bekehrter Polygamist. Wie er Starhurst versicherte, wartete er nur auf den Tod seiner ältesten Frau, die schon sehr krank war.

John Starhurst reiste auf der träge fließenden Rewa in einem von Ra Vatus Booten. Dieses Kanu sollte ihn zwei Tage lang tragen und dann, wenn das Ende der

Wasserfahrt erreicht war, umkehren. In weiter Ferne konnte man die hohen dunstigen Berge, die das Rückgrat des Großen Landes bildeten, sich zum Himmel erheben sehen. Täglich schaute John Starhurst sehnsüchtig nach ihnen aus. Manchmal betete er leise. Dann wieder betete er gemeinsam mit Narau, einem eingeborenen Lehrer, der seit sieben Jahren Lotu war, seit dem Tage, da er durch Dr. James Ellery um die Kleinigkeit von hundert Stangen Tabak, zwei Stück Leinen und einer großen Flasche Sorgenbrecher vor dem heißen Ofen bewahrt worden war. Nach zwanzigstündigem Flehen und Beten hatte Naraus Ohr im letzten Augenblick den Ruf vernommen und zog nun mit John Starhurst nach den Bergen. »Meister, wahrlich, ich will mit dir gehen«, hatte er verkündet.

John Starhurst hatte ihn mit ernster Freude empfangen. Der Herr war in der Tat mit ihm, daß er ein Geschöpf von so schwachem Geiste wie Narau erleuchtete.

Am selben Tage befuhr ein anderes Kanu die Rewa. Aber es kam eine Stunde später und nahm sich in acht, daß es nicht gesehen würde. Dieses Kanu gehörte ebenfalls Ra Vatu. Darin befand sich Erirola, Ra Vatus nächster Verwandter und vertrautester Diener, und in dem kleinen Korb, den er nie aus der Hand ließ, lag ein Walzahn. Es war ein prachtvoller Zahn, volle sechs Zoll lang, von wunderbarer Form und vom Alter gelb und purpurn gefärbt. Dieser Zahn gehörte gleicherweise Ra Vatu, und wenn in Fidschi ein solcher Zahn ausgeschickt wird, ereignet sich gewöhnlich etwas. Denn das ist die Kraft des Walzahnes: Wer immer ihn annimmt, kann das Verlangen, das ihn begleitet oder ihm folgt, nicht verweigern. Es mag sein, was es will, von einem Menschenleben bis zum Stammesbündnis, kein Fidschianer wird so ehrvergessen sein, es abzuschlagen, wenn er den Zahn einmal angenommen hat. Schlägt es einmal fehl oder verzögert sich die Erfüllung, so sind die Folgen unberechenbar.

Hoch an der Rewa, im Dorfe eines Häuptlings namens Mongondro, machte John Starhurst am Ende des zweiten Reisetages halt.

Am nächsten Morgen wollte er in Naraus Begleitung zu Fuß nach den dunstigen Bergen aufbrechen, die jetzt, in der Nähe, wie grüner Samt aussahen. Mongondro war ein gutmütiger, kleiner, alter Häuptling. Er war kurzsichtig und aussätzig und hatte keine Neigung mehr für die Stürme des Krieges.

Er empfing den Missionar mit warmer Gastfreundschaft, gab ihm Essen von seinem eigenen Tische und ließ sich sogar darauf ein, religiöse Fragen mit ihm zu erörtern. Mongondro war wißbegierig und machte John Starhurst große Freude durch seine Fragen über das Sein und den Ursprung der Dinge. Als der Missionar sein Kompendium über die Schöpfung der Genesis gemäß beendet hatte, sah er, daß Mongondro tief gerührt war. Der kleine, alte Häuptling rauchte eine Zeitlang schweigend. Dann nahm er die Pfeife aus dem Munde und schüttelte betrübt den Kopf.

»Das kann nicht sein«, sagte er. »Ich, Mongondro, war in meiner Jugend ein tüchtiger Arbeiter mit dem Beil. Und doch hat es mich drei Monate gekostet, ein Kanu herzustellen — ein ganz kleines Kanu. Und du sagst, daß alles Land und Wasser durch einen einzigen Mann —«

»Nein, durch einen Gott geschaffen ist, den einzigen, wahren Gott«, unterbrach ihn der Missionar.

»Das kommt auf eins heraus«, fuhr Mongondro fort. »— daß alles Land und Wasser, die Bäume, die Fische und die Büsche und die Berge, die Sonne, der

Mond und die Sterne in sechs Tagen geschaffen sind! Nein, nein. Ich sage dir, ich war in meiner Jugend ein tüchtiger Mensch, und doch habe ich drei Monate für ein kleines Kanu gebraucht. Mit der Geschichte kannst du Kinder schrecken, aber ein Mann kann sie nicht glauben.«

»Ich bin ein Mann«, sagte der Missionar.

»Ja, du bist ein Mann. Aber meinem dunklen Verstande ist nicht gegeben, zu wissen, was du glaubst.«

»Ich sage dir ja, ich glaube, daß die ganze Welt in sechs Tagen erschaffen ist.«

»So sagst du, so sagst du«, murmelte der alte Kannibale beschwichtigend.

Unmittelbar nachdem John Starhurst und Narau sich zur Ruhe begeben hatten, kroch Erirola in das Haus des Häuptlings und händigte Mongondro nach einer diplomatischen Ansprache den Walzahn aus. Der alte Häuptling hielt den Zahn lange in der Hand. Es war ein wunderschöner Zahn, und er hätte ihn gern besessen. Aber er erriet das Verlangen, das ihn begleitete. Nein, nein. Walzähne waren wunderschön, und das Wasser lief ihm im Munde zusammen. Aber er gab ihn Erirola mit vielen Entschuldigungen zurück.

Bei Tagesgrauen war John Starhurst auf den Beinen und marschierte in seinen großen Lederstiefeln, auf den Fersen den treuen Narau, den Buschpfad entlang hinter einem nackten Führer, den ihm Mongondro geliehen hatte, damit er ihnen den Weg nach dem nächsten Dorfe zeige. Hier erhielten sie einen neuen Führer. Eine Meile dahinter stapfte als Nachhut Erirola, den Korb mit dem Walzahn über die Schulter gehängt tragend.

Noch zwei Tage folgte er den Spuren des Missionars

und bot den Dorfhäuptlingen den Zahn an. Aber Dorf auf Dorf wies ihn zurück. Er traf so bald nach dem Missionar ein, daß sie das zu erwartende Verlangen errieten und daher nichts damit zu tun haben wollten.

So kamen sie tief in die Berge, und Erirola schlug einen geheimen Pfad ein, auf dem er den Missionar überholte und vor ihm das Bollwerk des Buli von Gatoka erreichte. Nun wußte der Buli nichts von John Starhursts bevorstehender Ankunft. Und der Zahn war schön — ein außerordentlich prachtvolles Exemplar in den seltensten Farben. Der Zahn wurde ihm öffentlich angeboten. Der Buli von Gatoka, auf seiner besten Matte sitzend, von seinen vornehmsten Leuten umgegen, drei Fliegenwedler hinter sich, geruhte aus der Hand seines Herolds den Zahn entgegenzunehmen, den Ra Vatu ihm als Geschenk bot und durch seinen Verwandten Erirola in die Berge geschickt hatte. Händeklatschen folgte der Annahme des Geschenks, und die Häuptlinge, Herolde und Fliegenwedler schrien im Chor:

»A woi! woi! woi! A woi! woi! woi! A tabua levu! woi! woi! A mudua, mudua, mudua!«

»Bald wird ein Mann, ein weißer Mann kommen«, begann Erirola nach einer angemessenen Pause. »Er ist ein Missionar, und er kommt heute. Ra Vatu möchte gern seine Stiefel haben. Er will sie seinem guten Freunde Mongondro schenken und hat die Absicht, sie ihm mit den Füßen darin zu schicken, denn Mongondro ist ein alter Mann und hat keine guten Zähne mehr. Es muß sicher sein, o Buli, daß die Füße in den Stiefeln stecken. Der Rest kann meinetwegen hierbleiben.«

Die Freude über den Walzahn wich aus Bulis Augen, und er blickte unsicher umher. Aber er hatte den Zahn schon angenommen.

»Eine solche Kleinigkeit wie ein Missionar hat nichts zu sagen«, ermunterte Erirola ihn.

»Nein, nein, eine Kleinigkeit wie ein Missionar hat nichts zu sagen«, beantwortete der Buli seine eignen Gedanken. »Mongondro soll die Stiefel haben. Geht, ihr jungen Männer, drei oder vier von euch, und begegnet dem Missionar auf dem Wege. Und bringt ja die Stiefel mit.«

»Zu spät«, sagte Erirola. »Hört! Da kommt er.«

John Starhurst durchbrach, Narau dicht auf den Fersen, das dichte Gestrüpp und erschien auf dem Schauplatz. Die berühmten Stiefel waren beim Durchwaten eines Flusses vollgelaufen und spritzten bei jedem Schritt feine Wasserstrahlen.

Starhurst blickte mit leuchtenden Augen um sich. Gestütz auf einen unerschütterlichen Glauben, frohlockte er bei dem Anblick, der sich ihm bot. Er wußte, daß er seit Urbeginn der Zeiten der erste weiße Mann war, dessen Fuß die Bergfeste Gatoka betrat.

Die Grashütten hingen an den jähen Abhängen der Berge oder über der rauschenden Rewa. Auf beiden Seiten gähnte ein mächtiger Abgrund. Bestenfalls drei Stunden lang drang das Sonnenlicht in diese enge Schlucht. Weder Kokosnüsse noch Bananen waren zu sehen, obgleich dichte tropische Vegetation alles überwucherte, in luftigen Girlanden über den Rändern der Abgründe hing und üppig alle Spalten füllte. Am unteren Ende der Schlucht bildete die Rewa einen einzigen Wasserfall von achthundert Fuß Höhe, und die Luft in der Bergfeste pulste in dem rhythmischen Donner des Falls. Aus dem Hause des Buli tauchte dieser mit seinem Gefolge auf.

»Ich bringe euch gute Kunde«, lautete der Gruß des Missionars.

»Wer hat dich geschickt?« erwiderte der Buli ruhig.

»Gott.«

»Das ist ein neuer Name in Viti Levu«, grinste der Buli. »Welchen Inseln, Dörfern oder Wegen gebietet er als Häuptling?«

»Er ist Häuptling über alle Inseln, alle Dörfer, alle Wege«, erwiderte John Starhurst feierlich. »Er ist Herr über Himmel und Erde, und ich bin gekommen, euch sein Wort zu verkünden.«

»Hat er Walzähne geschickt?« fragte der Buli frech.

»Nein, aber wertvoller als Walzähne ist —«

»Es ist Sitte unter Häuptlingen, Walzähne zu schicken«, unterbrach ihn der Buli. »Dein Häuptling ist entweder ein Geizhals, oder du bist ein Dummkopf, daß du mit leeren Händen in die Berge kommst. Sieh her, ein Freigebigerer als du ist dir zuvorgekommen.« Mit diesen Worten zeigte er den Walzahn, den er von Erirola erhalten hatte.

Narau stöhnte.

»Das ist Ra Vatus Walzahn«, flüsterte er Starhurst zu. »Ich kenne ihn wohl. Jetzt ist es aus mit uns.«

»Eine schöne Handlung«, antwortete der Missionar, indem er sich mit der Hand durch den langen Bart fuhr und die Brille zurechtsetzte. »Ra Vatu hat ihn geschickt, damit wir gut empfangen würden.«

Aber Narau stöhnte wieder und zog sich von den Fersen zurück, denen er wie ein treuer Hund gefolgt war.

»Ra Vatu wird bald Lotu werden«, erklärte Starhurst, »und ich bin gekommen, um auch euch Lotu zu bringen.«

»Ich will nichts von deinem Lotu wissen«, sagte Buli stolz. »Und ich denke, daß ich dich heute noch mit meiner Keule erschlagen werde.«

Der Buli winkte einem seiner großen Gebirgler, der,

eine Keule schwingend näher trat. Narau flüchtete in das nächste Haus und versuchte, sich zwischen Frauen und Matten zu verstecken; John Starhurst aber unterlief die Keule und schlang die Arme um den Nacken seines Mörders. In dieser vorteilhaften Stellung fuhr er fort zu diskutieren. Er diskutierte um sein Leben und wußte das; aber er war weder erregt noch bange.

»Es wäre von Übel für dich, wenn du mich tötetest«, sagte er zu dem Manne. »Ich habe weder dir noch dem Buli etwas zuleide getan.«

So fest klammerte er sich an den Hals des Mannes, daß sie nicht wagten, mit ihren Keulen zuzuschlagen. Und während er ihn so umschlungen hielt, fuhr er fort, mit den Menschen, die seinen Tod forderten, zu diskutieren.

»Ich bin John Starhurst«, sagte er ruhig. »Ich habe drei Jahre in Fidschi gearbeitet und habe es nicht um meines Vorteils willen getan. Ich bin hier um des Guten willen. Warum sollte mich wohl jemand töten? Mein Tod würde niemandem Nutzen bringen.«

Der Buli warf einen Blick auf den Walzahn. Er war gut bezahlt worden.

Der Missionar war von einer Menge nackter Wilder umringt, die alle kämpften, um an ihn heranzukommen. Der Todesgesang, das heißt das Lied vom Ofen, wurde angestimmt, und man konnte seine Reden nicht mehr hören. Aber so geschickt wand und schlang er seinen Körper um den seines Henkers, daß der Todesstreich nicht geführt werden konnte. Erirola lächelte, und der Buli wurde zornig.

»Weg mit euch!« rief er. »Eine schöne Geschichte wird man an der Küste erzählen — ein Dutzend von euch gegen einen Missionar, der waffenlos und schwach wie ein Weib ist und euch alle überwindet.«

»Warte, o Buli«, rief John Starhurst aus dem dichten Kampfgemenge, »warte, ich werde auch dich überwinden. Denn meine Waffen sind Wahrheit und Recht, und niemand kann ihnen widerstehen.«

»Dann komm her zu mir«, antwortete der Buli, »denn meine Waffe ist nur eine elende Keule, und die kann dir ja, wie du sagst, nicht widerstehen.«

Die Gruppe trennte sich, und John Starhurst stand allein dem Buli gegenüber, der sich auf eine ungeheure knorrige Schlachtkeule stützte.

»Komm her, Missionar, und überwinde mich«, rief der Buli herausfordernd.

»Gleich komme ich und überwinde dich«, antwortete John Starhurst, indem er zuerst seine Brille putzte und zurechtsetzte und dann vorzurücken begann.

Der Buli erhob die Keule und wartete.

»Erstens hast du gar keinen Nutzen von meinem Tode«, begann der Disput.

»Ich überlasse die Antwort meiner Keule«, erwiderte der Buli.

Und auf jeden Punkt gab er dieselbe Antwort, indem er zugleich den Missionar scharf beobachtete, damit dieser nicht wieder geschickt die Keule unterlaufen könne.

Da erst erkannte John Starhurst, daß seine Todesstunde gekommen war.

Barhaupt stand er in der Sonne und betete laut — das geheimnisvolle Bild des unvermeidlichen weißen Mannes, der mit Bibel, Kugel oder Rumflasche dem erstaunten Wilden auf dessen eignem Gebiet gegenübersteht.

So stand John Starhurst in der Bergfeste des Buli von Gatoka.

»Vergib ihnen, denn sie wissen nicht, was sie tun«,

betete er. »O Herr, sei Fidschi gnädig. Habe Mitleid mit Fidschi. O Jehova, höre uns, um seinet-, deines Sohnes willen, den du uns schenktest, daß durch ihn alle Menschen deine Kinder werden sollten. Von dir kommen wir, und zu dir wollen wir zurückkehren. Die Erde ist dunkel, o Herr, die Erde ist dunkel. Aber du hast die Macht, zu retten. Strecke deine Hand aus, o Herr, und errette Fidschi, das arme menschenfressende Fidschi.«

Der Buli wurde ungeduldig.

»Jetzt will ich dir antworten«, murrte er und schwang die Keule mit beiden Händen.

Narau, der sich zwischen den Weibern und Matten versteckt hatte, hörte den Schlag der Keule, und ihn schauderte. Dann wurde der Todesgesang angestimmt, und als er die folgenden Worte hörte, wußte er, daß der Leichnam seines geliebten Missionars zum Ofen geschleppt wurde:

»Tragt mich sanft. Tragt mich sanft.
Denn ich bin der Kämpe meines Landes.
Sagt Dank! Sagt Dank! Sagt Dank!«

Dann hob sich eine einzelne Stimme aus dem Lärm und fragte:

»Wo ist der tapfere Mann?«

An hundert Stimmen brüllten die Antwort:

»Fort, um in den Ofen gesteckt und gebraten zu werden.«

»Wo ist der Feigling?« fragte die Stimme.

»Fort, um darüber zu berichten!« brüllten die hundert Stimmen. »Fort, um darüber zu berichten!«

Narau stöhnte in Seelenqual. Die Worte des alten Liedes sprachen die Wahrheit. Er war der Feigling, und ihm blieb nichts übrig, als hinzugehen und zu berichten.

Kreuzfahrt durch die Salomon-Inseln

»Warum nicht gleich mitkommen?« sagte Kapitän Jansen zu uns in Penduffryn auf Guadalcanar.
Charmian und ich sahen uns an und überlegten in der Stille die Sache eine halbe Minute lang. Dann nickten wir gleichzeitig.
»Sie müssen Ihre Revolver und ein paar Gewehre mitnehmen«, sagte Kapitän Jansen. »Ich habe fünf Gewehre an Bord, aber wir haben keine Munition für das eine Mausergewehr. Haben Sie einige Patronen übrig?«
Wir schafften unsere Gewehre, ein paar Handvoll Mauserpatronen sowie Wada, unsern Koch, und Nakata, unsern Kajütjungen auf der Snark, an Bord. Wada und Nakata waren ein wenig ängstlich. Jedenfalls waren sie alles eher als begeistert, obwohl Nakata nie den Schwanz zwischen die Beine steckte, wenn er einer Gefahr Angesicht zu Angesicht gegenüberstand. Die Salomon-Inseln hatten sie nicht freundlich behandelt. Erstens waren sie beide von Beulen geplagt gewesen. Das waren wir andern auch (gerade jetzt behandelte ich zwei neue Beulen mit Sublimatlösung),

aber die beiden Japaner hatten mehr als ihren reichlichen Anteil gehabt. Und diese Beulen sind nicht angenehm, denn sie sind sehr groß und stören scheußlich. Ein Moskitostich, eine Schnittwunde oder die geringste Hautabschürfung genügt, um das Gift, mit dem die Luft anscheinend geladen ist, anzuziehen.

Und noch schlimmer als die Beulen war, daß die zwei Japaner sehr an Fieber gelitten hatten, das auf den Salomons so grassiert. Sie waren beide mehrmals stark angegriffen gewesen, und in ihrem Schwächezustand und ihrer Rekonvaleszenz hatten sie beide die Gewohnheit, auf den Teil der Snark zu kriechen, der dem fernen Japan am nächsten war, und sehnsüchtig in die Ferne zu starren.

Das schlimmste aber war, daß sie jetzt an Bord der Minota gebracht wurden, die an der wilden Küste Malaitas Plantagenarbeiter werben sollte. Wada, der sich am meisten fürchtete, war sicher, Japan nie wiederzusehen, und mit traurigen, glanzlosen Augen sah er zu, wie Gewehre und Munition an Bord der Minota gebracht wurden. Er wußte gut, was es mit der Minota und ihrer Malaitafahrt auf sich hatte. Er wußte, daß sie vor einem halben Jahr an der Küste von Malaita abgefangen und ihr Schiffer mit Tomahawks in kleine Stücke zerhackt worden war und daß das Schiff nach den geltenden Gleichheitsprinzipien dieser lieben Insel noch zwei Köpfe schuldete. Ferner war ein Arbeiter der Penduffrynplantage, ein junger Malaitaner, gerade an Dysenterie gestorben, und Wada wußte, daß Penduffryn Malaita demnach noch einen Kopf mehr schuldete. Schließlich sah er, als er unser Gepäck in der winzigen Kajüte des Schiffers verstaute, die Zeichen von Axthieben in der Tür, durch die sich die siegreichen Buschmänner den Weg in die Kajüte gebahnt hatten. Und endlich hatte der Kajütofen kein Rohr — das Rohr hatte nämlich einen Teil der Kriegsbeute ausgemacht.

Die Minota war eine australische, aus Teakholz gebaute Yacht mit Ketchtakelung, lang und schmal, mit tiefem Flossenkiel und eher für Regatten in den Häfen als zum Werben schwarzer Arbeiter gedacht. Als Charmian und ich an Bord kamen, war das Schiff bereits überfüllt. Die doppelte Besatzung mit Stellvertretern betrug fünfzehn Mann, und dazu kamen zwei Dutzend oder mehr »Heimkehrer«, Leute, die ihre Zeit auf den Plantagen abgearbeitet hatten und jetzt in ihre Heimatdörfer zurückgebracht werden sollten. Ihrem Äußern nach waren sie auch richtige Menschenfresser. In den durchbohrten Nasen trugen sie Knochen und Holzpflöcke so groß wie Bleistifte. Manche von ihnen hatten sich den fleischigen Teil der Nase durchbohrt und kleine Spieße aus Schildpatt oder Perlen, die auf ein Stück Stahldraht gereiht waren, hineingesteckt. Einige hatten dazu noch eine Reihe Löcher über der Oberlippe. Alle hatten bis zu einem Dutzend Löcher in den Ohren — Löcher, so groß, daß sie runde Holzpflöcke von mindestens drei Zoll Durchmesser aufnehmen konnten, bis hinab zu winzigen Löchern, in die sie Tonpfeifen und ähnliche Kleinigkeiten gesteckt hatten. Sie hatten tatsächlich so viel Löcher, daß sie nicht Schmuck genug besaßen, sie zu füllen, und als wir uns am folgenden Tage Malaita näherten und unsere Gewehre prüften, waren unsere Passagiere schrecklich auf die leeren Patronenhülsen versessen, die sie sich gleich in die vielen schmerzlich leeren Löcher in ihren Ohren steckten.

Während wir unsere Gewehre prüften, wurde ein Stacheldrahtzaun rings um die Reling gebaut. Die Minota, die ein ungebrochenes Deck ohne Oberbau und nur eine sechs Zoll hohe Reling besaß, war zu leicht zu entern. Deshalb wurden Messingstreben an die Reling geschraubt und vom Bug bis zum Achterende und wieder zurück eine doppelte Reihe Stacheldraht gespannt. Das alles war natürlich sehr gut als Schutz gegen wilde Stämme, aber verflucht unangenehm für die an Bord Befindlichen, wenn die Minota in schwerer See zu tanzen begann. Will man nicht in den Stacheldrahtzaun an Lee gleiten und sich nicht am Stacheldraht in Luv festhalten und befindet sich dabei auf einem glatten Deck, das in einem Winkel von fünfundvierzig Grad überkrängt, so kann man sich einige der Freuden vorstellen, die mit einer Kreuzfahrt durch die Salomons verbunden sind. Und man muß sich auch erinnern, daß der Preis, den man dafür bezahlen muß, wenn man gegen den Stacheldraht fällt, mehr bedeutet als ein paar Schrammen, denn es ist beinahe sicher, daß jede Schramme zu einer bösartigen Beule wird. Daß Vorsicht nicht vor einer Kollision mit dem Stacheldraht rettet, sahen wir eines schönen Morgens, als wir mit dem Winde die Malaitaküste entlangliefen. Es war ein frischer Wind, und die See ging recht hoch. Ein ganz junger schwarzer Bursche stand am Ruder. Kapitän Jansen, Steuermann Jacobsen, Charmian und ich hatten uns gerade zum Frühstück an Deck gesetzt. Drei ungewöhnlich schwere Seen packten uns. Der junge Bursche am Rad verlor den Kopf. Dreimal ging es über die Minota hinweg. Das Frühstück rutschte über die Lee-Reling; Messer und Gabeln gingen durch die Speigatten. Ein Junge wurde achtern über Bord gespült und wieder hereingezogen, und unser kühner Schiffer lag, halb außen-, halb innenbords, in den Stacheldraht eingeklemmt. Und von diesem Tage an, für den ganzen Rest der Reise, war der gemeinsame Gebrauch der Speisegeräte, die wir noch hatten, ein großartiges Beispiel von primitivem Kommunismus. Nun, auf der Eugenie war es noch schlimmer, denn dort hatten wir nur einen Teelöffel für uns alle vier — aber von der Eugenie will ich ein andermal erzählen.

Unser erster Hafen war Su'u an der Westküste von Malaita. Die Salomons liegen jenseits von Recht und Gesetz. Es ist schwer genug, in dunklen Nächten die von Korallenriffen durchzogenen Kanäle und wilden Gewässer zu passieren, wo kein Feuer den Weg weist — die Salomons haben von Nordwesten nach Südwesten eine Ausdehnung von tausend Meilen, und auf dieser ganzen tausend Meilen langen Küstenstrecke gibt es nicht einen einzigen Leuchtturm —, aber die Schwierigkeit wird noch bedeutend dadurch erhöht, daß das Land selbst nicht genau kartographiert ist. Auf der Karte der Admiralität ist die Küste an diesem Punkt als gerade, ungebrochene Linie verzeichnet, und doch fuhr die Minota in zwanzig Klafter tiefem Wasser über eben diese gerade, ungebrochene Linie hinweg. Wo Land sein sollte, war ein tiefer Einschnitt. Wir fuhren hinein. Und die Mangroven schlossen sich über uns, bis wir auf einem spiegelblanken Teich ankerten. Kapitän Jansen gefiel der Ankerplatz nicht. Er war zum erstenmal hier, und Su'u hatte einen schlechten Ruf. Es wehte kein Wind, der uns im Falle eines Angriffs fortgebracht hätte, und wenn wir versucht hätten, das Schiff mit dem Langboot hinauszuschleppen, wäre die Besatzung bis auf den letzten Mann niedergemacht worden. Wenn es zum Kampfe kam, saßen wir hübsch in der Falle.

»Aber gesetzt, die Minota liefe auf — was würden Sie dann tun?« fragte ich.

»Sie läuft nicht auf«, lautete die Antwort.

»Aber wenn sie es nun doch täte?« beharrte ich.

Er bedachte sich einen Augenblick, und sein Blick schweifte vom Steuermann, der sich gerade einen Revolver umschnallte, über die Besatzung, die, jeder Mann mit einer Büchse, ins Langboot kletterte.

»Dann würden wir ins Langboot gehen und sehen, so schnell wie der liebe Gott es zuläßt, von hier fortzukommen«, antwortete der Schiffer schließlich. Er erklärte ferner, daß kein weißer Mann sich, wenn es darauf ankäme, auf die malaitanische Besatzung verlassen könnte, daß die Buschleute jedes Wrack als ihr persönliches Eigentum betrachteten, daß die Eingeborenen Haufen von Sniderbüchsen besäßen und daß er ein Dutzend Heimkehrer an Bord hätte, die in Su'u an Land gesetzt werden sollten und die sich ganz sicher mit ihren Freunden an Land zusammentäten, wenn es gälte, die Minota zu plündern.

Das erste, was das Langboot zu besorgen hatte, war der Transport der Heimkehrer und ihrer Habe an Land. So waren wir doch wenigstens eine Gefahr los. Während dies geschah, kam ein mit nackten Eingeborenen bemanntes Kanu längsseits. Wenn ich nackt sage, so meine ich es buchstäblich. Sie hatten nicht einen Fetzen Zeug am Körper, wenn man nicht Nasenringe, Ohrenpflöcke und Muschelarmbänder Zeug nennen will. Der Anführer war ein alter, einäugiger Häuptling, der für wohlgesinnt galt und so schmutzig war, daß eine Feile an ihm stumpf geworden wäre. Er wollte den Schiffer warnen, seine Leute an Land gehen zu lassen. Am Abend wiederholte der Alte seine Warnung noch einmal.

Vergebens lief das Langboot die Küste auf und nieder, um Arbeiter zu werben. Der Busch war voll von bewaffneten Eingeborenen, die alle sehr gern mit den Werbern reden wollten; aber keiner wollte sich zu dreijähriger Plantagenarbeit für sechs Pfund Sterling jährlich verpflichten. Und doch waren sie sehr darauf versessen, unsere Leute an Land zu locken. Am zweiten Tage zündeten sie am Ufer, an der Spitze der Bucht, ein Feuer an. Da dies das übliche Signal war, wodurch sie zu erkennen gaben, daß Leute da waren, die sich werben lassen wollten, wurde das Boot hingeschickt. Aber es kam nichts dabei heraus. Niemand ließ sich werben, und ebensowenig ließ sich einer unserer Leute an Land locken. Etwas später sahen wir eine ganze Schar bewaffneter Eingeborener an Land umherstreifen.

Aber im übrigen konnte man unmöglich wissen, wie viele im Busch lauerten. Es war unmöglich, mit bloßem Auge den ewigen Urwald zu durchdringen. Am Nachmittag nahmen Kapitän Jansen, Charmian und ich das Boot, um Fische mit Dynamit zu fangen. Jeder Mann im Boot hatte eine Lee-Enfield. Johnny, der eingeborene Rekrutenwerber, hatte eine Winchesterbüchse neben sich auf der Steuerducht liegen. Wir ruderten dicht an die Küste heran, die ganz öde und verlassen aussah. Hier wurde das Boot gewendet, um für den Fall eines Angriffs zu sofortiger Abfahrt klar zu sein. In der ganzen Zeit, die ich auf Malaita verbrachte, habe ich nie ein Boot mit dem Bug voran landen sehen. Im allgemeinen gebrauchen Werbeschiffe zwei Boote — das eine legt, selbstverständlich bewaffnet, an, während das andere mehrere Fuß von Land ab liegen bleibt, um das erste Boot zu decken. Aber die Minota war ein kleines Schiff und hatte kein »Deckboot«.

Wir waren dicht an Land und arbeiteten uns, das Achterende voran, noch näher heran, bis zu einer Stelle, wo wir eine große Schar Fische sehen konnten. Die Lunte wurde angezündet und das Dynamit geworfen. Im Augenblick der Explosion wurde der Wasserspiegel durch den leuchtenden Schimmer von Fischen gebrochen, die hoch in die Luft sprangen. Und gleichzeitig wurde plötzlich der Busch lebendig. Zwei Dutzend nackte Wilde, mit Bogen und Pfeilen, mit Speeren und Sniderbüchsen bewaffnet, kamen an den Strand geeilt. Sofort hob unsere Besatzung die Büchsen. Und so standen die zwei feindlichen Parteien sich gegenüber, während unsere Reserveleute nach den betäubten Fischen tauchten.

Wir verbrachten drei ergebnislose Tage bei Su'u. Die Minota bekam keine Arbeiter vom Lande, und die Buschleute bekamen keinen Kopf von der Minota. Der einzige, der wirklich etwas bekam, war Wada, nämlich einen tüchtigen Fieberanfall. Im Schlepp des Langboots liefen wir die Küste entlang bis nach Langa Langa, einem großen Dorf mit Salzwasserleuten, das mit unglaublichem Fleiß auf einer Sandbank in einer Lagune aufgebaut war — buchstäblich aufgebaut, eine künstliche Insel, die zum Schutz gegen die blutdürstigen Buschleute aufgeworfen war. Und hier, auf der Landseite der Lagune, lag Binu, der Ort, wo die Minota vor einem halben Jahr gekapert und der Schiffer von den Buschleuten erschlagen worden war. Als wir durch den engen Kanal hineinfuhren, kam ein Kanu längsseits mit dem Bescheid, daß das Kriegsschiff am selben Morgen fortgefahren war, nachdem es drei Dörfer eingeäschert, dreißig Schweine getötet und ein kleines Kind ertränkt hätte. Es war die Cambrian unter Kapitän Lewes. Wir beide hatten uns schon früher auf dem Meere getroffen, und zwar im Russisch-Japanischen Kriege, und seither hatten sich unsere Wege beständig gekreuzt, ohne daß wir uns getroffen hätten. An dem Tage, als die Snark in Suva auf den Fidschi-Inseln einfuhr, war die Cambrian ausgefahren. In Vila auf den Neuen Hebriden fehlte ein Tag, daß wir uns getroffen hätten. Wir fuhren bei Nacht vor der Insel Santo aneinander vorbei. Und an dem Tage, als die Cambrian in Tulagi ankam, verließen wir Penduffryn, ein Dutzend Meilen von dort. Und hier bei Langa Langa fehlten wiederum nur ein paar Stunden, daß wir uns getroffen hätten.

Die Cambrian war gekommen, um die Leute zu bestrafen, die den Schiffer der Minota ermordet hatten, was aber dabei herausgekommen war, erfuhren wir erst später am Tage, als ein Missionar namens Abbot in seinem Langboot längsseits kam. Die Dörfer waren niedergebrannt und die Schweine getötet, aber den Eingeborenen war persönlich nichts geschehen. Die Mörder waren nicht gefangen, man hatte jedoch die Flagge und anderes von der Minota wiederbekommen. Daß das Kind ertränkt sein sollte, war ein Mißverständnis. Häuptling Johnny aus Binu hatte sich geweigert, die Landungsmannschaft in den Busch zu führen, und es war auch nicht möglich, irgend jemand von seinen Leuten dazu zu bekommen. Worauf Kapitän Lewes in seinem gerechten Zorn zu Häuptling Johnny gesagt hatte, er verdiente, daß sein Dorf niedergebrannt würde. Aber in Johnnys Trepang-Englisch gab es das Wort »verdiente« nicht. Er faßte es so auf, daß das Dorf unter allen Umständen niedergebrannt werden sollte. Die Einwohner flohen in größter Eile, und das Kind fiel ins Wasser. Unterdessen aber suchte Johnny in großer Hast den Missionar auf; er übergab ihm vierzehn Pfund in Gold und ersuchte ihn, an Bord zu gehen und sie Kapitän Lewes zu geben, damit er abführe. Johnnys Dorf wurde nicht niedergebrannt; aber deshalb bekam Kapitän Lewes die vierzehn Pfund doch nicht, denn als Johnny an Bord der Minota kam, sah ich, daß er sie immer noch hatte. Die Entschuldigung, die Johnny bei mir vorbrachte, weil er der Landungsmannschaft den Weg nicht zeigen wollte, war eine gewaltige Beule, die er mit großem Stolz zeigte. Sein wirklicher Grund — und es war ein sehr schwerwiegender, wenn er ihn auch nicht nannte — war seine Furcht, daß die Buschleute sich an ihm rächen würden. Wenn er oder einer seiner Leute den Marinesoldaten den Weg zeigte, mußte er auf blutige Vergeltung gefaßt sein, sobald die Cambrian die Anker gelichtet hatte.

Nicht umsonst bin ich den ganzen langen Weg nach den Salomons gereist. Endlich habe ich gesehen, wie Charmians hochmütige Seele gedemütigt wurde. Das geschah bei Langa Langa, an Land, auf der künstlichen Insel. Hier wanderten wir umher und betrachteten die Sehenswürdigkeiten, umgeben von Hunderten schamlos nackter Männer, Frauen und Kinder. Wir hatten unsere Revolver bei uns, und die Bootsbesatzung saß, bis an die Zähne bewaffnet, an den Riemen, das Achterende gegen Land gerichtet, aber die Lehre, die das Kriegsschiff der Insel erteilt hatte, war noch in zu frischer Erinnerung, als daß wir Unruhen hätten befürchten müssen. Wir gingen überall umher und besahen alles, bis wir uns schließlich einem großen Baumstamm näherten, der als Brücke über ein seichtes Flußdelta diente. Die Schwarzen stellten sich an unserm Wege auf, bis sie eine Mauer bildeten, und wollten uns nicht vorbeilassen. Wir wollten wissen, warum sie uns aufhielten. Die Schwarzen sagten, wir könnten weitergehen. Wir verstanden sie falsch und begannen zu gehen. Jetzt wurden die Erklärungen deutlicher. Kapitän Jansen und ich konnten als Männer weitergehen. Aber keine »Mary« durfte in der Nähe der Brücke durch das Wasser waten, geschweige ihre Füße darauf setzen. »Mary« bedeutet auf Trepang-Englisch Weib. Charmian war eine Mary. Für sie war die Brücke tambo — die Form der Eingeborenen für tabu. Ach, wie ich mich brüstete! Ich gehörte in Wahrheit dem herrschenden Geschlecht an. Charmian konnte hinter uns hertrotten, doch wir waren Männer, und wir konnten geradewegs über die Brücke gehen, während sie gezwungen war, sie mit dem Langboot zu umfahren.

Ich möchte selbstverständlich nicht, daß man mich mißversteht; aber etwas, das alle Menschen auf den Salomons kennen, ist, daß Fieberanfälle oft durch plötzliches Erschrecken hervorgerufen werden. Eine halbe Stunde, nachdem Charmian der Zutritt verweigert worden war, wurde sie, in Decken gepackt und mit Chinin vollgepfropft, in größter Eile an Bord der Minota transportiert. Ich weiß nicht, welchen plötzlichen Schrecken Wada und Nakata gehabt haben müssen; jedenfalls aber wurden auch sie vom Fieber aufs Krankenbett geworfen. Die Salomons könnten gesünder sein.

Ferner bekam Charmian während ihres Fieberanfalls auch eine Beule. Das war der letzte Stoß. Alle auf der Snark hatten Beulen gehabt außer ihr. Ich hatte mir eingeredet, daß mir wegen einer besonders bösartigen Beule der Fuß beim Fußgelenk abgenommen werden müßte. Henry und Tehei, unsere tahitanischen Matrosen, hatten sie massenhaft gehabt. Wada hatte sie zu Dutzenden. Nakata hatte einzelne Beulen von drei Zoll Durchmesser gehabt; Martin war vollkommen überzeugt, kalten Brand im Schienbein bekommen zu haben, so tief hatten sich all die vielen Beulen in ihn hineingefressen. Nur Charmian war bis jetzt verschont geblieben. Und deshalb hatte sie alle uns andern verachtet. Da wir alle die Beulen gehabt hatten, nur sie nicht — nun ja, die ihre hatte die Größe eines Silberdollars, und es glückte ihr, sie nach mehrwöchentlicher sorgfältiger Pflege zu heilen. Sie verläßt sich auf Sublimat. Martin schwört auf Jodoform. Henry gebraucht reinen Zitronensaft. Und ich glaube, daß Sublimat etwas langsam, aber doch am besten wirkt, namentlich wenn man es abwechselnd mit Wasserstoffsuperoxyd verwendet. Es gibt Weiße auf den Salomons, die viel von Borsäure halten, und andere, die nur Lysol anerkennen wollen. Ich bin nicht klüger, als daß ich auch mein Universalmittel habe, nämlich Kalifornien. Ich wette, daß in Kalifornien niemand derartige Beulen bekommen kann wie auf den Salomons.

Auf Langa Langa fuhren wir über die Lagune zwischen den Mangrovesümpfen und durch eine Fahrrinne, die nicht viel breiter als die Minota war, vorbei an Kaloka und Auki, den Korallenriffdörfern. Wie die Männer, die Venedig bauten, waren auch diese Salzwasserleute ursprünglich Flüchtlinge vom Festland. Nach Ermordung der übrigen Dorfbewohner waren sie zu schwach gewesen, sich im Busch zu behaupten, und daher auf die Sandbänke in der Lagune geflohen. Diese Sandbänke hatten sie zu ganzen Inseln ausgebaut. Sie mußten sich ihre Nahrung im Meere suchen und wurden mit der Zeit Salzwassermenschen. Sie lernten Fische und Schaltiere fangen und erfanden Haken und Schnüre, Netze und Reusen. Ihre Körper entwickelten sich zu reinen Kanukörpern. Sie waren außerstande zu gehen, weil sie all ihre Tage in den

Kanus verbrachten, und dadurch wurden sie dickarmig und breitschultrig, mit schmalen Lenden und dünnen Stelzbeinen. Da sie die Küste beherrschten, wurden sie allmählich wohlhabend, und der Handel mit dem Innern des Landes ging im wesentlichen durch ihre Hände. Aber es herrscht ewige Feindschaft zwischen ihnen und den Buschleuten. Ihr einziger Waffenstillstand ist in Wirklichkeit der Markttag, der mit bestimmten Zwischenräumen, in der Regel zweimal wöchentlich, stattfindet. Dann handeln die Frauen der Buschleute und die Frauen der Salzwasserleute miteinander. Tief im Busch, in einer Entfernung von hundert Metern, liegen die Buschleute bis an die Zähne bewaffnet auf der Lauer, und auf dem Wasser sitzen die Salzwasserleute in Kanus. Aber es gibt sehr wenige Beispiele dafür, daß der Waffenstillstand der Markttage gebrochen wurde. Die Buschleute legen zuviel Wert auf ihre Fische, während die Salzwasserleute einen organischen Drang nach Gemüse fühlen, das sie auf ihren eigenen dichtbevölkerten Inselchen nicht anbauen können. Dreißig Meilen von Langa Langa gelangten wir in das Fahrwasser zwischen der Bassakanna-Insel und dem Festland. Bei Anbruch der Dunkelheit legte sich der Wind, und die ganze Nacht versuchten wir hindurchzukommen, das Langboot vorauf und die ganze Mannschaft an den Riemen schwitzend. Aber es ging gegen die Strömung an. Um Mitternacht trafen wir mitten im Kanal die Eugenie, einen großen Werbeschoner, der von zwei Langbooten geschleppt wurde. Der Schiffer, Kapitän Keller, ein tüchtiger junger Deutscher von zweiundzwanzig Jahren, kam an Bord, um ein wenig zu plaudern, und wir tauschten die letzten Neuigkeiten von Malaita aus. Er hatte Glück gehabt, denn er hatte im Dorfe Fiu zwanzig Arbeiter geworben. Während er dort lag, wurde einer der üblichen dreisten Morde verübt. Der Ermordete war, was man einen Salzwasserbuschmann nennt, das heißt halb Salzwassermann und halb Buschmann, der am Meere, aber nicht auf einer kleinen Insel lebt. Drei Buschleute waren zu dem Mann gekommen, als er in seinem Garten arbeitete. Sie waren sehr freundlich zu ihm gewesen, und nach einiger Zeit hatten sie angefangen, von kai-kai zu reden. Kai-kai bedeutet essen. Er zündete ein Feuer an und begann, etwas Taro zu kochen. Während er sich über den Topf beugte, schoß ihn einer der Buschleute durch den Kopf.

Ein anderer dreister Mord, von dem ich in Malaita hörte, war an einem alten Mann begangen worden. Ein Häuptling von den Buschleuten war eines natürlichen Todes gestorben. Sie haben nie von Leuten gehört, die eines natürlichen Todes gestorben sind. Die einzige Todesart ist eine Kugel, ein Tomahawk oder ein Speer. Wenn ein Mann anders stirbt, so ist das ein deutlicher Beweis dafür, daß er durch Zauberei aus dem Wege geräumt worden ist. Als dieser Häuptling eines natürlichen Todes starb, gab sein Stamm einer bestimmten Familie die Schuld. Es war gleichgültig, wer von der Familie getötet wurde, und sie wählten einen abseits wohnenden, alten Mann. Das erleichterte die Sache sehr, und zudem besaß er keine Sniderbüchse. Im übrigen war er auch blind. Der alte Mann erfuhr, was ihm bevorstand und verschaffte sich einen großen Vorrat Pfeile. Die tapferenKrieger überfielen ihn, jeder mit einer Snider bewaffnet, des Nachts. Die ganze Nacht kämpften sie tapfer mit ihm. Jedesmal, wenn sie sich regten, das geringste Geräusch machten oder in den Blättern raschelten, schoß er einen Pfeil ab. Am Morgen, als sein letzter Pfeil verschossen war, überfielen ihn die drei Helden und schoßen ihm eine Kugel durch den Kopf.

Als der Morgen kam, kämpften wir immer noch vergebens mit der Strömung im Kanal. Zuletzt machten wir in unserer Verzweiflung kehrt und fuhren ganz um Bassakanna herum nach unserm Ziel, Malu. Der Ankerplatz bei Malu war sehr gut, aber er lag zwischen der Küste und einem häßlichen Korallenriff, und wenn man auch leicht hineinkam, so war es doch schwer, wieder herauszugelangen.

Caulfield, der Missionar von Malu, kam gerade mit seinem Langboot von einer Küstenfahrt zurück. Er war ein zarter, schwächlicher Mann, begeistert für seine Arbeit, aber nüchtern und praktisch, ein echter Kreuzritter des zwanzigsten Jahrhunderts. Als er auf diese Station auf Malaita gekommen war, hatte er, wie er selbst sagte, eingewilligt, ein halbes Jahr zu bleiben. Er hatte ferner versprochen, wenn er nach Ablauf dieser Zeit noch am Leben sei, weiter zu bleiben. Sechs Jahre waren seither vergangen, und er war immer noch da. Dennoch hatte er mit gutem Grunde daran gezweifelt, daß er nach Ablauf der sechs Monate noch am Leben sein würde. Vor ihm waren drei Missionare auf Malaita gewesen, von denen zwei in noch kürzerer Zeit am Fieber gestorben waren, während der dritte als Wrack heimgekehrt war.

»Was ist das eigentlich für ein Mord, von dem Sie sprechen?« fragte er plötzlich mitten in einem ziemlich verworrenen Gespräch Kapitän Jansen.

Kapitän Jansen erklärte.

»Ach, davon spreche ich nicht«, sagte der Missionar. »Das ist schon eine alte Geschichte, das geschah vor zwei Wochen.«

Hier in Malu war es, daß ich meinen Triumph über die

Beule büßen mußte, die Charmian auf Langa Langa bekommen hatte. Die indirekte Schuld an meiner Niederlage trug der Missionar. Er schenkte uns ein Huhn, das ich mit einem Gewehr in dem Busch verfolgte. Es war meine Absicht, ihm den Kopf abzuhauen. Das glückte mir auch, aber ich fiel dabei über einen Baumstamm und schrammte mir das Schienbein. Resultat: drei Beulen. Jetzt war meine Wenigkeit alles in allem mit fünf derartigen Beulen geschmückt. Dazu hatten Kapitän Jansen und Nakata Gari-gari bekommen. Wörtlich übersetzt bedeutet Gari-gari Juck-juck. Aber für uns andere war es nicht nötig, das Wort zu übersetzen. Die gymnastischen Leistungen des Schiffers und Nakatas machten jede Übersetzung überflüssig.

Nein, die Salomons sind nicht so gesund, wie sie sein sollten. Ich schreibe diesen Aufsatz auf der Insel Ysabel, wohin wir mit der Snark gefahren sind, um zu kielholen und ihren Kupferboden zu reinigen. Ich habe heute morgen meinen letzten Fieberanfall überstanden, und ich habe nur einen freien Tag zwischen den Anfällen. Zwischen Charmians Anfällen vergehen zwei Wochen. Wada ist durch das Fieber das reine Wrack geworden. Heute abend zeigte er alle Symptome beginnender Lungenentzündung. Henry, ein riesenstarker Bursche aus Tahiti, der soeben seinen letzten Fieberanfall überstanden hat, schleppt sich an Deck herum und gleicht einem vorjährigen Waldapfel. Sowohl er wie Tehei haben sich eine recht ansehnliche Sammlung Beulen zugelegt. Sie sind auch von einer neuen Form von Gari-gari angegriffen, einer Art Pflanzenvergiftung, wie von Gifteichen oder Giftefeu. Aber es geht ihnen nicht allein so. Vor ein paar Tagen schossen Charmian, Martin und ich Tauben auf einer kleinen Insel, und seither haben wir einen Vorgeschmack von den ewigen Qualen. Wäre ich König, so würde die schlimmste Strafe, die ich meinen Feinden auferlegte, sein, daß ich sie nach den Salomons verbannte. (Obwohl ich das, recht bedacht, kaum übers Herz bringen könnte, ob ich nun König wäre oder nicht.)

In einer kleinen, schmalen Jacht, die für Hafenregatten gebaut ist, herumzufahren und Plantagenarbeiter zu werben ist keineswegs angenehm. An Deck wimmelt es von geworbenen Arbeitern und ihren Familien. Der Salon ist vollgepropft von ihnen. Der einzige Weg in unsere winzige Kajüte geht durch den Salon, und wir müssen uns durch sie hindurchquetschen oder über sie hinweggehen. Das ist auch nicht schön. Alle wie einer leiden sie an jeder erdenklichen Art bösartiger Hautkrankheit. Blutvergiftung ist sehr häufig, und Kapitän Jansen operiert fleißig mit seinem Griffesten und seiner Segelmachernadel an ihnen herum. Jedesmal, wenn wir einen besonders schrecklichen Krankheitsfall sehen, ziehen wir uns in einen Winkel zurück und begießen unsere eigenen Wunden mit Sublimatlösung.

Und so leben wir auf der Minota, und wir essen und schlafen und tun, als fänden wir es schön.

Auf Suava, einer anderen künstlichen Insel, genoß ich wieder einen Triumph über Charmian. Der oberste Häuptling von Suava kam an Bord. Aber vorher schickte er einen Gesandten zu Kapitän Jansen, um ein Stück Kaliko zu erhalten, womit er seine königliche Nacktheit bedecken konnte, und unterdessen befand er sich im Kanu längsseits des Schiffes. Ich möchte darauf schwören, daß der königliche Schmutz auf seiner Brust einen halben Zoll dick war, und ich möchte auch darauf schwören, daß die unterste Schicht zehn bis zwanzig Jahre alt war. Er schickte aber seinen Gesandten an

Bord, der erklärte, daß dieser oberste Häuptling von Suava in seiner Güte bereit sei, einen Händedruck mit Kapitän Jansen und mir zu wechseln und um ein paar Stück Tabak zu betteln, daß seine hochgeborene Seele sich jedoch beständig auf solchen Höhen bewegte, daß sie sich nicht herablassen könnte, einem weiblichen Wesen die Hand zu reichen. Arme Charmian! Nach ihren Erlebnissen auf Malaita ist sie ein ganz anderer Mensch geworden. Ihre Demut und Milde sind verblüffend kleidsam, und es sollte mich nicht wundern, sie, wenn wir in die Zivilisation zurückkehren und auf dem Bürgersteig spazieren, mit gebeugtem Kopfe hinter mir hertrotten zu sehen.

Es geschah nichts von Belang auf Suava. Bichu, der eingeborene Koch, desertierte. Die Minota schleppte ihren Anker. Es wehten heftige Regenböen. Steuermann Jacobsen und Wada hatten Fieber. Unsere Beulen wurden größer und zahlreicher, und die Schwaben an Bord feierten ein Fest, als wäre ein Mittelding zwischen 4. Juli und Krönungsparade. Sie wählten die Mitternachtstunde und unsere kleine Kajüte für diese Darbietung. Sie waren zwei bis drei Zoll lang; es waren Hunderte von ihnen, und sie gingen auf uns spazieren. Als wir sie zu verfolgen suchten, verließen sie ihre sichere Operationsbasis, hoben sich in die Luft und flogen wie Kolibris herum. Sie waren viel größer als die Schwaben, die wir auf der Snark hatten. Aber unsere Schwaben sind noch jung und hatten keine Gelegenheit, sich zu entwickeln. Und dann hat die Snark Tausendfüßer, große Tiere, ganze sechs Zoll lang. Wir erschlagen sie hin und wieder, namentlich in Charmians Koje. Ich bin zweimal im Schlaf gebissen worden und beide Male recht schlimm. Aber dem armen Martin erging es noch schlimmer. Nachdem er drei

Wochen lang krank gelegen hatte und zum erstenmal sitzen konnte, setzte er sich auf einen von ihnen.

Später kehrten wir nach Malu zurück, nahmen sieben eingeborene Arbeiter an Bord, lichteten den Anker und begannen durch die tückischen Kanäle hinauszukreuzen. Der Wind war sehr launisch, und die Strömung ging stark nach der häßlichen Riffspitze zu. Als wir das offene Meer schon fast erreicht hatten, fiel der Wind um vier Strich ab. Die Minota versuchte, über Stag zu gehen, aber es mißlang. Zwei ihrer Anker waren in Tulagi verlorengegangen. Wir ließen den letzten Anker mit so viel Kette fallen, daß er im Korallenriff Boden fassen konnte. Der Flossenkiel schrammte den Boden, und der Großmast schwankte, als sollte er auf uns herabstürzen. In dem Augenblick, als die Ankerkette sich straffte, wurde das Fahrzeug von einem mächtigen Brecher gegen das Land geworfen. Die Ankerkette riß. Es war unser letzter Anker. Die Minota drehte sich und ging mit dem Bug voran in die Brandung.

Es war das reine Tollhaus. Alle geworbenen Arbeiter, die Buschleute waren und sich folglich vor dem Meer fürchteten, stürzten entsetzt an Deck und kletterten vor uns andern in die Takelung. Gleichzeitig stürzte die Besatzung fort, um ihre Büchsen zu holen. Sie wußte, was es hieß, auf Malaita zu stranden. Die Buschleute klammerten sich an die Takelung, zu verwirrt, um auf den Großbaum zu achten. Das Langboot wurde mit einer Schleppleine fortgeschickt, um einen jämmerlichen Versuch zu machen, die Minota zu hindern, weiter aufs Riff geworfen zu werden, während Kapitän Jansen und der Steuermann, der leichenblaß und vom Fieber erschöpft war, einen alten Anker aus dem Ballast heraussuchten und montierten. Missionar Caulfield kam uns, von seinen Missionsgehilfen begleitet, mit seinem Boot zu Hilfe.

Als die Minota auf das Riff stieß, war kein Kanu zu sehen, jetzt aber tauchten sie von allen Seiten auf wie Geier, die im kreisenden Flug von der blauen Himmelswölbung herabkamen. Die Besatzung hielt sie mit ihren schußbereiten Büchsen in einem Abstand von hundert Fuß. Und da lagen sie, hundert Fuß von uns, schwarz und drohend und überfüllt mit Männern, die sie mit Hilfe von Paddeln gerade am Rande der gefährlichen schaumbegipfelten Brandung hielten. Und unterdessen kamen Buschleute mit Speeren, Sniderbüchsen, Pfeilen und Keulen bewaffnet, von den Bergen herab, bis das Ufer von ihnen bedeckt war. Und um die Sache noch verwickelter zu machen, waren mindestens zehn von unsern Arbeitern eben unter diesen Buschleuten an der Küste geboren und lauerten gierig darauf, unseren Tabak und all die anderen Dinge, die wir an Bord hatten, zu plündern.

Die Minota war gut gebaut, die erste Bedingung für ein Boot, das auf einem Riff sitzt. Man kann sich vorstellen, was sie aushalten mußte, wenn man hört, daß sie im Laufe der ersten vierundzwanzig Stunden zwei Ankerketten und acht Trossen sprengte. Unsere Bootsmannschaft hatte genug damit zu tun, nach den Ankern zu tauchen und neue Leinen festzumachen. Zeitweise sprangen die Ketten sogar, wenn sie mit Trossen verstärkt waren. Und doch hielt die Minota. Es wurden Baumstämme vom Land geholt und unter sie geschoben, um ihren Kiel und ihre Bilgen zu schonen. Die Baumstämme zersplitterten, und die Stricke, mit denen sie angebunden waren, zerfaserten, das Schiff stieß immer weiter gegen das Riff, hielt aber doch. Es ging uns immerhin besser als der Ivanhoe, einem großen Schoner, der beim Arbeiterwerben vor mehreren Monaten an der Küste gestrandet und sofort von den Eingeborenen angegriffen worden war. Der Schiffer und die Mannschaft entkamen im Langboot, und die Buschleute und Salzwasserleute plünderten, was nicht niet- und nagelfest war.

Bö auf Bö mit Sturm und Regenschauern traf die Minota, und die See wurde immer gröber. Die Eugenie ankerte fünf Meilen von uns in Luv, aber sie lag hinter einer Landzunge und wußte nichts von unserem Pech. Auf Vorschlag Kapitän Jansens schrieb ich ein paar Worte an Kapitän Keller und bat ihn, uns mit Extraankern und Gerät zu Hilfe zu kommen. Aber nicht ein einziges Kanu war zu haben, um ihm den Bescheid zu überbringen. Ich bot ihnen eine halbe Kiste Tabak, aber die schwarzen Teufel grinsten nur und hielten ihre Kanus mit dem Bug in die schaumbegipfelten Seen. Eine halbe Kiste Tabak war drei Pfund Sterling wert. In einer halben Stunde hätte ein Mann selbst im schlimmsten Wetter und bei der schwersten See den Brief überbringen und eine Bezahlung erhalten können, wofür er ein halbes Jahr auf einer Plantage arbeiten mußte. Es glückte mir, ein Kanu zu erwischen und zum Missionar zu gelangen, der gerade in einem Langboot einen Anker herausbringen wollte. Ich dachte mir, daß er größeren Einfluß auf die Eingeborenen haben würde. Er rief die Männer, und die Männer in den Kanus sammelten sich um ihn und hörten das Angebot von einer halben Kiste Tabak. Keiner sagte etwas.

»Ich weiß, was ihr denkt«, rief der Missionar ihnen zu. »Ihr denken viel Tabak in Schoner und ihr bekommen ihn. Ich sage euch, viel Büchsen in Schoner. Ihr bekommen nicht Tabak, ihr bekommen Kugeln.«

Schließlich nahm ein Mann, der allein in einem kleinen

Kanu saß, den Brief und fuhr davon. Während wir auf Hilfe warteten, arbeiteten wir brav mit der Minota. Ihr Wassertank wurde geleert und Rundhölzer, Segel, Ballast an Land geschafft. Es war eine lustige Vorstellung an Bord, wenn die Minota rollte, daß bald die eine, bald die andere Reling unter Wasser war, oder ein Dutzend Männer sprangen, um Leben und Kleider zu retten, oder wenn die Kisten mit Handelswaren, Bäume und achtzig Pfund schwere Ballasteisen von Reling zu Reling über das Deck und wieder zurück rutschten. Die arme schöne Hafenjacht! Ihr Deck und ihre Takelung waren ein Gewirr. Unten war alles Chaos. Den Kajütboden hatten wir aufgerissen, um zum Ballast zu gelangen, und das rostige Bodenwasser schwappte und spritzte. Eine Tonne Zitronen schwamm in einem Teig von Mehl und Wasser; sie glichen halbgebratenen Apfelscheiben, die aus der Pfanne gesprungen waren. In der Kajüte bewachte Nakata unsere Gewehre und die Munition.

Drei Stunden nachdem unser Boot abgefahren war, kam ein Langboot, gerade als die heulende Bö ihren Höhepunkt erreicht hatte, unter gewaltigem Segeldruck angeschossen. Es war Kapitän Keller, naß von Regen und Wogengespüh, einen Revolver im Gürtel, die Bootsmannschaft bis an die Zähne bewaffnet, Anker und Trossen mitschiffs aufgehäuft, und er näherte sich so schnell, wie der Wind ihn treiben wollte — der weiße Mann, der unvermeidliche weiße Mann, der einem andern weißen Mann zu Hilfe kam.

Die lange Reihe von Kanus, die wie Geier auf der Lauer gelegen hatten, verstreute sich und verschwand ebenso schnell, wie sie gekommen war. Die Leiche war also doch noch nicht tot. Wir hatten jetzt drei Langboote, zwei, die beständig zwischen Schiff und Küste hin und her fuhren, und eines, das eifrig damit beschäftigt war, Anker auszufahren, die gesprengten Trossen zu spleißen und die am Grunde liegenden Anker zu heben. Später am Nachmittag, nach einer Beratung, bei der besonders darauf hingewiesen wurde, daß ein Teil der Besatzung sowie zehn der geworbenen Arbeiter hier zu Hause waren, nahmen wir diesen Leuten die Waffen ab. Das schuf ihnen, nebenbei bemerkt, freie Hände für die Schiffsarbeit. Die Büchsen wurden fünf von den Gehilfen des Missionars übergeben, und in dem elenden Wrack einer Kajüte beteten der Missionar und seine Proselyten zu Gott, daß er die Minota retten möge. Es war eine ergreifende Szene, der unbewaffnete Mann Gottes, der mit unerschütterlichem Glauben betete, während seine wilden Jünger, auf ihre Büchsen gestützt, das Amen murmelten. Die Kajütwände umtanzten sie förmlich. Das Schiff hob sich bei jeder See und hieb gegen das Korallenriff. Von Deck ertönten die Rufe der Männer, die mit zielbewußtem Willen und kräftigen Armen auf andere Art und Weise arbeiteten und beteten.

Am Abend kam Caulfield mit einer Warnung. Auf den Kopf eines unserer frisch geworbenen Leute war ein Preis ausgesetzt; fünfzig Faden Muschelgeld und vierzig Schweine. Da die Buschleute um das Schiff gebracht waren, auf das sie zuversichtlich gehofft hatten, wollten sie wenigstens den Kopf dieses Mannes. Wenn sie anfangen totzuschlagen, weiß man nie, wo es endet, und deshalb bewaffnete Kapitän Jansen denn ein Langboot und ruderte ans Ufer. Ugi, einer von der Bootsbesatzung, stand auf und sprach im Namen Kapitän Jansens zum Volke. Ugi war sehr aufgeregt. Die Warnung des Schiffers, die darauf hinausging, daß jedes Kanu, das sich in der Nacht herauswagte, mit

Blei vollgepumpt werden würde, verwandelte Ugi in eine sehr blutdürstige Kriegserklärung, die mit den Worten schloß: »Ihr töten mein Kapitän, ich trinken sein Blut und sterben mit ihm!«

Die Buschleute trösteten sich damit, daß sie ein unbewohntes Haus, das zur Mission gehörte, niederbrannten, und schlichen sich dann in den Busch zurück. Drei Tage und zwei Nächte lag die Minota auf dem Riff, aber sie hielt, und schließlich wurden ihre Überreste losgebracht, und in ruhigem Wasser fiel der Anker. Dort sagten wir ihr und allen an Bord Befindlichen Lebewohl und fuhren mit der Eugenie nach der Florida-Insel.

Aloysius Pankburns wunder Punkt

Ein so wachsames Auge David Grief auch für alles hatte, was nach Abenteuern aussah, so vorbereitet er auch immer darauf war, hinter der nächsten Kokospalme etwas Unerwartetes hervorspringen zu sehen, so war der Anblick Aloysius Pankburns doch eine Überraschung für ihn. Es geschah auf dem kleinen Dampfer Berthe. Grief fuhr mit dem Dampfer, um so schnell wie möglich von Raiatea nach Papeete zu gelangen, und ließ seinen Schoner nachkommen.

Als er Aloysius Pankburn zum ersten Male sah, stand dieser schon etwas angesäuselte Herr einsam in der winzigen Bar neben dem Barbierladen und trank einen Cocktail. Und als Grief eine halbe Stunde später aus den Händen des Barbiers entlassen wurde, hing Aloysius Pankburn immer noch einsam trinkend über der Bar.

Nun, es ist nicht gut für einen Mann, wenn er einsam trinkt, und Grief warf im Vorbeigehen einen forschenden Blick auf ihn. Er sah, daß er einen gut gewachsenen jungen Mann von etwa dreißig Jahren mit hübschen Zügen, gut gekleidet, offenbar den besseren Ständen angehörend, kurz, einen Gentleman vor sich hatte. Eine Andeutung von Verfall, die zitternde Hand, die das Getränk vergoß, und der nervöse, flackernde Blick zeigten Grief unverkennbar, daß er es mit einem chronischen Säufer zu tun hatte.

Nach dem Mittagessen stieß er wieder auf Pankburn. Diesmal geschah es an Deck, der junge Mann hing über die Reling, starrte blinzelnd auf einen Mann und eine Frau, die ihre Deckstühle dicht aneinandergerückt hatten, und weinte wie ein Trunkener. Grief bemerkte, daß der Mann seinen Arm um die Dame geschlungen hatte. Aloysius Pankburn weinte über diesen Anblick.

»Das ist doch kein Grund zum Heulen«, sagte Grief ermunternd.

Pankburn sah ihn an und zerfloß in einen aus tiefstem Mitleid mit sich selber geborenen Tränenstrom.

»Es ist hart«, seufzte er. »Sehr, sehr hart. Das ist mein Geschäftsführer. Mein Angestellter. Ich zahle ihm ein hohes Gehalt. Und so verdient er es sich!«

»Warum entlassen Sie ihn denn nicht?« rief Grief.

»Ich kann nicht. Sie würde den Whisky einschließen. Sie ist meine Krankenschwester.«

»Dann werfen Sie sie doch hinaus und trinken Sie, bis Sie platzen.«

»Das kann ich auch nicht. Er hat all mein Geld. Wenn ich es täte, würde er nicht mit einem Groschen herausrücken, daß ich mir was zu trinken kaufen könnte.«

Diese schmerzliche Aussicht entfesselte einen neuen Tränenstrom. Griefs Interesse erwachte. Eine so ungewöhnliche Situation hatte er sich nie vorgestellt.

»Sie sind beide engagiert, um auf mich aufzupassen«, schluchzte Pankburn, »um mir das Trinken abzugewöhnen. Und das tun sie auf diese Weise. Sie lungern auf dem Schiff herum, und ich kann mich zu Tode trinken. Es ist nicht recht, sage ich Ihnen, es ist nicht recht. Sie sind ausdrücklich angestellt, um aufzupassen, daß ich nicht trinke, und da lassen sie mich saufen wie ein Schwein, bloß, damit ich sie nicht störe. Beklage ich mich, dann drohen sie, mir nicht einen einzigen Tropfen mehr zu erlauben. Was soll ich armer Teufel tun? Mein Tod wird über sie kommen, das ist alles. Kommen Sie und leisten Sie mir Gesellschaft.«

Er ließ die Reling los und wäre umgefallen, hätte Grief ihn nicht am Arm gepackt. Plötzlich schien sich eine Wandlung mit ihm zu vollziehen, er richtete sich auf, schob das Kinn angriffslustig vor, und seine Augen glitzerten.

»Aber ich lasse doch nicht zu, daß sie mich umbringen. Und es wird ihnen leid tun. Ich bot ihnen fünfzigtausend an — für später natürlich. Aber sie lachten nur. Sie wissen nicht Bescheid. Aber ich.«

Er kramte in seiner Überziehertasche und holte einen Gegenstand hervor, der in dem schwachen Licht aufleuchtete.

»Sie wissen nichts hiervon. Aber ich.« Er blickte mit einem plötzlichen Mißtrauen auf Grief. »Was meinen Sie dazu, wie? Was meinen Sie?«

David Grief sah einen degenerierten Säufer vor sich, der mit einem Kupfernagel ein verliebtes Pärchen töten wollte, denn ein Kupfernagel war es, was der andre in der Hand hielt, offenbar ein alter Schiffsnagel.

»Meine Mutter glaubt, ich sei hier, um vom Trinken kuriert zu werden. Sie ahnt nichts. Ich habe den Arzt bestochen, mir eine Reise zu verschreiben. Sobald wir nach Papeete kommen, wird mein Geschäftsführer einen Schoner chartern, und dann segeln wir los. Aber sie ahnen nicht, was dahintersteckt. Sie glauben, es sei versoffenes Geschwätz. Ich weiß Bescheid. Ich allein weiß Bescheid. Gute Nacht. Ich gehe jetzt zu Bett, es sei denn, daß Sie mir bei meinem Schlummertrunk Gesellschaft leisten wollen. Nur einen Schluck, verstehen Sie?«

In der folgenden Woche hatte Grief unzählige Male einen seltsamen Anblick von Aloysius Pankburn. Und ebenso erging es allen andern in der kleinen Inselhauptstadt, denn einen solchen Skandal hatte Lavinas Gasthof, hatte die ganze Küste noch nicht erlebt.

Mittags lief Aloysius ohne Kopfbedeckung, nur in Badehosen durch die Hauptstraßen vom Hotel zum Wasser hinunter. Er forderte einen Heizer von der Berthe zu einem regelrechten Boxkampf auf vier Runden in den Folies Bergères heraus und wurde in der zweiten Runde k. o. geschlagen.

In einem Anfall von Säuferwahnsinn versuchte er, sich in einem zwei Fuß tiefen Tümpel zu ertränken, und in der Trunkenheit machte er einen prächtigen Kopfsprung aus fünfzig Fuß Höhe von der Takelung der Mariposa aus, die am Pier vertäut war.

Er charterte den Kutter Toerau für einen Preis, für den er ihn zweimal hätte kaufen können, und entging den Folgen nur, weil sein Geschäftsführer die Zahlung verweigerte. Er kaufte dem alten blinden Aussätzigen auf dem Markte seine sämtlichen Waren ab und verkaufte selbst Brotfrüchte, Pisangs und Bataten zu so herabgesetzten Preisen, daß die Gendarmerie den Ansturm der kauflustigen Eingeborenen abwehren mußte.

Dreimal wurde er wegen Ruhestörung verhaftet, und dreimal mußte sein Geschäftsführer seine Liebeserklärungen unterbrechen, um die Strafe zu bezahlen, die seinem Herrn von einer geldbedürftigen Kolonialverwaltung auferlegt wurde.

Dann fuhr die Mariposa nach San Francisco, mit dem Geschäftsführer und der Krankenschwester als Ehepaar, noch in ihrer Hochzeitskleidung, an Bord. Vor der Abreise hatte der Geschäftsführer Aloysius rücksichtsvoll acht Fünfpfundscheine ausgehändigt mit dem vorausgesehenen Erfolge, daß Aloysius einige Tage später völlig zusammengebrochen und dem Delirium tremens nahe erwachte.

Lavina, die sogar unter den Abenteurern und Gaunern der Südseeküsten ihres guten Herzens wegen bekannt war, pflegte ihn gesund und verheimlichte ihm die ganze Zeit, während seine Vernunft langsam wiederkehrte, daß weder ein Geschäftsführer noch Geld zur Bezahlung seines Unterhaltes mehr da waren.

Einige Abende später begab es sich, daß David Grief, lässig unter dem Sonnensegel ausgestreckt, die mageren Spalten des Papeete-Couriers durchlief. Plötzlich setzte er sich auf und rieb sich die Augen. Es war unglaublich, aber es stand da. Die alten Südseemärchen waren also nicht tot. Er las:

Gesucht

zur Hebung eines Schatzes im Werte von fünf Millionen ein Mann, der den Transport nach einer unbekannten kleinen Insel im Stillen Ozean und die sonstigen Kosten tragen will, gegen halbe Beteiligung an der Ausbeute.

Offerten an   Folly bei Lavina

Grief sah auf die Uhr. Es war noch früh, erst acht.

»Herr Carlsen«, rief er in die Richtung einer glühenden Pfeife.

»Rufen Sie die Bootsmannschaft. Ich gehe an Land.«

Die rauhe Stimme des norwegischen Steuermanns ließ

sich vorn hören, dann stellte ein halbes Dutzend stämmiger Rapa-Insulaner das Singen ein und bemannte das Walboot.

»Ich möchte gern mit Folly reden, Herrn Folly, nehme ich an«, sagte Grief zu Lavina.

Er bemerkte, wie sich in ihren Augen sofort reges Interesse ausdrückte; dann wandte sie den Kopf und rief etwas in der Sprache der Eingeborenen durch zwei Zimmer in die Küche. Einige Minuten später watschelte ein barfüßiges einheimisches Mädchen herein und schüttelte den Kopf.

Lavina war offensichtlich enttäuscht.

»Sie sind auf der Kittiwake, nicht wahr«? sagte sie.

»Ich werde ihm sagen, daß Sie hier waren.«

»Es ist also ein Er?« nickte Grief.

Lavina nickte.

»Ich hoffe, daß Sie etwas für ihn tun können, Kapitän Grief. Ich bin nur eine gutmütige Frau. Ich kenne mich nicht aus. Aber er ist solch ein netter Junge, und es mag sein, daß er die Wahrheit sagt. Sie können das besser beurteilen. Sie sind nicht so weichherzig wie ich. Darf ich Ihnen einen Cocktail mixen?«

Grief war wieder auf seinen Schoner zurückgekehrt und lag im Halbschlaf, mit einem drei Monate alten Magazin zugedeckt, auf einem Deckstuhl, als ihn plötzlich ein merkwürdiges Schnaufen und Stöhnen außenbords weckte.

Er öffnete die Augen. Auf dem eine Viertelstunde entfernt liegenden Kreuzer hörte man acht Glockentöne. Es war Mitternacht. Wieder hörte er das Schnaufen und gleichzeitig ein Plätschern im Wasser. Er war sich anfangs nicht klar darüber, ob das Geräusch von einem Amphibium herrührte oder von einem Menschen, der jammernd dem ganzen Universum seine Not klagte.

Mit einem Sprung war David Grief an der niedrigen Reling. Gerade unter sich sah er einen phosphoreszierenden Schimmer über einer Stelle schäumenden Wassers und hörte das Schnaufen. Er lehnte sich hinüber, packte einen Mann unter den Armen und zog nach verschiedenen wechselnden Griffen die nackte Gestalt Aloysius Pankburns an Bord.

»Ich hatte keinen Penny«, klagte er. »Da mußte ich herschwimmen und konnte Ihr Fallreep nicht finden. Es war eine scheußliche Geschichte, nehmen Sie's mir nicht übel. Wenn Sie ein Handtuch hätten, in das ich mich einwickeln könnte, und einen steifen Grog, würde ich bald wieder in Ordnung sein.

Ich bin Herr Folly, und ich denke mir, daß Sie Kapitän Grief sind, der mich aufgesucht hat. Nein, ich bin nicht betrunken. Mich friert auch nicht. Das ist es nicht. Aber Lavina hat mir heute nur zwei Glas bewilligt. Ich bin eben vorm Umklappen, weiter nichts, und ich fing schon an, Gespenster zu sehen, als ich das Fallreep nicht finden konnte. Ich wäre Ihnen sehr verbunden, wenn Sie mich mit nach unten nehmen wollten. Sie sind der einzige, der auf meine Annonce geantwortet hat.«

Er zitterte jämmerlich trotz der warmen Nachtluft, und als sie in die Kajüte kamen, beeilte sich Grief, ihm noch vor dem Handtuch ein halbvolles Glas Whisky zu geben.

»Nun schießen Sie los«, sagte Grief, nachdem er seinen Gast in ein Hemd und eine Segeltuchhose gesteckt hatte. »Was bedeutet Ihre Anzeige? Ich bin ganz Ohr.«

Pankburn warf einen flehenden Blick auf die Whiskyflasche, aber Grief schüttelte den Kopf.

»Also schön, Kapitän, aber erst schwöre ich Ihnen bei allem, was noch von meiner Ehre übrig ist, daß ich ganz nüchtern — nicht die Spur betrunken bin. Ferner muß ich Ihnen sagen, daß das, was ich Ihnen erzählen werde, wahr ist, und ich werde es kurz machen, denn ich weiß, daß Sie ein Geschäftsmann und ein Mann der Tat und daß Sie an Körper und Geist gesund sind. Ihnen haben nie die tausend Würmer des Alkohols jede Fiber Ihres Körpers benagt. Sie waren noch nie in der Hölle, in der ich jetzt brenne. Und nun hören Sie.

Meine Mutter lebt noch. Sie ist Engländerin. Ich bin in Australien geboren, in New York und Yale erzogen. Ich bin Doktor der Philosophie und ein Taugenichts. Dazu bin ich Säufer. Ich habe Athletik betrieben. Ich habe bis hundertzehn Fuß getaucht, und ich bin Inhaber von mehreren Amateurrekorden. Ich schwimme wie ein Fisch. Ich bin dreißig Meilen in schwerer See geschwommen. Noch einen andern Rekord halte ich. Ich habe mehr Whisky vertilgt als irgendein Mensch sonst in meinem Alter. Um etwas zu trinken zu kriegen, könnte ich Ihnen fünf Groschen stehlen. Und ich will Ihnen die ganze Wahrheit erzählen: Mein Vater war Amerikaner — aus Annapolis. Den Bürgerkrieg machte er als Seekadett mit. Im Jahre achtzehnhundertsechsundsechzig war er Leutnant auf der Suwanee, die von Paul Shirley befehligt wurde. Im selben Jahre bunkerte die Suwanee auf einer Südseeinsel — der Name tut nichts zur Sache. An Land in einem Wirtshaus sah mein Vater an der Wand drei kupferne Nägel — Schiffsnägel.«

David Grief lächelte ruhig.

»Den Namen der Kohlenstation kann ich Ihnen nennen«, sagte er.

»Wissen Sie auch etwas von den Nägeln?« fragte

Pankburn mit gleicher Ruhe. »Bitte, sie sind nämlich jetzt in meinem Besitz.«

»Gewiß. Sie befanden sich in der Bar des Deutschen Oskar in Peenoo-Peenoo. Johnny Black hatte sie in der Nacht, als er starb, von seinem Schoner an Land gebracht. Er war gerade nach einer langen Fahrt aus dem Westen zurückgekehrt, wo er Trepang gefischt und mit Sandelholz gehandelt hatte. Die ganze Küste kennt die Geschichte.«

Pankburn schüttelte den Kopf.

»Weiter«, drängte er.

»Es war natürlich vor meiner Zeit«, erklärte Grief. »Ich kann nur berichten, was ich gehört habe. Dann lief ein Kreuzer aus Ecuador, von Westen kommend, auf dem Heimwege die Insel an. Die Offiziere erkannten die Nägel. Johnny Black war tot, aber sie erwischten seinen Steuermann und sein Logbuch und fuhren dann weiter. Sechs Monate später kamen sie, ebenfalls auf der Heimreise, wieder nach Peenoo-Peenoo. Es war ihnen mißglückt, aber man vergaß die Geschichte bald.«

»Als die Aufrührer nach Guayaquil marschierten«, nahm Pankburn den Faden wieder auf, »hielten die Beamten jede Verteidigung für aussichtslos und verpackten daher die Schatzkiste der Regierung. Sie enthielt etwa eine Million Golddollar — alles in englischer Münze —, und man brachte sie an Bord des amerikanischen Schoners Flirt. Am nächsten Morgen sollte das Schiff abfahren. Aber der amerikanische Kapitän machte sich heimlich in der Nacht davon. Können Sie weitererzählen?«

»Ja, es ist eine alte Geschichte«, meinte Grief. »Da kein andres Schiff im Hafen lag, konnten die Beamten nicht wegkommen. Rücken gegen Rücken mußten sie sich verteidigen. Rohjas Salced entsetzte die Stadt durch einen Eilmarsch. Die Revolution war zusammengebrochen, und der einzige, uralte Dampfer, der die Seemacht von Ecuador repräsentierte, wurde zur Verfolgung der Flirt ausgeschickt. Zwischen der Banks-Gruppe und den Neuen Hibriden fingen sie sie ab, als sie mit geheißtem Notsignal herumirrte. Der Kapitän war am Tage zuvor am Schwarzwasserfieber gestorben.«

»Und der Steuermann?« fragte Pankburn herausfordernd.

»Der Steuermann war eine Woche zuvor beim Wassereinnehmen auf einer der Banks-Inseln von den Eingeborenen getötet worden. Darum hatten sie jetzt keinen Menschen mehr an Bord, der etwas von Navigation verstand. Die ganze Mannschaft wurde gefoltert. Es war zwar nach den internationalen Gesetzen nicht erlaubt, und die Leute würden auch gern bekannt haben, aber sie konnten nicht. Sie konnten nur von drei Nägeln erzählen, die in Bäume am Strande geschlagen worden waren, aber wo die Insel lag, ahnten sie nicht. Im Westen, weit im Westen — das war alles, was sie wußten. Von dem Folgenden gibt es nun zwei Fassungen. Nach der einen starb die ganze Mannschaft unter der Folter: nach der andern wurden die, welche sie überstanden, an die Rahnock gehängt. Wie dem auch sei, jedenfalls mußte der Kreuzer heimkehren, ohne den Schatz oder den Ort, wo er versteckt war, gefunden zu haben. Johnny Black brachte die drei Nägel nach Peenoo-Peenoo und ließ sie beim Deutschen Oskar, aber wo er sie gefunden hat, erzählte er nie.«

Pankburn starrte unverwandt auf die Whiskyflasche.

»Nur zwei Finger breit«, wimmerte er.

Nach kurzer Überlegung bewilligte Grief ihm noch ein kleines Glas.

Pankburns Augen begannen zu leuchten, und er schien neuen Lebensmut zu fassen.

»Und hier kann ich fortfahren und die fehlenden Einzelheiten ergänzen«, sagte er. »Johnny Black hat es erzählt. Er berichtete es meinem Vater. Schrieb ihm von Levuka aus, kurz bevor er nach Peenoo-Peenoo kam, um zu sterben. Mein Vater hatte ihm eines Nachts bei einer Schlägerei in einer Kneipe in Valparaiso das Leben gerettet. Ein Perlenfischer hatte die drei Nägel einem Nigger auf der Donnerstags-Insel abgekauft. Johnny Black hatte sie von ihm zum Kupferwert erstanden. Er wußte von ihnen nicht mehr als der, der sie ihm verkauft hatte, bis er auf der Heimfahrt, um Karettschildkröten zu fangen, eben die Küste anlief, wo der Steuermann der Flirt getötet worden sein sollte. Aber er war gar nicht getötet worden, die Eingeborenen hielten ihn nur gefangen, bis er am Brand im Kiefer, der Folge eines Pfeilschusses, starb. Vor seinem Tode erzählte er Johnny Black die Geschichte, und der schrieb sie meinem Vater von Levuka aus. Er wußte, daß es aus mit ihm war — Krebs. Mein Vater holte sich die drei Nägel zehn Jahre später beim Deutschen Oskar — er war damals Kapitän der Perry. Und mein Vater hat mir in seinem Testament die Nägel nebst den nötigen Angaben vermacht. Ich kenne die Insel, kenne Längen- und Breitengrad der Küste, wo die drei Nägel in den Baumstämmen saßen. Die Nägel habe ich jetzt bei Lavina. Längen- und Breitengrad habe ich im Kopf. Na, was meinen Sie dazu?«

»Faul«, lautete Griefs schnelles Urteil. »Warum hat Ihr Vater nicht selbst den Schatz geholt?«

»Er brauchte ihn nicht. Ein Onkel hinterließ ihm sein Vermögen. Er nahm seinen Abschied, wurde von einer Art Manie für Krankenschwestern gepackt, und meine

Mutter ließ sich von ihm scheiden. Auch sie machte eine Erbschaft und ließ sich mit einer Rente von dreißigtausend Dollar in Neuseeland nieder. Ich wurde gewissermaßen zwischen ihnen geteilt und verlebte die halbe Zeit in Neuseeland, die andre Hälfte in den Vereinigten Staaten, bis mein Vater voriges Jahr starb. Jetzt hat meine Mutter mich ganz. Er hinterließ mir all sein Geld — ein paar Millionen —, aber meine Mutter hat einen Vormund für mich ernannt, weil ich trinke. Ich habe eine ganze Menge Geld, kann aber nicht über einen Penny mehr verfügen, als man mir mit Ach und Krach zugesteht. Aber mein alter Herr, der von meinem Trinken gehört hatte, hinterließ mir die Nägel. Ich bekam sie hinter dem Rücken meiner Mutter durch seinen Rechtsanwalt. Er soll gesagt haben, das sei mehr wert als eine Lebensversicherung, und wenn ich auch nur die Spur von Rückgrat hätte, sollte ich sehen, das Geld zu kriegen; dann könnte ich saufen, daß mir die Zähne im Munde rasselten, und bis an mein seliges Ende. Millionen in den Händen meines Vormunds, haufenweise Geld bei meiner Mutter — wenn sie ins Krematorium kommt, gehört der ganze Schwindel mir — und noch eine Million, die nur darauf wartet, ausgegraben zu werden — und dabei muß ich Lavina um zwei Glas Whisky täglich anbetteln. Ist das nicht ein Höllenleben — bei meinem Durst?«

»Wo liegt die Insel?«

»Weit von hier.«

»Wie heißt sie?«

»Nicht zu machen, Kapitän Grief. Sie können mit Leichtigkeit eine halbe Million an der Sache verdienen; Sie brauchen nur nach meiner Anweisung zu steuern, und wenn wir gut unterwegs sind, werde ich es Ihnen sagen.«

Grief zuckte die Achseln und ließ den Gegenstand fallen. »Jetzt gebe ich Ihnen noch ein Glas, und dann lasse ich Sie an Land rudern«, sagte er.

Pankburn war bestürzt. Gut fünf Minuten kämpfte er mit sich, dann befeuchtete er sich die Lippen mit der Zunge und kapitulierte.

»Wenn Sie mir versprechen hinzufahren, will ich es Ihnen jetzt sagen.«

»Selbstverständlich bin ich bereit, zu fahren. Deshalb habe ich Sie ja gefragt. Wie heißt die Insel?«

Pankburn sah auf die Flasche. »Ich glaube, ich möchte das Glas jetzt haben, Kapitän.«

»Nein, das gibt es nicht. Wenn Sie an Land gegangen wären, hätten Sie es bekommen. Sie sollen mir Bescheid über die Insel sagen, und da müssen Sie nüchtern sein.«

»Francis-Insel, wenn Sie es denn durchaus wissen wollen; Bougainville nannte sie die Barbour-Insel.«

»Ach, die einsame Insel im Kleinen Korallenmeer«, sagte Grief. »Die kenne ich. Liegt zwischen Neuirland und Neuguinea. Ein Loch jetzt, war aber mal ganz gut zu der Zeit, als die Flirt da war und die drei Nägel eingeschlagen wurden und als der Perlenfischer sie kaufte. Dort war es, wo der Dampfer Castor, der Arbeiter für die Plantagen in Upolo werben sollte, vernichtet und seine ganze Mannschaft niedergemacht wurde. Ich kannte den Kapitän. Die Deutschen schickten dann einen Kreuzer hin, der den Busch bombardierte, ein halbes Dutzend Dörfer niederbrannte, ein paar Nigger und eine ganze Menge Schweine tötete — das war der ganze Effekt. Die Nigger dort waren immer eine böse Gesellschaft, aber ganz schlimm wurden sie erst vor vierzig Jahren. Damals, als sie den Walfänger überfielen. Warten Sie mal — wie hieß er noch?«

Er schritt an das Bücherbrett, zog das staubige »Süd-see-Diktionär« heraus und blätterte darin.

»Ja, hier ist es. Francis oder Barbour«, las er. »Die Eingeborenen kriegerisch und verräterisch — Melanesier — Kannibalen. Walfänger Western überfallen — so hieß er. Sandbänke — Riffe — Ankergründe — ah, Redscar, die Owen-Bucht, die Likikili-Bucht, da wird es wohl sein. Tiefe Einschnitte, Mangrovensümpfe, bei neun Faden guter Grund, wenn man die weiße Klippe in Südwest hat.«

Grief blickte auf.

»Ich wette, daß es da ist, Pankburn.«

»Und wollen Sie hinfahren?« fragte der andere eifrig.

Grief nickte.

»Die Geschichte klingt ganz vernünftig. Ja, wenn es hundert Millionen oder dergleichen geheißen hätte, dann würde ich nicht einen Gedanken darauf verschwendet haben. Wir segeln morgen, aber unter einer Bedingung. Sie müssen sich ganz unter meinen Befehl stellen.«

Sein Gast nickte froh und eifrig.

»Das heißt, Sie kriegen keinen Tropfen zu trinken.«

»Das ist recht hart«, jammerte Pankburn.

»Es ist Bedingung. Ich bin Arzt genug, um dafür zu sorgen, daß es Ihnen nicht schadet. Und Sie werden arbeiten — schwer arbeiten — als Matrose. Sie werden die regelmäßigen Wachen gehen und was es sonst zu tun gibt, aber achtern mit uns essen und schlafen.«

»Also schön — abgemacht.«

Pankburn streckte die Hand aus, um den Pakt zu besiegeln. »Wenn ich nur nicht dabei um die Ecke gehe«, fügte er hinzu.

David Grief füllte ihm mitfühlend das Glas dreifinger-hoch und reichte es ihm hin.

»Trinken Sie.«

Pankburn streckte die Hand aus. Aber mit plötzlich erwachender Energie hielt er in der Bewegung inne, hob den Kopf und warf die Schultern zurück.

»Ich glaube, ich lasse es lieber bleiben«, begann er.

Dann wurde er jedoch wieder von seiner Schwäche übermannt, und er griff hastig nach dem Glase, als fürchte er, daß es zurückgezogen würde.

Es ist eine weite Reise von Papeete, einer der Gesellschafts-Inseln, bis nach dem Kleinen Korallenmeer — vom hundertfünfzigsten Grad westlicher bis zum hundertfünfzigsten Grad östlicher Länge, in der Luftlinie etwa so weit wie eine Reise quer über den Atlantischen Ozean. Aber die Kittiwake fuhr nicht in der Luftlinie. Die zahllosen Interessen David Griefs änderten ihren Kurs immer wieder.

So stattete er der unbewohnten Rosen-Insel einen kurzen Besuch ab, um ihre Möglichkeiten mit Bezug auf Kolonisierung und Anbau von Kokospalmen zu untersuchen. Dann steuerte er nach Tui Manua, einer der östlichen Samoa-Inseln, um von dem sterbenden König der drei Inseln einen Anteil am Handeslmonopol zu erhalten. Von Apia brachte er mehrere abgelöste Agenten sowie eine Ladung Stückgut nach den Gilbert-Inseln. Er machte einen Abstecher nach dem Ontong-Java-Atoll, besichtigte seine Pflanzungen auf Ysabal und kaufte den Küstenhäuptlingen im nordwestlichen Malaita Ländereien ab. Und auf dieser weiten Fahrt machte er allmählich Aloysius Pankburn zum Manne.

Dieser immer Durstige wohnte zwar achtern, mußte aber die Arbeit eines einfachen Matrosen verrichten. Und er mußte nicht allein am Rade stehen, Ausguck halten und Leinen und Taljen heißen, ihm wurde auch die schmutzigste und mühevollste Arbeit zugeteilt. Er wurde in die Takelung geheißt und mußte die Masten von oben bis unten schrubben, er mußte das Deck scheuern und so lange mit frischen Zitronen abreiben, bis ihn der Rücken schmerzte. Aber seine schlaffen Muskeln wurden stark dabei. Als die Kittiwake vor Anker lag und ihr Kupferboden von der eingeborenen Mannschaft mit Kokosnußschalen abgeschrappt wurde, mußte Pankburn wie jeder andre von seiner Schicht unter Wasser arbeiten.

»Schauen Sie sich an«, sagte Grief. »Sie sind jetzt zehnmal so stark wie damals, als Sie an Bord kamen. Sie haben nicht ein einziges Glas bekommen und sind nicht gestorben, sondern haben sich das Gift hübsch aus dem Körper herausgetrieben. Das haben Sie der Arbeit zu verdanken. Die ist besser als Krankenschwestern und Geschäftsführer. Wenn Sie durstig sind — bitte! Trinken Sie.« Mit einigen geschickten Schlägen seines dickrückigen Dolchmessers hieb Grief ein dreieckiges Loch in die Schale einer von den Fasern befreiten Kokosnuß. Die dünne, kühle Flüssigkeit quoll milchig und leicht aufbrausend hervor. Pankburn beugte sich vor, setzte diese natürliche Tasse an den Mund, warf dann den Kopf zurück und trank, bis sie leer war. Viele solcher Nüsse leerte er täglich. Der schwarze Steward, ein sechzigjähriger Eingeborener von den Neuen Hebriden, und sein Gehilfe, ein Lark-Insulaner, mußten dafür sorgen, daß sie stets zur Hand waren.

Pankburn hatte nichts gegen die schwere Arbeit einzuwenden. Er verschlang sie geradezu, drückte sich nie und schlug die Eingeborenen stets um mehrere Längen, wenn es galt, einen Befehl auszuführen. Was er in der Periode, als der Alkohol aus ihm herausgetrieben wurde, aushielt, war wirklich heroisch. Als aber der letzte Rest vom Gift ausgeschieden war, blieb doch immer noch der Drang nach Alkohol in seinem Hirn. Und so kam es, daß er, als er gegen sein Ehrenwort in Apia an Land gelassen wurde, hier den Versuch unternahm, alle Wirtschaften trockenzulegen, indem er ihre gesamten Vorräte aussoff.

Um zwei Uhr morgens traf David Grief ihn vor dem Tivoli, aus dem Charley Roberts ihn mit Gewalt hinausgeworfen hatte. Aloysius sang wie in alten Tagen den Sternen seine Not. Den Takt schlug er dazu in etwas handgreiflicher Weise, indem er Charley Roberts mit bewundernswerter Genauigkeit Korallenstücke in die Fenster war.

David Grief nahm ihn mit, setzte ihm aber erst am nächsten Morgen den Kopf zurecht. Er besorgte das auf dem Deck der Kittiwake, und was er tat, war kein Kinderspiel. Grief bearbeitete Pankburn mit geballten Fäusten und bloßen Knöcheln, stieß und schlug ihn, kurz, versetzte ihm die schrecklichsten Prügel, die er je erhalten hatte.

»Zum Heil Ihrer Seele, Pankburn«, sagte er tröstend, um seinen Schlägen Nachdruck zu verleihen. »Um Ihrer Mutter willen. Um Ihrer Nachkommenschaft willen. Zum Besten für die Welt und für das ganze kommende Menschengeschlecht. Und damit Sie sich die Lektion merken, wollen wir noch einmal von vorn beginnen. Also: dies zum Heil Ihrer Seele. Und das um Ihrer Mutter willen; und das um der Kinder willen, von denen Sie sich noch nichts träumen lassen; und weil Sie ein Mann werden, wenn ich Sie in die Mache nehme. Jetzt sollen Sie Ihre Medizin kriegen. Ich bin noch nicht fertig. Ich habe eben erst angefangen. Ich habe noch viele Gründe, die ich Ihnen jetzt auseinandersetzen werde.«

Die braunen Matrosen, der schwarze Steward und der Koch sahen zu und amüsierten sich königlich. Sie dachten nicht daran, sich die Köpfe über die mysteriösen, unerforschlichen Wege der weißen Männer zu zerbrechen.

Carlsen, der Steuermann, billigte vollkommen die Handlungsweise seines Herrn, während Albright, der Superkargo, sich lächelnd den Schnurrbart drehte. Sie waren beide Seeleute, die ein rauhes Leben führten, und der Alkohol war für sie ein Problem, das nicht nach den Büchern der Ärzte gelöst wurde.

»Boy! Einen Eimer frisches Wasser und ein Handtuch«, befahl Grief, als er fertig war. »Zwei Eimer und zwei Handtücher«, fügte er hinzu, als er seine eigenen Hände betrachtete.

»Sie sind mir ja ein schöner Kerl«, sagte er zu Pankburn. »Sie haben alles verdorben. Ich hatte das Gift schon vollständig aus Ihnen herausgepumpt, und jetzt rauchen Sie direkt davon. Wir müssen ganz von vorne anfangen.

Herr Albright, erinnern Sie sich an die alte Kette, die in einem großen Haufen an der Landungsstelle lag? Versuchen Sie, den Besitzer zu finden, kaufen Sie die Kette, und lassen Sie sie an Bord schaffen. Es müssen mindestens hundertfünfzig Faden sein.

Pankburn, morgen früh werden Sie anfangen, den Rost loszuhämmern, und wenn das gemacht ist, werden Sie die Kette mit Sandpapier scheuern. Dann wird sie gestrichen. Und Sie werden nichts andres tun, bis sie so glatt und fein wie eine neue ist.«

Aloysius Pankburn schüttelte den Kopf.

»Ich verschwinde. Die Francis-Insel kann meinetwegen zum Teufel gehen. Ich habe Ihre Sklaverei satt. Wollen Sie mich gefälligst sofort an Land setzen. Ich bin ein weißer Mann und lasse mich nicht auf diese Art behandeln.«

»Herr Carlsen, Sie werden dafür sorgen, daß Herr Pankburn an Bord bleibt.«

»Ich werde Sie dafür zur Rechenschaft ziehen!« schrie Aloysius. »Sie dürfen mich nicht festhalten.«

»Ich kann Sie noch einmal vermöbeln«, antwortete Grief. »Und ich will Ihnen etwas sagen, Sie versoffener Bengel: Ich werde Sie so lange prügeln, wie meine Gelenke aushalten ober bis Sie mich anflehen, die rostige Kette säubern zu dürfen. Ich habe Sie nun einmal in die Mache genommen, und ich werde einen Mann aus Ihnen machen, und wenn Sie dabei zu Teufel gehen. Jetzt begeben Sie sich nach unten und ziehen sich um. Und heute nachmittag werden Sie mit dem Hammer zur Stelle sein.

Herr Albright, lassen Sie die Kette an Bord schaffen, Herr Carlsen wird Ihnen das Boot dazu geben. Und halten Sie ein Auge auf Pankburn. Wenn er schlapp macht oder Schüttelfrost kriegt, geben Sie ihm einen Schluck — aber nicht zuviel. Nach solcher Nacht wird er es nötig haben.«

Die ganze Nacht, die die Kittiwake noch in Apia lag, hämmerte Aloysius Pankburn noch den Rost von der Kette. Zehn Stunden täglich hämmerte er. Und die ganze weite Fahrt bis nach den Gilbert-Inseln hämmerte er ebenfalls. Dann kam das Scheuern mit Sandpapier. Hundertfünfzig Faden sind fast dreihundert Meter, und jedes einzelne Glied der Kette wurde geglättet und poliert wie wohl noch keine Kette je.

Und als das letzte Glied den Anstrich mit schwarzer Farbe erhalten hatte, kam er selber zu Grief und sagte:
»Geben Sie mir noch mehr solche Dreckarbeit. Ich

werde auch noch mit andern Ketten fertig werden. Und haben Sie keine Angst. Ich trinke keinen Tropfen mehr. Jetzt bin ich im Training. Sie haben meinen wunden Punkt berührt, als Sie mich verprügelten, aber ich sage Ihnen, darüber werden wir noch einmal reden. Training! Jetzt trainiere ich, bis ich durch und durch hart und sauber bin wie diese Kette. Und eines schönen Tages, Herr David Grief, irgendwo und irgendwie werde ich genügend in Form sein, und dann verdresche ich Sie, wie Sie mich verdroschen haben. Ich werde Ihr Gesicht bearbeiten, daß Ihre eigenen Nigger Sie nicht wiedererkennen.«

Grief strahlte.

»Jetzt reden Sie wie ein Mann«, rief er. »Die einzige Möglichkeit, wenn Sie mich verdreschen wollen, ist, daß Sie ein Mann werden. Und dann werden Sie vielleicht —«

Er hielt inne in der Hoffnung, daß der andre den Gedanken aufgreifen sollte. Und Aloysius griff ihn auf, und etwas wie Erleuchtung trat plötzlich in seine Augen. »Und dann mache ich mir vielleicht nichts mehr daraus, meinen Sie?«

Grief nickte.

»Ja, das ist das Verfluchte«, klagte Aloysius. »Ich glaube wirklich, daß es so kommen wird. Aber einerlei, jetzt will ich doch weiter an mir arbeiten, trotz allem.«

Die warme Sonnenglut in Griefs Gesicht schien noch wärmer zu werden. Er streckte die Hand aus.

»Pankburn, dafür habe ich Sie gern.«

Aloysius ergriff die Hand und schüttelte mit betrübter Ehrlichkeit den Kopf.

»Grief«, seufzte er, »Sie haben meinen wunden Punkt berührt, meinen Stolz, und ich fürchte, das kann ich nicht verwinden.«

An einem tropenschwülen Tage, als das letzte Aufflackern des Passats erstarb, um der Jahreszeit gemäß vom Monsum abgelöst zu werden, fuhr die Kittiwake durch die Brandung in die buschbewachsene Küste der Francis-Insel. Mit Hilfe von Kompaß und Glas fand Grief den Vulkan, der die Einfahrt von Redscar markierte, lief an der Owen-Bucht vorbei und trieb mit dem letzten Windhauch in die Likikili-Bucht. Im Schlepp der beiden Walboote und unter fortwährendem Loten Carlsens drang die Kittiwake langsam in einen tiefen, engen Einschnitt ein. Einen Strand gab es nicht. Die Mangroven wuchsen direkt aus dem Wasser heraus, und gleich dahinter erhob sich steil der Dschungel, hie und da von zackigen Felsspitzen durchbrochen. Als sie die weiße Felswand in Westsüdwest hatten, ließen sie in neun Faden Tiefe den Anker fallen.

Den Rest des Tages und den ganzen folgenden Vormittag blieben sie auf der Kittiwake und warteten. Kein Kanu ließ sich sehen, keine Spur menschlichen Lebens zeigte sich. Abgesehen vom gelegentlichen Plätschern eines Fisches oder dem Schreien eines Kakadus schien alles ausgestorben zu sein. Einmal flatterte jedoch ein riesiger Schmetterling — er maß sicher zwölf Zoll von einer Flügelspitze zur andern — hoch über ihren Mastspitzen nach dem jenseitigen Dschungel.

»Es hätte keinen Sinn, ein Boot auszuschicken und mit anzusehen, wie es überfallen wird«, sagte Grief.

Pankburn war ungläubig und erbot sich, allein an Land zu gehen. Er wollte sogar schwimmen, wenn man ihm die Jolle nicht gäbe.

»Die Nigger haben den deutschen Kreuzer sicher nicht vergessen«, erklärte Grief. »Und ich wette, daß der Busch jetzt von ihnen wimmelt. Was meinen Sie, Herr Carlsen?«

Der erfahrene Südseeabenteurer stimmte ihm nachdrücklich bei. Spät am Nachmittag des zweiten Tages befahl Grief, das eine Walboot zu Wasser zu lassen. Er nahm selbst am Bug Platz, zündete sich eine Zigarette an und nahm eine Dynamitstange mit einer kurzen Lunte in die Hand, um Fische zu schießen. An den Duchten standen ein halbes Dutzend Winchester-Büchsen. Albright, der das Ruder übernahm, hatte einen Mauser in Reichweite. So ruderten sie an der grünen Mangrovenmauer vorbei. Hin und wieder ließen sie die Riemen ruhen und lauschten auf die tiefe Stille.

»Ich wette zwei zu eins, daß der Busch voll von ihnen ist«, flüsterte Albright.

Pankburn lauschte einen Augenblick und nahm dann die Wette an. Fünf Minuten darauf sichteten sie einen Schwarm Seebarben. Die braunen Matrosen hörten auf zu rudern. Grief berührte die kurze Lunte mit seiner Zigarette und warf die Bombe. So kurz war die Lunte, daß das Dynamit im selben Augenblick explodierte, als es das Wasser berührte. Und im selben Augenblick explodierte auch der Busch. Wildes, höhnisches Geschrei ertönte, und schwarze nackte Körper sprangen wie Affen durch die Mangroven.

Im Walboot war jede Büchse erhoben. Dann trat eine Pause ein. Etwa hundert Schwarze, einige mit altertümlichen Snider-Flinten, die meisten jedoch mit Streitäxten, feuergehärteten Speeren und Pfeilen mit Knochenspitzen bewaffnet, hingen rings an den Wurzeln, die aus der Bucht herauswuchsen. Jede Partei beobachtete die andre auf eine Entfernung von zwanzig Fuß über das Wasser hinweg. Ein alter, einäugiger Neger mit abstoßendem Gesicht hatte seine Snider-Flinte von der Hüfte aus auf Albright angelegt, der seinerseits wiederum mit dem Mauser auf ihn zielte. So vergingen ein paar Minuten. Die getroffenen Fische trieben an die Oberfläche oder zappelten, noch halb bewußtlos, auf dem Grunde des klaren Wassers.

»Es ist gut, Jungens«, sagte Grief ruhig. »Senkt die Gewehre und über Bord mit euch. Herr Albright, werfen Sie den Tabak dieser einäugigen Bestie zu.«

Während die Rapa-Leute nach den Fischen tauchten, warf Albright ein Päckchen Tabak ans Land. Der Einäugige nickte und verzog sein Gesicht zu einem liebenswürdigen Grinsen. Die Waffen wurden gesenkt, die Bogen entspannt und die Pfeile wieder in ihre Köcher gesteckt.

»Tabak kennen sie doch«, bemerkte Grief, als sie wieder zum Schiff zurückruderten. »Wir werden sicher bald Besuch bekommen. Öffnen Sie eine Kiste, Herr Albright, und nehmen Sie einige Messer heraus. — Aha, da kommt schon ein Kanu.«

Der einäugige Alte mußte in seiner Eigenschaft als Häuptling und Anführer allein paddeln und im Namen seines Stammes der Gefahr trotzen.

Als Bootsmann Carlsen sich über die Reling beugte, um dem Gast an Bord zu helfen, wandte er den Kopf und sagte leise:

»Sie haben das Geld ausgegraben, Herr Grief. Der alte Bettler ist ganz beladen damit.«

Der Einäugige wurde zappelnd an Deck gezogen. Er grinste friedfertig, aber es gelang ihm nicht ganz, die ausgestandene und noch nicht überwundene Angst zu verbergen. Eins seiner Beine war lahm, offenbar infolge einer furchtbaren Narbe, die, zolltief, von der Hüfte bis zum Knie lief. Er war gänzlich unbekleidet, aber seine Nase war an einem Dutzend Stellen durchlöchert, und in jedem Loch steckte ein geschnitzter Knochensplitter, so daß die Nase einem Stachelschwein glich. Um den Hals trug er eine Schnur, an der eine Reihe Goldsovereigns auf die schmutzige Brust herabbaumelte. In seinen Ohren hingen silberne Halbkronenstücke, und an seinem Nasenknorpel, grün und blind, aber nicht zu verkennen, ein großes englisches Pennystück.

»Hören Sie, Grief«, sagte Pankburn mit verstellter Gleichgültigkeit. »Sie sagen, daß die Kerle nur Tabak und Perlen kennen. Schön. Folgen Sie meinem Rat. Die Nigger haben den Schatz gefunden, und wir müssen ihn von ihnen erstehen. Nehmen Sie die ganze Mannschaft beiseite und instruieren Sie sie, daß sie tun sollen, als ob sie sich nur für die Pennystücke interessieren. Verstehen Sie? Die Goldstücke wollen wir gar nicht sehen, und die Silbermünzen gehen eben noch an. Die Pennies sind das einzige, woraus wir uns etwas machen.«

Pankburn überwachte den Handel. Für den Penny in der Nase des Einäugigen gab er zehn Stück Tabak. Da jedes Stück Grief einen Cent kostete, war das entschieden ein schlechtes Geschäft. Für die Halbkronenstücke gab Pankburn jedoch nur je ein Stück. Von den Sovereigns wollte er überhaupt nichts wissen. Und je abweisender er sich verhielt, desto dringlicher wurde der Einäugige. Schließlich gab Pankburn doch nach, wenn auch sehr widerwillig, fast zornig. Es war ganz offensichtlich ein großes Entgegenkommen, daß er für das ganze Halsband mit den zehn Sovereigns zwei Stücke Tabak bezahlte.

»Ich ziehe den Hut vor Ihnen«, sagte Grief beim Abendessen zu Pankburn. »Die Geschichte geht ja glänzend. Sie haben die Werte umgekehrt. Die Kerle halten die Pennies für unschätzbar und die Goldstücke für wertlos. Folglich halten sie die Pennies fest und zwingen uns, ihnen das Gold abzukaufen. Pankburn, Ihr Wohl! — Boy! Noch eine Tasse Tee für Herrn Pankburn!«

Es folgte eine goldene Woche. Vom frühen Morgen bis zum späten Abend lag ein Schwarm von Kanus auf ihren Paddeln zweihundert Fuß vom Schiff entfernt. Dort war die Grenze gezogen, die die Rapa-Matrosen mit ihren Gewehren hielten. Nur ein Kanu zur Zeit durfte längsseits kommen, und nur einem einzigen Schwarzen wurde erlaubt, über die Reling zu klettern. Hier, unter dem Sonnensegel, wurde gehandelt. Die vier Weißen lösten sich allstündlich ab. Die Preise waren gewissermaßen durch den Handel zwischen Pankburn und dem Einäugigen festgelegt: Fünf Sovereigns kostete ein Päckchen Tabak, für zwanzig Päckchen erhielt man hundert Goldstücke. Auf diese Weise brachte mancher Kannibale tausend Dollar in Gold und zog beglückt mit Tabak im Wert von vierzig Cent über die Reling ab.

»Ich hoffe, daß wir Tabak genug haben«, murmelte Carlsen zweifelnd, als die zweite Kiste geöffnet wurde. Albright lachte.

»Wir haben fünfzig Kisten im Raume«, sagte er, »und nach meiner Schätzung bringen drei Kisten hunderttausend Dollar. Da nur eine Million vergraben ist, so müßten dreißig Kisten reichen, wenn wir natürlich auch einen gewissen Betrag auf das Silber und die Pennies rechnen müssen. Diese Ecuadorianer müssen alles Geld vergraben haben, das sie kriegen konnten.«

Es kamen nur sehr wenige Pennystücke und Shillings auf den Markt, obgleich Pankburn dauernd ängstlich nach ihnen forschte. Pennies waren das einzige, wonach er Verlangen trug, und er ließ seine Augen gierig blitzen, sobald einer zum Vorschein kam. Seine Berechnung erwies sich als richtig: die Wilden brachten zuerst das wertlose Gold. Da die Pennies fünfzigmal soviel einbrachten wie die Goldstücke, mußten sie zurückgehalten und aufbewahrt werden. Auf den Lagerplätzen in dem Dschungel saßen sicher die weisen Graubärte, steckten die Köpfe zusammen und beschlossen, den Pennypreis noch weiter in die Höhe zu treiben, sobald sie das wertlose Gold losgeworden waren. Wer konnte wissen, ob die merkwürdigen weißen Männer nicht dazu gebracht werden konnten, zwanzig Stück Tabak für jeden zu geben.

Gegen Ende der Woche ließ das Geschäft nach. Das Gold kam nur noch tropfenweise herein, und nur zögernd wurde ein Penny für zehn Stangen abgegeben; immerhin kamen mehrere tausend Dollar in Silber herein.

Am Morgen des achten Tages wurde überhaupt nicht gehandelt. Die Graubärte hatten ihren Entschluß gefaßt, und es wurden zwanzig Stück Tabak für einen Penny verlangt. Der Einäugige verkündete den neuen Preis.

Die weißen Männer schienen die Sache sehr ernst zu nehmen, sie unterhielten sich leise und eindringlich. Hätte der Einäugige verstanden, was sie sagten, so wäre ihm wohl ein Licht aufgegangen.

»Wir haben jetzt etwas mehr als Achthunderttausend in Gold, außer dem Silber, bekommen«, sagte Grief. »Und soviel wird auch ungefähr da sein. Die andern Zweihunderttausend sind vermutlich in den Busch gewandert. Wenn wir in drei Monaten wiederkommen, dann werden die Salzwasserleute sie wahrscheinlich wieder zurückerhandelt haben, und auch der Tabak wird unterdessen auf die Neige gegangen sein.«

»Ja, es wäre Verschwendung, jetzt Pennies zu kaufen«, grinste Albright. »Es würde meiner Kaufmannsseele wehtun.«

»Wir scheinen ein bißchen Landwind zu bekommen«, bemerkte Grief und blickte Pankburn an.

»Was meinen Sie?«

Pankburn nickte.

»Also schön.« Grief maß Stärke und Stetigkeit des Windes an seiner Backe. »Herr Carlsen, holen Sie den Anker ein, und machen Sie die Segel los! Und lassen Sie die Boote zum Schleppen klarmachen. Auf den Wind können wir uns noch nicht verlassen.«

Er nahm ein Paket mit sechs- bis siebenhundert Stück aus der Tabakkiste, legte es dem Einäugigen in die Hände und half dem bestürzten Wilden über die Reling. Als das Vorsegel hochging, erhob sich ein Jammergeschrei in den Kanus, die an der Grenzlinie lagen. Und als der Anker geheißt war, und die Kittiwake die leichte Brise spürte, paddelte der einäugige Alte, den drohend auf ihn gerichteten Flinten zum Trotz, längsseits und gab durch heftiges Gestikulieren zu erkennen, daß der Stamm bereit sei, den Penny für zehn Stück Tabak zu verkaufen.

»Boy! Eine Trinknuß!« rief Pankburn.

»Sie wollen nach Sydney Heads«, sagte Grief. »Und dann?«

»Ich will mit Ihnen wieder herkommen und die übrigen Zweihunderttausend holen«, antwortete Pankburn. Ferner will ich meinen Vormund vor Gericht zitieren und feststellen lassen, ob es noch einen Grund gibt, mir das Geld meines Vaters vorzuenthalten. Und Sie können sich darauf verlassen, daß ich den Leuten meine Meinung sagen werde.«

Er spannte stolz seine Armmuskeln, packte die beiden

schwarzen Stewards und stemmte sie wie ein paar Hanteln über seinen Kopf.

»Kommen Sie! Schwingen Sie den Vorbaum aus!« rief Carlsen. Pankburn ließ die Stewards fallen und rannte nach vorn, um den Befehl auszuführen. Mit zwei Sprüngen ließ er einen Rapa-Matrosen weit hinter sich.

Die Aussätzigen auf Molokai

Als die Snark auf dem Wege nach Honolulu auf Luv von Molokai entlangsegelte, sah ich auf die Karte und zeigte dann auf eine niedrige Halbinsel, hinter der ein ungeheurer, zwischen zwei- und viertausend Fuß hoher Felsen lag, und sagte: »Die reine Hölle! Der verfluchteste Ort auf Erden.« Ich würde es nicht geglaubt haben, daß ich einen Monat später selbst an diesem »verfluchten Ort« war und mich ganz unpassend mit achthundert Aussätzigen amüsierte, die sich auch glänzend amüsierten. Es war nicht unpassend, daß sie sich amüsierten, aber es war unpassend, daß ich es tat, denn es ziemte sich nicht, daß ich inmitten von so viel Elend Freude fand. Das Gefühl hatte ich jedenfalls, und meine einzige Entschuldigung ist, daß ich es nicht lassen konnte.

Zum Beispiel hatten sich alle Aussätzigen am Nachmittag des vierten Juli auf dem Sportplatz versammelt, um Wettrennen abzuhalten. Es war ein sehr interessantes Rennen, und die Zuschauer ergriffen kräftig Partei. Drei Pferde waren gemeldet, eins wurde von einem Chinesen, eins von einem Hawaiianer und eins von einem jungen Portugiesen geritten. Alle drei Reiter waren aussätzig, und dasselbe galt von den Richtern und der versammelten Menschenmenge. Die Reiter mußten zweimal um die Bahn herum. Der Chinese und der Hawaiianer waren gleichzeitig gestartet und ritten Seite an Seite, während der Portugiesenjunge zweihundert Fuß hinter ihnen lag und sich die größte Mühe gab, sie einzuholen. Sie ritten in derselben Reihenfolge um die Bahn; als sie aber die zweite und letzte Runde halb gemacht hatten, lag der Chinese infolge einer mächtigen Anstrengung eine Pferdelänge vor dem Hawaiianer. Gleichzeitig begann ihm der Portugiese langsam auf den Leib zu rücken. Aber es sah ganz hoffnungslos aus. Der Portugiese kam immer näher. Sie waren jetzt nahe am Ziel. Der Portugiese hatte den Hawaiianer überholt. Es ertönte ein mächtiges Klappern von Pferdehufen, ein Sausen von den drei Pferden, die jetzt in einem Klumpen liefen, und die Jockeis knallten mit den Peitschen, während die Zuschauer, Mann oder Frau, sich heiser heulten und schrien. Zoll für Zoll arbeitete sich der Portugiese an dem Chinesen vorbei und kam einen Pferdekopf vor ihm ein. Als sie an mir vorbeisausten, stand ich mitten in einer Schar von Aussätzigen. Die heulten und schwangen die Hüte und tanzten herum wie eine Herde von Teufeln. Und ich tat dasselbe. Als ich mich schließlich besann, schwang ich meinen Hut und murmelte in tiefster Begeisterung: »Wahrhaftig, der Junge gewinnt, der Junge gewinnt!«

Dann versuchte ich mich zu beherrschen. Ich versicherte mir, daß es unter den gegebenen Verhältnissen schändlich sei, so heiter zu sein. Aber das half nichts. Das nächste war ein Eselwettrennen, und damit begann der eigentliche Spaß. Der Esel, der zuletzt einkam, sollte

Sieger in diesem Rennen sein, und was die Geschichte noch verwickelter machte, war, daß keiner der Reiter seinen eigenen Esel ritt. Einer ritt den Esel des andern, und das Ergebnis war, daß jeder sich bemühte, mit dem Esel, den er ritt, seinen eigenen Esel, der von einem andern geritten wurde, zu schlagen. Es lag in der Natur der Sache, daß nur die, welche sehr langsame oder ungeheuer eigensinnige Esel hatten, sich zu dem Rennen gemeldet hatten. Da war ein Esel, der dazu dressiert war, sich hinzulegen, sobald der Reiter seine Flanken mit den Fersen berührte. Einige von den Eseln wollten absolut kehrt machen und wieder zurücktraben; andere hegten eine große Vorliebe für alles, was außerhalb der Bahn lag. Ein Esel, der ein halbes Mal um die Bahn gekommen war, geriet in Streit mit seinem Reiter. Als alle andern Esel das Stahldrahtnetz passiert hatten, war dieser Esel immer noch nicht weitergekommen. Er gewann den Preis, aber der Reiter verlor und mußte zu Fuß gehen. Und unterdessen amüsierten sich die beinahe tausend Aussätzigen königlich, lachten und lärmten.

Alles dies ist eine Art Einleitung zu einer Erklärung, daß die Schrecken von Molokai, wie sie früher geschildert worden sind, nicht existieren. Die Kolonie wurde wiederholt von Sensationsschriftstellern beschrieben und in der Regel von solchen, die sie nie mit eigenen Augen geshen haben. Natürlich, Aussatz ist Aussatz und etwas Schreckliches, aber es ist so viel Unheimliches über Molokai geschrieben worden, daß weder den Aussätzigen noch denen, die ihr Leben für sie opfern, Gerechtigkeit widerfahren ist. Ich will hier nur einen einzelnen Fall nennen. Ein Journalist, der nie auch nur in der Nähe der Kolonie gewesen war, beschrieb mit sehr starken Farben den Oberinspektor

McVeigh, der in eine Grashütte kroch und jede Nacht von ausgehungerten Aussätzigen belagert wurde, die klagten und jammerten, um etwas zu essen zu bekommen. Nun, ich habe fünf Tage und Nächte in McVeighs Grashütte — die nebenbei ein sehr komfortables Holzhaus ist, es gibt nicht eine einzige Grashütte in der Kolonie — gewohnt und die Klagehymnen der Aussätzigen gehört, nur daß sie besonders harmonisch und rhythmisch und von Saiteninstrumenten, sowohl Geigen wie Gitarren, Ukuleles und Banjos begleitet waren. Das Hornorchester der Aussätzigen klagte, zwei Gesangvereine klagten, zuletzt klagte ein Quintett von ganz vortrefflichen Stimmen.

Aussatz ist nicht so ansteckend, wie man geglaubt hat. Ich war eine ganze Woche in der Kolonie und habe meine Frau mitgenommen — was selbstverständlich nicht geschehen wäre, wenn wir gefürchtet hätten, uns die Krankheit zuzuziehen. Und wir trugen keine langen Stulpenhandschuhe und hielten uns auch nicht von den Aussätzigen fern. Im Gegenteil, wir verkehrten ganz ungeniert mit ihnen. Mir scheint, daß alles, was notwendig ist, einfach Reinlichkeit ist. Wenn die Nichtaussätzigen, wie die Ärzte und der Inspektor, nachdem sie mit Aussätzigen verkehrt und sie angerührt haben, in ihre eigenen Häuser zurückkommen, tun sie nichts, als sich Gesicht und Hände mit einer leicht antiseptischen Seife zu waschen und den Rock zu wechseln. Daß ein Aussätziger unrein ist, ist indessen ganz sicher, und nach dem wenigen, was man von der Krankheit weiß, müssen die Aussätzigen auch streng abgesondert werden. Andererseits sind der furchtbare Schrecken, womit man in früheren Tagen die Aussätzigen betrachtete, und die entsetzliche Behandlung, die ihnen zuteil wurde, unnötig und grausam gewesen. Um einigen der verbreitetsten falschen Vorstellungen vom Aussatz ein Ende zu machen, will ich etwas von dem Verhältnis zwischen Aussätzigen und Gesunden erzählen, wie ich es jetzt auf Molokai beobachtete. Am Morgen nach unserer Ankunft wohnten Charmian und ich einem Preisschießen im Kalaupapa-Schießklub bei, und bei dieser Gelegenheit erhielten wir den ersten Einblick in die von der Krankheit bedingten demokratischen Verhältnisse und die Art und Weise, wie man die Leiden der Angegriffenen lindert. Man wollte gerade mit dem Preisschießen beginnen, und die Prämie, ein Becher, war von McVeigh ausgesetzt, der auch Mitglied des Klubs ist, ebenso wie Dr. Goodhue und Dr. Hollmann, die Ärzte der Kolonie (die, nebenbei bemerkt, mit ihren Frauen in der Kolonie selbst leben). Aussätzige und Gesunde benutzen dieselben Büchsen und kamen andauernd auf dem beschränkten Raum in Berührung miteinander. Der größte Teil der Aussätzigen stammt aus Hawaii. Auf einer Bank neben mir saß ein Norweger. Gerade vor mir auf der Tribüne stand ein Amerikaner, ein Veteran aus dem Bürgerkriege, der auf der Seite der Bundesstaaten gekämpft hatte. Er war fünfundsechzig Jahre alt, aber das hinderte ihn nicht, eine Menge Kreise zu schießen. An dem Preisschießen beteiligten sich ferner große, schwer gebaute, in Khaki gekleidete Polizisten aus Hawaii, auch Aussätzige, sowie Portugiesen, Chinesen und Kokuas — die eingeborenen Gehilfen der Kolonie, die nicht aussätzig sind. Und am Nachmittag, als Charmian und ich auf den zweitausend Fuß hohen Pali geklettert waren und zum letzten Male auf die Kolonie hinuntersahen, waren der Inspektor, die beiden Ärzte, die Gehilfen und die ganze Mischung von Kranken und Gesunden aller möglichen

Nationalitäten im vollen Gange bei einem prächtigen Baseballspiel.

Ganz anders als im Mittelalter behandelt man jetzt die in hohem Maße mißverstandene, gefürchtete Krankheit. Damals wurde ein Aussätziger als in politischem und rechtlichen Sinne tot betrachtet. Er wurde wie in einem Leichenbegängnis in einer Prozession zu einer Kirche geführt, und dann las der diensttuende Geistliche das Begräbnisritual über ihn. Dann wurde eine Schaufel Erde auf seine Brust geworfen, und er war tot, lebendig tot. Aussatz war in Europa unbekannt, bis er von heimgekehrten Kreuzfahrern eingeschleppt wurde. Es war offenbar eine Krankheit, die man sich durch Berührung zuzog, und es war einleuchtend, daß sie durch Absonderung behoben werden konnte. So entsetzlich die Behandlung auch war, die in jenen Tagen den Aussätzigen zuteil wurde, so lehrte sie doch die Bedeutung der Isolierung. Und auf diese Art wurde der Aussatz in Europa ausgerottet.

Aber die Aussätzigenkolonie, die, vollkommen abgesondert, auf Molokai liegt, ist nicht der Schrecken, aus dem Sensationsjournalisten so oft Münze schlagen. Erstens wird der Aussätzige nicht schonungslos seiner Familie entrissen. Wenn man Symptome von Aussatz bei einem Manne entdeckt, so fordert die Gesundheitskommission ihn auf, sich nach dem Aufnahmeheim in Honolulu zu begeben. Seine Reise und alle Ausgaben werden ihm vergütet. Zuerst wird vom Bakteriologen der Gesundheitskommission eine mikroskopische Untersuchung vorgenommen. Gelangt diese Kommission zu dem Ergebnis, daß er aussätzig ist, so wird er nach Molokai geschickt. Der Patient hat während der ganzen Untersuchung das Recht, sich durch einen Arzt, den er selbst wählen kann, vertreten zu lassen. Und wenn ein Patient für aussätzig erklärt wird, so schickt man ihn auch nicht gleich nach Molokai. Er hat reichlich Zeit, mehrere Wochen, zuweilen sogar Monate, und die ganze Zeit wohnt er in Kalihi und ordnet seine Geschäfte. Auch in Molokai kann er den Besuch von Verwandten, Leuten, die seine Geschäfte besorgen usw. empfangen, aber sie dürfen in seinem Hause weder schlafen noch essen. Für Gäste gibt es dort mehrere Häuser, die beständig »rein« gehalten werden.

Die Kolonie auf Molokai liegt an der Windseite der Insel, wo der frische Passat vorbeistreift, und das Klima ist deshalb noch angenehmer als in Honolulu. Die Umgebung ist prachtvoll; auf der einen Seite das blaue Meer, auf der andern die wunderbare Mauer des Pali, die hie und da von schönen Gebirgstälern durchschnitten wird. Überall sind Weiden, wo Hunderte von Pferden, die den Aussätzigen gehören, frei herumlaufen. Manche haben eigene Wagen, sowohl Arbeits- wie Luxuswagen. In dem kleinen Hafen Kalaupapa liegen Fischerkutter und ein Dampfboot, alles Privatfahrzeuge, die Aussätzigen gehören. Sie dürfen selbstverständlich ein gewisses Gebiet nicht überschreiten, können aber sonst fahren, wohin sie wollen. Sie verkaufen ihre Fische an die Gesundheitskommission, und das Geld, das sie einnehmen, gehört ihnen. Während meiner Anwesenheit wurden in einer einzigen Nacht viertausend Pfund gefangen.

Und während einige fischen, betreiben andere Landwirtschaft. Ein Aussätziger, Vollbluthawaiianer, ist Malermeister. Ein anderer ist Zimmermann. Dann gibt es außer dem der Gesundheitskommission gehörenden Warenhaus noch andere Läden, die Privatleuten gehören und wo die, welche Kaufmannsblut in den Adern haben, ihrer Neigung folgen können. Waiamau, der Assistent des Inspektors, ein hochgebildeter, sehr tüchtiger Mann, ist Vollbluthawaiianer und aussätzig. Bartlett, der augenblicklich das Warenhaus leitet, ist Amerikaner und hatte das Geschäft in Honolulu betrieben, bis er von der Krankheit angegriffen wurde. Alles, was diese Männer verdienen, geht in ihre eigene Tasche. Arbeiten sie nicht, so sorgt das Territorium doch für sie. Die Gesundheitskommission betreibt Akkerbau, Viehzucht und Meierei für den örtlichen Verbrauch, und alle, die arbeiten wollen, können zu einem sehr anständigen Lohn Arbeit erhalten. Für die Jungen und sehr Alten und Hilflosen gibt es Heime und Hospitäler.

In früherer Zeit, ehe der Leprabazillus entdeckt worden war, wurde eine kleinere Anzahl Männer und Frauen, die von verschiedenen Krankheiten angegriffen waren, welche nicht das geringste mit Aussatz zu tun hatten, für aussätzig erklärt und nach Molokai geschickt. Sie waren sehr entsetzt, als die Bakteriologen mehrere Jahre später erklärten, daß sie gar nicht aussätzig waren und nie Aussatz gehabt hatten. Sie wollten um keinen Preis Molokai verlassen, und es glückte ihnen denn auch, sich verschiedenerlei Beschäftigung in der Gesundheitskommission als Gehilfinnen und Krankenpflegerinnen zu verschaffen, so daß sie bleiben konnten. Der jetzige Gefängniswärter ist einer von ihnen.

Es gibt zur Zeit einen Stiefelputzer in Honolulu, einen amerikanischen Neger, von dem McVeigh mir erzählte. Vor langer Zeit, ehe man die bakteriologische Untersuchung kannte, wurde er als aussätzig nach Molokai geschickt. In seiner Eigenschaft als »Mündel des Staates« entwickelte er eine ungeheure Selbständigkeit und machte viele Schwierigkeiten. Und eines Tages, als

er viele Jahre lang eine ewige Quelle kleiner Verdrieß-
lichkeiten gewesen war, wurde er der bakteriologischen
Untersuchung unterworfen und für gesund erklärt.

»Aha!« triumphierte McVeigh. »Jetzt habe ich dich!
Fort mit dir mit dem nächsten Dampfer, Gott sei
Dank, daß wir dich los sind!«

Aber der Neger wollte nicht fort. Er heiratete gleich
eine alte Frau, die sehr stark von der Krankheit angegriffen war, und schrieb Gesuche an die Gesundheitskommission, um bleiben und seine kranke Frau pflegen
zu dürfen. Er sagte sehr rührend, daß keiner seine
arme alte Frau so gut pflegen könnte wie er. Aber
man durchschaute ihn, und er wurde an Bord des
Dampfers gebracht und nach Honolulu geschickt. Und
wenn McVeigh jetzt nach Honolulu kommt, putzt der
Neger ihm die Stiefel und sagt: »Hören Sie, Herr Inspektor, ich hatte aber doch eine schöne Heimat dort!
Ja, eine schöne Heimat!« Und dann senkt er die Stimme zu einem vertraulichen Flüstern und fügt hinzu:
»Sagen Sie, Herr Inspektor, kann ich nicht wieder hin-
kommen? Können Sie nicht dafür sorgen, daß ich wieder hinkomme?«

Was die Furcht vor dem Aussatz betrifft, so sah ich
nicht das geringste Anzeichen davon in der Kolonie,
weder unter den Aussätzigen selber noch unter den
Gesunden. Angst vor Aussatz äußern namentlich die,
welche einen Aussätzigen gesehen haben und sonst
nichts von der Krankheit wissen. Aussatz ist etwas
Entsetzliches, das kann man nicht bestreiten, aber
nach dem wenigen, was ich von der Krankheit und ihrer Ansteckungsgefahr weiß, würde ich den Rest meiner Tage weit lieber in Molokai verbringen als in
einem Tuberkulosesanatorium. In jedem städtischen
Krankenhaus oder Armenhospital in den Vereinigten

Staaten oder in ähnlichen Anstalten in andern Ländern kann man Dinge sehen, die mindestens so schrecklich sind wie das, was man auf Molokai sieht. Im übrigen würde ich, wenn ich die Wahl hätte, den Rest meines Lebens auf Molokai oder in den Armenvierteln von London, New York oder Chikago zu verbringen, ohne Bedenken Molokai wählen. Ich würde lieber ein Jahr auf Molokai statt fünf Jahre in diesen Schlammbergen menschlichen Elends leben.

Auf Molokai sind die Menschen glücklich. Ich werde nie den vierten Juli vergessen, den ich drüben erlebte. Von sechs Uhr morgens an waren die »Schrecken« in voller Tätigkeit, in phantastischen Kostümen ritten sie auf Pferden, Maultieren und Eseln (ihrem Privateigentum) herum und stellten die ganze Kolonie auf den Kopf. Zwei Blasorchester spielten. Da waren die Pa-u-Reiterinnen, dreißig bis vierzig, alle aus Hawaii und alle glänzende Reiterinnen, prachtvoll gekleidet in alte Nationalkostüme, und sie jagten in kleinen Gruppen, zu zweien, dreien oder mehreren umher. Am Nachmittag standen Charmian und ich auf der Richtertribüne und teilten Preise für Reiterkunststücke und Kostüme an die Pa-u-Reiterinnen aus. Rings umher standen die Aussätzigen und sahen mit Blumenkränzen um Stirn, Hals und Schultern zu und amüsierten sich köstlich. Auf dem Höhenrücken und den großen Grasebenen war ein ständiges Kommen und Gehen — kleine Gruppen von Männern und Frauen in bunten Trachten und galoppierende Pferde, und Reiter und Pferde waren mit Blumen und Girlanden geschmückt, und sie sangen und lachten und ritten mit dem Wind um die Wette. Am Abend waren wir in einem der Versammlungshäuser der Aussätzigen, wo die Gesangvereine vor vollem Hause wetteiferten, und der Abend schloß mit einem Tanz. Ich habe gesehen, wie die Hawaiianer in den Armenvierteln von Honolulu leben, und nachdem ich das gesehen habe, verstehe ich gut, warum die Aussätzigen, die von der Kolonie weggeschickt werden, um einer neuen Untersuchung unterzogen zu werden, alle wie einer rufen: »Zurück nach Molokai.«

Eines ist sicher. Der Aussätzige, der in der Kolonie lebt, ist weit besser daran als der Aussätzige, der draußen in der Welt lebt und sich zu verbergen sucht. Ein solcher Aussätziger ist ein armer Ausgestoßener, der in beständiger Angst herumläuft, entdeckt zu werden, und der langsam, aber sicher verfault. Aussatz ist keine gleichmäßig wirkende Krankheit. Der Bazillus greift sein Opfer an, verheert seinen Körper und bleibt dann für unbestimmte Zeit untätig. Nach fünf, zehn oder vierzig Jahren bricht er vielleicht wieder aus, und der Patient kann sich unterdessen recht wohl befinden. Aber es ist selten, daß die Krankheit nach dem ersten heftigen Angriff von selber verschwindet. Dafür ist der tüchtige Arzt erforderlich, und der tüchtige Arzt kann nicht zu dem Aussätzigen, der sich verborgen hält, gerufen werden. Der Arzt kann durch eine Operation die Ausbreitung der Krankheit verhindern. Einen Monat nach der Operation wird der Aussätzige zu Pferde sitzen und Wettrennen mitmachen, in der Brandung schwimmen oder die steilen Bergeshänge hinanklettern können, um sich Bergäpfel zu holen. Und wie schon erwähnt, ist es möglich, daß der Bazillus fünf, zehn, ja vierzig Jahre untätig bleibt.

Aussatz ist so alt wie die Geschichte der Menschheit. Er wird in den ältesten niedergeschriebenen Berichten erwähnt. Und doch weiß man buchstäblich jetzt nicht mehr davon als damals. So viel wußte man schon damals, daß er sehr ansteckend war und daß Menschen, die daran litten, abgesondert werden mußten. Der Unterschied zwischen damals und jetzt ist nur, daß der Aussätzige strenger abgesondert und humaner behandelt wird. Aber der Aussatz selbst ist und bleibt dasselbe entsetzliche, unergründliche Mysterium. Wenn man die Berichte von Ärzten und Spezialisten in allen Ländern liest, hat man ein lebhaftes Gefühl davon, wie außerordentlich schwer es ist, die Krankheit zu verstehen. Spezialisten wissen nichts. Früher verallgemeinerten sie einfach. Jetzt tun sie das nicht mehr. Der einzige allgemeine Schluß, den man aus allen vorgenommenen Untersuchungen ziehen kann, ist, daß Aussatz in schwachem Maße ansteckend ist. Aber auf welche Art und Weise er ansteckt, das weiß noch niemand.

Die Ärzte haben den Leprabazillus gefunden. Sie können durch eine rein bakteriologische Untersuchung feststellen, ob Menschen aussätzig sind oder nicht; aber sie wissen heute ebensowenig, wie sie immer gewußt haben, wie der Bazillus auf Gesunde übertragen wird. Sie haben versucht, allen möglichen Tieren den Leprabazillus einzuimpfen, aber ergebnislos.

Es ist ihnen nicht möglich gewesen, ein Serum zu finden, mit dem sie die Krankheit bekämpfen können, und trotz all ihrer Arbeit haben sie noch nicht die leiseste Richtschnur gefunden. Ein Mann behandelt einen Aussätzigen mit einer bestimmten Art Öl oder Medizin, erzählt, er habe eine Kur gefunden, und fünf, zehn oder vierzig Jahre später bricht die Krankheit wieder aus. Dieser Umstand, daß der Keim des Aussatzes unbestimmte Zeit im menschlichen Körper schlummern kann, ist verantwortlich für die vielen Heilmittel, auf die man sich berufen hat. Aber so viel ist sicher: Bis heute hat es nicht einen einzigen Fall gegeben, dessen Heilung nachweisbar ist.

Aussatz ist schwach ansteckend, aber auf welche Weise? Ein Arzt hat sich und seine Assistentin mit dem Bacillus leprae geimpft, ohne zu erkranken. Aber das ist nicht entscheidend, denn andererseits kennt man den berühmten Fall des Mörders auf Hawaii, dem die Todesstrafe in lebenslängliches Gefängnis umgewandelt wurde unter der Bedingung, daß er sich mit dem Bacillus leprae impfen lassen wollte. Einige Zeit später brach die Krankheit aus, und der Mann starb aussätzig auf Molokai. Aber auch das ist nicht entscheidend, denn man entdeckte, daß zu der Zeit, als er geimpft wurde, schon mehrere Mitglieder seiner Familie an der Krankheit litten und sich auf Molokai aufhielten.

Bis jetzt hat keiner Licht in das Mysterium des Aussatzes bringen können. Erst wenn man etwas mehr über die Krankheit weiß, kann man hoffen, sie zu heilen. Sobald man ein wirkungsvolles Serum entdeckt, wird der Aussatz schnell von der Welt verschwinden, weil er nur schwach ansteckend ist. Der Kampf gegen den Aussatz wird heftig und von kurzer Dauer sein. Wie soll man aber dieses Serum oder eine andere Waffe, an die noch niemand denkt, finden können? Im Augenblick ist es eine ernste Sache. Man berechnet, daß in Indien allein eine halbe Million nicht abgesonderter Aussätziger lebt. Das Carnegie-Institut, das Rockefeller-Institut und ähnliche Anstalten zum Besten der Menschheit können sehr gut sein, aber man muß doch daran denken, wie gut angebracht z. B. ein paar tausend Dollar für die Aussätzigenkolonie in Molokai wären. Die Menschen, die dort leben, sind Opfer von Schicksalslaunen, Sündenböcke eines geheimnisvollen

Naturgesetzes, von dem die Menschen nichts wissen, sie sind abgesondert mit Rücksicht auf ihre Mitmenschen, damit die nicht von der furchtbaren Krankheit angesteckt werden, wie sie selbst angesteckt wurden — keiner weiß wie. Nicht allein deswegen, auch um der kommenden Geschlechter willen, würden ein paar tausend Dollar gut angebracht sein zu einer gründlichen wissenschaftlichen Suche nach einem Heilmittel, das die Ärzte instand setzen würde, den Bacillus leprae auszurotten. Hier haben Sie eine gute Verwendung für Ihr Geld, meine Herren Philanthropen!

Federn der Sonne

Es war die Insel Fitu-Iva — das letzte unabhängige Bollwerk Polynesiens in der Südsee. Die Unabhängigkeit Fitu-Ivas hatte drei Gründe. Erstens und zweitens ihre einsame Lage und der kriegerische Sinn ihrer Bevölkerung. Das allein würde sie aber auf die Dauer nicht gerettet haben, hätten nicht Japan, Großbritannien, Deutschland und die USA gleichzeitig entdeckt, daß ihr Besitz erstrebenswert sei. Es war, als ob Straßenjungen sich um einen Groschen prügeln.

Kriegsschiffe aller fünf Mächte füllten den kleinen Hafen Fitu-Ivas. Kriegsgerüchte schwirrten, und Kriegsdrohungen wurden ausgestoßen. Zum Morgenkaffee las die ganze Welt lange Berichte über Fitu-Iva. Wie eine amerikanische Blaujacke meinte: Sie hätten alle zugleich die Füße in einen Trog gesteckt.

So kam es, daß Fitu-Iva einem Protektorat entging und König Tulifau, auch Tui Tulifau genannt, weiter das höchste Recht, und das niedrigste dazu, in dem Palast sprach, den ihm ein Sydneyer Händler aus Rotholz erbaut hatte. Tui Tulifau war nicht nur jeder Zoll ein König, er war es auch jede Sekunde seines

Lebens. Als er achtundfünfzig Jahre und fünf Monate regiert hatte, war er erst achtundfünfzig Jahre und drei Monate alt, das heißt, er hatte fünf Millionen Sekunden länger regiert als geatmet, da er zwei Monate vor seiner Geburt gekrönt worden war.

Er war ein wahrer König, königlich von Gestalt, sechs und einen halben Fuß hoch und wog, ohne besonders dick zu sein, dreihundertundzwanzig Pfund. Das war jedoch nichts Außergewöhnliches für einen Polynesier von edler Herkunft. Sepeli, seine Königin, war sechs Fuß und drei Zoll groß und wog zweihundertundsechzig Pfund, während ihr Bruder Uiliami, der abwechselnd Feldherr der Armee und Ministerpräsident war, sie um einen Zoll überragte und einen halben Zentner mehr wog.

Tui Tulifau war eine fröhliche Seele, ein Esser und Trinker vor dem Herrn. Und ebenso waren alle seine Untertanen fröhliche Seelen, solange sie nicht vom Zorn übermannt wurden. Dann konnten sie die, auf die sie zornig waren, mit toten Schweinen bewerfen. Nichtsdestoweniger konnten sie sich, wenn es darauf ankam, wie die Maori schlagen, was räuberische Sandelholz- und Sklavenhändler in alten Tagen zu ihrem Schaden erfahren hatten.

Griefs Schoner, die Cantani, hatte vor zwei Stunden die Pfeiler-Felsen an der Einfahrt passiert und kroch jetzt vor einer schwachen, unentschlossenen Brise langsam in den Hafen hinein. Es war ein kühler, sternenklarer Abend, und die Mannschaft lungerte auf dem Deck herum und wartete darauf, daß die Schneckenfahrt sie zum Ankergrund bringen möchte.

Willie Smee, der Superkargo, tauchte in einem auffallenden Strandanzug aus der Kajüte auf.

Der Steuermann warf einen Blick auf sein Hemd aus feinster, weißer Seide und schmunzelte bedeutungsvoll.

»Sie wollen wohl zum Ball heute?« meinte Grief.

»Nein«, sagte der Steuermann. »Es ist wegen Taituas. Willie ist ganz verschossen in sie.«

»Unsinn«, leugnete der Superkargo.

»Dann ist sie in ihn verschossen, was auf dasselbe hinauskommt«, fuhr der Steuermann fort. »Ehe er eine Stunde an Land ist, hat er eine Blume hinterm Ohr, einen Kranz auf dem Kopf und Taitua im Arm.«

»Der reine Neid«, spottete Willie Smee. »Sie hätten sie am liebsten selber, können sie bloß nicht kriegen.«

»Ich kann keine solchen Hemden finden, das ist der ganze Witz. Ich wette eine halbe Krone, daß Sie ohne das Hemd von Fitu-Iva abfahren.«

»Und wenn Taitua es nicht kriegt, dann nur, weil Tui Tulifau es für sich beansprucht«, prophezeite Grief. »Lassen Sie es ihn ja nicht sehen, sonst sind Sie es los.«

»Das stimmt«, bestätigte Kapitän Boig, der die Lichter an Land beobachtete, »als wir das letztemal hier waren, pfändete er bei einem meiner Kanaken einen bunten Gürtel und ein Griffestes.«

Er wandte sich zu dem Steuermann:

»Sie können den Anker fallen lassen, Herr Mash. Lassen Sie nicht zuviel Kette aus. Es sieht nicht nach Wind aus, und wir können morgen gegenüber dem Kopraschuppen umlegen.«

Eine Minute später rasselte die Ankerkette hinunter. Das Walboot, das schon vorher ausgeschwungen worden war, lag längsseits, und die Landungsabteilung sprang hinein. Außer den Kanaken, die alle darauf versessen waren, an Land zu kommen, befanden sich nur Grief und der Superkargo im Boot.

Als sie die kleine Mole aus Korallenblöcken erreicht

hatten, trennte sich Willie Smee, eine Entschuldigung murmelnd, von seinem Reeder und verschwand in einer kleinen Palmenallee.

Grief schlug die entgegengesetzte Richtung ein und kam an der alten Missionskirche vorbei. Zwischen den Gräbern am Strande tanzten, in leichte Ahus und Lavalavas gekleidet, bekränzt, mit Blumengewinden geschmückt und mit großen flammenden Hibiskusblüten im Haar, Mädchen und Jünglinge.

Weiter schritt Grief an dem langen, aus Gras errichteten Himinie-Haus vorbei, wo die Ältesten des Stammes, mehrere Dutzend, in einer langen Reihe saßen und alte Choräle sangen, die sie in längst entschwundenen Zeiten von den Missionaren gelernt hatten. Dann passierte er den Palast Tui Tulifaus, wo Lichter und Lärm ihm erzählten, daß wie gewöhnlich ein Fest im Gange war.

Von allen glücklichen Südseeinseln ist Fitu-Iva die glücklichste. Dort schwelgen und prassen sie bei Geburten und Todesfällen, und sowohl die Toten wie die Ungeborenen erhalten ihren Anteil am Schmause.

Grief schritt weiter den Broomweg entlang, der sich durch üppige Blumen und farnartige Johannisbrotbäume hindurchwand. Die warme Luft war reich an Düften, und ihm zu Häupten zeichneten sich früchtebeladene Mangobäume, stattliche Avocadobäume und die Büschelkronen der schlanken Palmen von dem sternenübersäten Himmel ab.

Schließlich bog Grief vom Wege ab, stolperte über ein Schwein, das aufgebracht grunzte, und stand vor einer offenen Tür, durch die er einen feisten älteren Eingeborenen auf einem Stapel Matten im Dunkel sitzen sah. Von Zeit zu Zeit fuhr er sich automatisch die nackten Beine mit einem Fliegenwedel entlang. Er trug eine Brille und las in einem Buch, das, wie Grief wußte, eine englische Bibel war. Denn dies war Jeremia, der Händler, so benannt nach dem Propheten Jeremias.

Jeremia war von hellerer Hautfarbe als die Eingeborenen von Fitu-Iva; er war ein Vollblut-Samoaner. Von Missionaren erzogen, hatte er in ihrem Dienst als Laienprediger die Kannibalen auf den Koralleninseln im Westen besucht. Zum Lohn war er dann nach dem Paradies von Fitu-Iva gesandt worden, dessen Bewohner zwar alle schon einmal bekehrt waren, wo es aber Abtrünnige zu retten galt.

Unglücklicherweise hatte Jeremia zuviel vom Baum der Erkenntnis genascht. Ein Band Darwin, der sich zu ihm verirrt hatte, eine streitsüchtige Frau und eine reizende Witwe in Fitu-Iva hatten ihn selbst in die Reihen der Abtrünnigen getrieben.

Das Ergebnis der Lektüre Darwins war geistige Übermüdung gewesen. Welchen Zweck hatte es, die so komplizierte, rätselhafte Welt zu verstehen, wenn man noch dazu mit einer Xanthippe verheiratet war? Je lauer Jeremia wurde, desto mehr drohte die Missionsgesellschaft, ihn nach den Karolinen zurückzuschicken, und desto schärfer wurde die Zunge seines Weibes. Tui Tulifau war ein mitfühlender Monarch. Seine Königin hatte ihn bekanntlich gelegentlich, wenn er betrunken war, geprügelt. Aus politischen Gründen — die Königin stammte aus ebenso königlichem Geschlecht wie er selber, ihr Bruder befehligte die Armee — konnte Tulifau sich nicht scheiden lassen, wohl aber konnte er Jeremia scheiden, der sich von nun an dem Handel und der Dame seiner Wahl widmete.

Als selbständiger Geschäftsmann war Jeremia pleite gegangen, hauptsächlich infolge des unseligen Umstan-

des, daß Tui Tulifau ihn zu seinem Hoflieferanten ernannte. Diesem fröhlichen Monarchen Kredit verweigern hieß Beschlagnahme der Waren riskieren. Ihm
Kredit gewähren bedeutete wiederum den sicheren
Ruin. Nachdem Jeremia ein Jahr lang am Strande
herumgelungert hatte, war er David Griefs Händler
geworden und diente ihm jetzt seit einem Jahrzehnt
redlich und tüchtig, denn Grief war der erste gewesen,
der dem König mit Erfolg den Kredit gesperrt hatte,
und der, wenn er ihm Kredit einräumte, zu seinem
Gelde kam.

Jeremia sah würdevoll über seine Brillengläser hinweg, als sein Arbeitgeber eintrat, dann tat er mit gleicher Würde ein Lesezeichen in die Bibel, legte sie beiseite und drückte ihm die Hand.

»Ich freue mich«, sagte er, »daß Sie persönlich kommen.«

»Wie sollte ich sonst kommen?« lachte Grief.

Aber Jeremia hatte keinen Sinn für Humor und überhörte die Bemerkung.

»Die geschäftliche Lage auf der Insel ist verflucht
schlecht«, sagte er, indem er jedes Wort salbungsvoll
durchkaute. »In meinem Hauptbuch sieht es schrecklich aus.«

»Geht der Handel so schlecht?«

»Im Gegenteil. Er ging ausgezeichnet. Die Regale sind
leer, ganz ungewöhnlich leer. Aber —« seine Augen
leuchteten vor Stolz — »aber es sind noch viele Waren
im Lager; ich habe sie sorgfältigst eingeschlossen.«

»Haben Sie Tui Tulifau zu großen Kredit gewährt?«

»Im Gegenteil. Es gab überhaupt keinen Kredit, und
alle Außenstände sind bezahlt worden.«

»Das geht über meinen Verstand, Jeremia«, gestand
Grief. »Was bedeutet das? — Die Regale sind leer,

kein Kredit, alle Außenstände bezahlt, das Lager abgesperrt — wollen Sie bitte etwas deutlicher werden.«

Jeremia antwortete nicht gleich. Er griff unter die Matten und zog eine große Geldkassette hervor. Grief sah zu seinem Erstaunen, daß sie nicht verschlossen war. Sonst hatte der Samoaner sie stets aufs sorgsamste verschlossen gehalten. Die Kassette schien mit Papier gefüllt zu sein.

Jeremia nahm das oberste Blatt und reichte es Grief:

»Hier ist die Erklärung.«

Grief blickte auf eine gar nicht schlecht ausgeführte Banknote.

›Die Nationalbank von Fitu-Iva zahl dem Überbringer auf Verlangen ein Pfund Sterling‹, las er. In der Mitte befand sich der etwas verwischte Kopf eines Eingeborenen. Unten sah man die Unterschrift Tui Tulifaus sowie den Namenszug ›Fulualea‹ nebst der gedruckten Erläuterung ›Finanzminister‹.

»Wer ist Fulualea, zum Donnerwetter?« fragte Grief. »Das ist doch Fidschianisch, nicht wahr? Und heißt ›Federn der Sonne‹.«

»Richtig. Es heißt ›Federn der Sonne‹. So nennt sich der Gauner selbst. Er ist von Fidschi hergekommen, um in Fitu-Iva das Unterste zu oberst zu kehren — jedenfalls in allen finanziellen Dingen.«

»So ein geriebener Levuka-Bursche, nehme ich an?«

Jeremia schüttelte traurig den Kopf.

»Nein, dieser gemeine Kerl ist ein Weißer und ein Schuft. Er hat den tönenden Fidschi-Namen angenommen, um seine ruchlosen Absichten damit zu decken. Er hat Tui Tulifau betrunken gemacht. Er hat ihn sehr betrunken gemacht und sorgt dafür, daß er andauernd betrunken ist. Dafür ist er Finanzminister und sonst noch eine Menge geworden. Er hat dies falsche Papier ausgestellt und die Leute gezwungen, es anzunehmen. Er hat eine Lagersteuer, eine Koprasteuer und eine Tabaksteuer ausgeschrieben. Er erhebt Hafenzölle, Abgaben und andere Steuern. Aber das Volk wird nicht besteuert — nur die Händler.

Als die Koprasteuer herauskam, drückte ich den Einkaufspreis entsprechend. Da begann das Volk zu murren, und ›Federn der Sonne‹ brachte ein Gesetz ein, das den früheren Preis vorschrieb und jedem verbot, billiger zu verkaufen. Mich verurteilte er zu zwei Pfund und fünf Schweinen Strafe, weil ihm bekannt war, daß ich fünf Schweine hatte. Sie werden sie im Hauptbuch eingetragen finden.

Hawkins, der Händler der Fulcrum-Kompanie, mußte seine Strafe zuerst in Schweinen, dann in Rum bezahlen, und als er schimpfte, kam die Armee und brannte seine Schuppen ab.

Als ich mich weigerte zu verkaufen, wurde mir von diesem ›Federn der Sonne‹ nochmals eine Geldstrafe auferlegt und mir gedroht, mein Lager zu verbrennen, wenn ich mich nicht fügte. So verkaufte ich denn alles, was ich auf den Regalen hatte, und bekam dafür dieses wertlose Papier. Ich würde sehr traurig sein, wenn Sie mir mein Gehalt ebenfalls in diesem Papier ausbezahlten, aber es wäre nur gerecht. Und was soll nun geschehen?«

Grief zuckte die Achseln. »Zuerst muß ich mir mal diesen ›Federn der Sonne‹ ansehen, damit ich die Situation richtig beurteilen kann.«

»Dann müssen Sie sich beeilen«, rief Jeremia, »sonst kriegen Sie massenhaft Geldstrafen. Auf die Art bekommt er das ganze Kleingeld des Reiches. Er hat schon alles, was nicht vergraben ist.«

Auf dem Rückwege durch die Broomstraße stieß Grief unter den brennenden Laternen am Eingang zum Palast auf einen wohlbeleibten kleinen Herrn in ungestärkten Hosen, glattrasiert und blühend. An seinem abgemessenen, selbstzufriedenen Gang war etwas, das Grief bekannt vorkam. Am Strande von mindestens einem Dutzend Südseeinseln hatte er ihn schon gesehen.

»Ausgerechnet Cornelius Deasy!« rief er.

»Wenn das nicht Grief, der alte Teufel, ist!« lautete der Gruß des andern, als sie sich die Hände schüttelten.

»Wenn Sie an Bord kommen wollen — ich habe einen exquisiten Whisky«, meinte Grief.

Cornelius wurde plötzlich förmlich und steif.

»Geht nicht, Herr Grief. Jetzt bin ich Fulualea. Die alten Zeiten sind vorbei. Durch Beschluß meines gnädigen Königs Tulifau bin ich nämlich Finanzminister und Oberrichter, wenn es Seiner Majestät nicht beliebt, selbst in die Räder der Gerechtigkeit zu greifen.«

Grief stieß einen Pfiff aus.

»Sie sind also ›Federn der Sonne‹!«

»Ich ziehe die einheimische Bezeichnung vor, Fulualea gefälligst«, berichtigte der andre. »Bei der Erinnerung an unsre alte Bekanntschaft, Herr Grief, tut mir das Herz weh, daß ich Ihnen eine betrübliche Mitteilung machen muß. Sie werden wie jeder andre Händler, der es auf die Beraubung der sanften polynesischen Wilden abgesehen hat, Ihre Einfuhrzölle zahlen müssen — was wollte ich doch sagen? Ach, richtig: Sie haben sich einer Verletzung der Verordnungen schuldig gemacht. In böswilliger Absicht sind Sie nach Sonnenuntergang in den Hafen von Fitu-Iva eingefahren. Unterbrechen Sie mich nicht! Ich habe es mit eigenen Augen gesehen. Für dies Vergehen haben Sie eine Buße von fünf

Pfund zu erlegen. Haben Sie Genever? Es ist eine ernste Geschichte. Unsre Seeleute sollen nicht leichtfertig im Hafen in Lebensgefahr gebracht werden, nur weil Sie ein bißchen Lampenöl sparen wollen. Habe ich sie gefragt, ob Sie Genever haben? Es ist der Hafenmeister, der Sie fragt.«

»Sie haben sich ja eine schwere Menge Ämter aufgeladen«, lachte Grief.

»Das ist das Los des weißen Mannes. Diese elenden Händler haben in schändlicher Weise den armen Tui Tulifau mißbraucht, den gutherzigsten alten Monarchen, der je auf einem Südseethron gesessen und aus einer kaiserlichen Kalabasse Grog gesoffen hat. Aber ich, Cornelius, ich meine Fulualea, ich bin jetzt hier, um Recht und Gerechtigkeit zu schaffen. So ungern ich es auch tue, ist es doch meine Pflicht als Hafenmeister, Sie schuldig zu sprechen, weil Sie die Quarantäne gebrochen haben.«

»Die Quarantäne?«

»Order vom Hafenarzt. Keine Verbindung mit dem Lande, ehe das Schiff die Erlaubnis hat. Welch ein Unglück für die armen Eingeborenen, wenn Sie Windpokken oder Keuchhusten an Bord hätten. Wer ist da, um die sanften, vertrauensvollen Polynesier zu schützen? Ich, Fulualea, ›Federn der Sonne‹, kraft meiner hohen Sendung!«

»Und wer ist der Hafenarzt, zum Donnerwetter?«

»Ich, Fulualea. Ihr Vergehen ist ernst. Betrachten Sie sich als mit einer Buße von fünf Kisten holländischen Genevers belegt.«

Grief lachte herzlich.

»Wir werden einen Kompromiß schließen. Kommen Sie an Bord, und Sie sollen etwas zu trinken haben.«

›Federn der Sonne‹ lehnte die Einladung mit großer Würde ab. »Das ist Bestechung. Ich will nichts davon hören — ich halte mein Gewissen rein. Und warum haben Sie Ihre Schiffspapiere nicht vorgezeigt? Als Zolldirektor belege ich Sie mit einer Geldstrafe von fünf Pfund und weiteren zwei Kisten Genever.«

»Jetzt hören Sie aber auf, Cornelius. Witz ist Witz, aber jetzt ist es genug. Wir sind hier nicht in Levuka. Ich bekomme Lust, Sie meine Faust schmecken zu lassen. Mit mir können Sie solche Geschichten nicht machen.«

›Federn der Sonne‹ trat ängstlich einen Schritt zurück. »Keine Gewalt«, drohte er. »Sie haben recht. Wir sind hier nicht in Levuka. Und eben deshalb, und Tui Tulifau nebst der königlichen Armee hinter mir, kann ich noch mit Ihnen fertig werden. Sie werden die Strafen sofort bezahlen, oder ich beschlagnahme Ihr Schiff. Sie wären nicht der erste. Was tat dieser chinesische Perlenhändler Peter Gee anderes, als daß er sich trotz aller Verordnungen heimlich in den Hafen schlich und nachher wegen einiger elender Geldstrafen Spektakel machte? Nein, er wollte nicht bezahlen, und jetzt kann er am Strande darüber nachdenken.«

»Sie wollen doch nicht sagen—«

»Ob ich will! In Ausübung meines hohen Amtes habe ich seinen Schoner beschlagnahmt. Ein Fünftel der königlichen Armee hat jetzt das Schiff besetzt. Heute in einer Woche wird es versteigert. Es liegen an zehn Tonnen Muscheln in der Last; vielleicht kaufen Sie sie gegen Genever. Es wäre ein glänzendes Geschäft für Sie. Was sagten Sie doch, wieviel Genever hatten Sie?«

»Was, wollen Sie noch mehr Genever haben?«

»Warum nicht? Dieser Tui Tulifau ist ein königlicher Schwamm. Es macht mir oft Kopfschmerzen, wie ich genügend Vorrat beschaffen soll, so verschwenderisch geht er damit um. Seine ganze Schmarotzerblase von Hofstaat ist andauernd voll. Es ist ein Skandal. Bezahlen Sie die Strafen, Herr Grief, oder wollen Sie mich zu schärferen Maßnahmen zwingen?«

Grief drehte sich ungeduldig auf dem Absatz um.

»Cornelius, Sie sind betrunken. Besinnen Sie sich und kommen Sie zur Vernunft. Die übermütigen Südseetage sind vorbei. Jetzt können Sie solche Scherze nicht mehr machen.«

»Wenn Sie die Absicht haben, an Bord zu gehen, können Sie sich die Mühe sparen. Ich kenne Menschen Ihres Schlages und sah Ihren Trotz voraus. Ich habe meine Maßnahmen schon getroffen. Sie werden Ihre Mannschaft am Strande finden. Das Schiff *ist* bereits beschlagnahmt.«

Grief wandte sich um, immer noch in halbem Glauben, daß der Mann scherze.

Fulualea trat wieder erschrocken einen Schritt zurück. Hinter ihm erschien eine hohe Gestalt aus der Dunkelheit.

»Bist du es, Uiliami?« fragte Fulualea kläglich. »Hier ist wieder ein Seeräuber. Leihe mir die Stärke deines Armes, o mein herkulischer Bruder.«

»Ich grüße dich, Uiliami«, sagte Grief. »Seit wann wird Fitu-Iva von einem Levuka-Strandräuber regiert? Er sagt, mein Schoner sei beschlagnahmt. Ist das wahr?«

»Es ist wahr«, sprach Uiliami dröhnend aus der Tiefe seiner gewölbten Brust. »Hast du noch mehr seidene Hemden wie das von Willie Smee? Tui Tulifau hätte gern ein solches Hemd. Er hat davon gehört.«

»Das kommt auf eins hinaus«, unterbrach Fulualea ihn. »Hemd oder Schoner, der König bekommt alles.«

»Das ist reichliche Willkür, Cornelius«, meinte Grief, »der reine Raub. Sie haben meinen Schoner weggenommen, ohne mich zu benachrichtigen.«

»Ich sollte Sie benachrichtigen? Aber haben Sie sich nicht hier auf diesem Fleck vor fünf Minuten geweigert, die Strafen zu bezahlen?«

»Aber da war das Schiff ja schon beschlagnahmt«, entgegnete Grief.

»Gewiß. Ich wußte ja, daß Sie sich weigern würden. Es ist alles in schönster Ordnung und nicht die geringste Ungerechtigkeit begangen. Die Gerechtigkeit hat keinen größeren Verehrer als Cornelius Deasy — oder Fulualea, was auf dasselbe herauskommt. Und jetzt machen Sie, daß Sie fortkommen, Herr Händler, oder ich hetze die Palastwache auf Sie. Uiliami, dieser Händler ist ein gefährlicher Mensch. Rufe die Wache.«

Uiliami pfiff auf einer Flöte, die ihm an einer Schnur aus Kokosfasern auf der breiten nackten Brust hing. Grief langte zornig nach Cornelius aus, der sich hinter der massigen Gestalt Uiliamis versteckte. Ein Dutzend stämmiger Polynesier, keiner unter sechs Fuß groß, kamen den Weg vom Palast angerannt und stellten sich hinter ihrem Anführer auf.

»Machen Sie, daß Sie fortkommen, Herr Händler«, wiederholte Cornelius. »Die Audienz ist beendet. Morgen früh werden wir Ihre Angelegenheit verhandeln. Erscheinen Sie pünktlich um zehn Uhr im Palast, um sich gegen folgende Anklagen zu verteidigen: Landfriedensbruch; aufrührerische und verräterische Reden; tätlicher Angriff gegen die höchste Obrigkeitsperson in der Absicht, zu verwunden, zu verstümmeln und zu zerschmettern; Bruch der Quarantäne; Übertretung der Hafenverordnungen und Steuergesetze. Morgen früh, mein Junge, morgen früh wird der Gerechtigkeit Genüge geschehen, während die Brotfrüchte fallen. Und dann gnade dir Gott!«

Es glückte Grief, eine Stunde vor dem Verhör in Begleitung Peter Gees Zutritt zu Tui Tulifau zu erhalten. Der König lag, von einem halben Dutzend Häuptlingen umgeben, auf Matten im Schatten der Avocadobäume im Hofe des Palastes. So früh am Tage es auch war, reichten Sklavinnen doch schon fleißig Genever. Der König freute sich, seinen alten Freund Davida zu sehen, und bedauerte, daß er mit den Gesetzen in Konflikt geraten war. Darüber hinaus jedoch vermied er es standhaft, auf die Sache einzugehen. Alle Proteste des beraubten Händlers wurden mit der Einladung zu einem Glase Genever hinweggeschwemmt.

»Trink«, sagte er immer wieder zu ihm.

Aber einmal ließ er sich doch zu der Erklärung herbei, daß ›Federn der Sonne‹ ein wunderbarer Mann sei. Noch nie hatten die Geschäfte der Krone so geblüht. Noch nie war so viel Geld in den Schatzkammern, so viel Genever unter dem Volk gewesen. »Ich bin sehr zufrieder mit Fulualea«, schloß er. »Trink ein Glas.«

»Wir müssen sehen, hier wegzukommen«, flüsterte Grief kurz darauf Peter Gee zu, »sonst werden wir bös gerupft. In ein paar Minuten stehe ich vor Gericht, angeklagt wegen Mordbrennerei, Ketzerei, Aussatzes oder Gott weiß was, und da gilt es, den Kopf klar zu halten.«

Als Grief sich zurückzog, bemerkte er Sepeli, die Königin. Sie beobachtete ihren königlichen Gemahl und seine Schnapsbrüder, und ihr Stirnrunzeln gab Grief eine Idee. Wollte er etwas ausrichten, so konnte er es nur durch ihre Hilfe.

In einer andern schattigen Ecke des Hofes hielt Cornelius Gericht. Er war früh erschienen, denn vor Grief sollte schon Willie Smee abgeurteilt werden. Die ganze königliche Armee mit Ausnahme des Teiles, der die beschlagnahmten Schiffe besetzt hielt, war zur Stelle.

»Der Angeklagte trete vor«, sagte Cornelius, »und höre das gerechte und milde Urteil des hohen Gerichts für sein schimpfliches, zügelloses, einem Superkargo nicht ziemendes Benehmen. Der Angeklagte behauptet, kein Geld zu haben. Nun wohl. Der Gerichtshof bedauert, nicht über ein Gefängnis zu verfügen. Mangels eines solchen und mit Hinblick auf die Vermögenslage des Angeklagten wird der Angeklagte verurteilt, ein weißseidenes Hemd wie das, welches er trägt, zu erlegen.«

Cornelius gab den Soldaten ein Zeichen, und sie führten Willie Smee hinter einen Avocadobaum. Kurz darauf tauchte er, um das besagte Kleidungsstück ärmer, wieder auf und setzte sich neben Grief.

»Was haben Sie ausgefressen?« fragte Grief.

»Keinen blassen Schimmer. Und welches Verbrechen haben Sie begangen?«

»Der nächste Fall«, rief Cornelius barsch. »David Grief, Angeklagter, stehen Sie auf. Der Gerichtshof hat nach Erwägung des Falles oder vielmehr der Fälle folgendes Urteil gefällt —

Halten Sie den Mund!« donnerte er Grief an, der Miene machte, ihn zu unterbrechen.

»Ich sage Ihnen, daß der Beweis erbracht, voll erbracht ist. Der Gerichtshof hegt nicht den Wunsch, unnötig hart gegen den Angeklagten vorzugehen, muß aber die Gelegenheit wahrnehmen, ihn vor einer Verächtlichmachung des Gerichts zu warnen. Wegen leichtfertiger Übertretung der Hafenverordnungen und Gesetze,

Bruchs der Quarantäne und Mißachtung der Schiff-
fahrtsgesetze wird sein Schoner Cantani hiermit als von
der Regierung von Fitu-Iva beschlagnahmt erklärt
und soll heute in zehn Tagen mit allem Zubehör nebst
der gesamten Ladung in öffentlicher Versteigerung
meistbietend verkauft werden. Für die persönlichen
Verbrechen des Angeklagten, bestehend aus heftigem,
aufrührerischem Benehmen und grober Mißachtung
der Gesetze des Landes, wird ihm eine Buße von hundert Pfund Sterling und fünfzehn Kisten Genever auferlegt. Ich frage nicht, ob Sie dazu etwas zu bemerken
haben, sondern lediglich, ob Sie bezahlen wollen. Das
ist die Frage.«
Grief schüttelte den Kopf.
»In der Zwischenzeit«, fuhr Cornelius fort, »betrachten Sie sich als auf freiem Fuß belassenen Gefangenen.
Es gibt leider kein Gefängnis, um Sie einzusperren.
Schließlich ist es noch dem Gerichtshof zu Ohren gekommen, daß der Angeklagte heute morgen seine Kanaken heimtückisch nach dem Riff geschickt hat, um
sich Fische zum Frühstück fangen zu lassen. Das ist ein
offener Bruch der Rechte Fitu-Ivas. Die heimischen
Berufe müssen geschützt werden. Das Auftreten des
Angeklagten in diesem Falle muß streng gerügt werden; im Wiederholungsfalle werden er und seine auf-
rührerischen Organe sofort zu schwerer Arbeit — Aus-
besserung des Broomweges — verurteilt. Das Gericht
ist geschlossen.«
Als sie den Palasthof verließen, stieß Peter Gee Grief
heimlich an, um ihn auf Tui Tulifau aufmerksam zu
machen, der auf den Matten ruhte. Das Hemd des
Superkargo strammte sich bereits über dem königlichen
Fett.

»Die Geschichte ist ganz klar«, sagte Peter Gee während einer Besprechung im Hause Jeremias. »Deasy hat alles Geld zusammengescharrt, was auf der Insel zu finden war. Unterdessen hält er den König unter dem Genever, den er von unsern Schiffen genommen hat. Sobald er kann, wird er sich mit der Kasse auf einem unsrer Schiffe aus dem Staube machen.«

»Er ist ein gemeiner Kerl«, erklärte Jeremia und putzte seine Brille. »Er ist ein Schuft, ein Lümmel. Er müßte mit einem toten Schwein geprügelt werden, mit einem besonders toten Schwein.«

»Sehr richtig«, sagte Grief. »Er soll mit einem toten Schwein geprügelt werden, und, Jeremia, es sollte mich nicht wundern, wenn gerade Sie der Mann wären, ihn mit einem toten Schwein zu prügeln. Vergessen Sie nicht, ein besonders totes auszusuchen.

Tui Tulifau ist am Bootshaus unten, um meinen schottischen Whisky zu probieren, und ich werde jetzt zur Königin gehen, um ein bißchen Küchenpolitik mit ihr zu betreiben. Unterdessen können Sie ein paar Waren auf die Regale legen. Ich leihe Ihnen welche, Hawkins. Und Sie, Peter, gehen nach dem deutschen Laden. Verkauft darauflos — verkauft gegen Papiergeld. Ich komme für jeden Verlust auf. Wenn ich mich nicht täusche, haben wir binnen drei Tagen eine Nationalversammlung oder eine Revolution. Sie, Jeremia, schicken zu allen Fischern und Bauern auf der Insel, allen, selbst zu den Ziegenhirten in den Bergen, und lassen ihnen sagen, daß sie sich in drei Tagen im Palast versammeln sollen.«

»Aber die Soldaten«, wandte Jeremia ein.

»Mit denen werde ich schon fertig werden. Sie haben seit zwei Monaten keine Löhnung erhalten. Außerdem ist Uiliami der Bruder der Königin. Legt nicht zuviel auf einmal auf die Regale. Sobald die Soldaten sich zeigen und für ihr Papiergeld kaufen wollen, weigert ihr euch.«

»Dann werden sie die Lagerschuppen anzünden.«

»Laßt sie nur. Wenn sie es tun, wird König Tulifau es bezahlen.«

»Wird er mir auch mein Hemd bezahlen?« fragte Willie Smee.

»Das ist eine Privatsache zwischen Ihnen und Tui Tulifau«, antwortete Grief.

»Es beginnt schon im Rücken zu platzen«, klagte der Superkargo. »Das sah ich heute morgen, als er es noch keine zehn Minuten anhatte. Es hat mich dreißig Shilling gekostet, und ich habe es erst ein einziges Mal getragen.«

»Wo soll ich ein totes Schwein hernehmen?« fragte Jeremia.

»Eins totschlagen natürlich«, antwortete Grief, »nehmen Sie eins, das nicht zu groß ist.«

»Ein kleines kostet zehn Shilling.«

»Dann tragen Sie es im Hauptbuch unter Geschäftsunkosten ein.« Grief schwieg einen Augenblick. »Wenn Sie ein besonders totes haben wollen, wäre es gut, wenn Sie es gleich töteten.«

»Du hast gut gesprochen, Davida«, sagte die Königin. »Dieser Fulualea hat Tollheit mitgebracht, und Tui Tulifau ertränkt sich in Genever. Wenn er nicht darauf eingeht, die Nationalversammlung einzuberufen, verabreiche ich ihm eine Tracht Hiebe. Er ist leicht zu prügeln, wenn er betrunken ist.«

Sie ballte die Fäuste, und so imposant wirkten ihre Amazonengestalt und der entschlossene Gesichtsausdruck, daß Grief von der Einberufung der Versammlung überzeugt war. Er sprach die Sprache von Fitu-Iva, die dem Samoanischen sehr ähnlich ist, wie ein Eingeborener.

»Und du, Uiliami«, sagte er, »sagst, daß die Soldaten richtiges Geld verlangen und sich weigern, das Papiergeld, das Fulualea ihnen geben will, anzunehmen. Sage ihnen, sie sollen das Papiergeld nehmen, sorge dafür, daß sie es morgen erhalten.«

»Wozu das alles?« wandte Uiliami ein. »Der König lebt in glücklicher Trunkenheit. Es ist viel Geld in der Schatzkammer. Und ich bin zufrieden. In meinem Hause stehen zwei Kisten Genever und viele Waren von Hawkins' Lager.«

»Du bist ein großes Schwein, mein Bruder!« rief Sepeli. »Hat Davida nicht gesprochen? Hast du keine Ohren? Wenn der Genever und die Waren in deinem Hause aufgebraucht sind, keine Händler mehr mit Genever und Waren kommen und ›Federn der Sonne‹ mit allem Geld von Fitu-Iva wieder nach Levuka gegangen ist, was wirst du dann tun? Silber und Gold, das ist Geld, aber Papier ist nur Papier. Ich sage dir, das Volk murrt. Jamswurzeln und Bataten sind von der Erde verschwunden. Die Bergbewohner haben seit einer Woche keine Ziege mehr geschickt. ›Federn der Sonne‹ zwingt zwar die Händler, Kopra zum alten Preis zu kaufen, aber das Volk verkauft nicht, denn es will das Papiergeld nicht haben. Erst heute habe ich in zwanzig Häuser nach Eiern geschickt. Es gibt keine Eier. Hat ›Federn der Sonne‹ die Pest über die Hühner gebracht? Ich weiß es nicht. Ich weiß nur, daß es keine Eier gibt. Gut, daß, wer viel trinkt, wenig ißt, sonst würde Hungersnot im Palast herrschen. Sag deinen Soldaten, daß sie ihre Löhnung in Papiergeld nehmen sollen.«

»Und vergiß nicht«, warnte ihn Grief, »daß man in den Läden zwar verkauft, aber, wenn die Soldaten kommen, ihr Papiergeld zurückweist. In drei Tagen findet die Nationalversammlung statt, und dann ist ›Federn der Sonne‹ tot wie ein totes Schwein.«

Als der Tag der Nationalversammlung kam, drängte sich die Bevölkerung der ganzen Insel in der Hauptstadt zusammen. In Kanus und Walbooten, zu Fuß und auf Eselsrücken waren die fünftausend Bewohner von Fitu-Iva erschienen.

Die drei letzten Tage waren reich an Ereignissen gewesen. Zu Beginn hatten die Händler viel verkauft, als aber die Soldaten kamen, hatte man sie wieder weggeschickt mit der Weisung, sich erst richtiges Geld von Fulualea geben zu lassen.

»Steht nicht auf dem Papier«, fragten die Händler, »daß es gegen Münze eingelöst wird?«

Nur die Autorität Uiliamis hatte verhindert, daß die Häuser der Händler niedergebrannt wurden. Immerhin wurde eines von Griefs Kopralagern in Brand gesteckt und von Jeremia pflichtschuldig dem König in Rechnung gestellt. Jeremia selbst war übel behandelt und seine Brille zerbrochen worden.

Willie Smees Knöchel zeigten Hautabschürfungen. Die Schuld daran trugen drei zu ungestüme Soldaten, die sich in rascher Folge heftig ihre Kinnladen daran gestoßen hatten. Kapitän Boig war in ähnlicher Weise verletzt worden. Peter Gee war unbeschädigt davongekommen, weil er das Glück hatte, daß seine Fäuste mit Brotkörben und nicht mit Kinnladen zusammengestoßen waren.

Tui Tulifau saß auf dem Hochsitz in der Nationalversammlung, neben ihm Sepeli und rings um ihn seine fröhlichen Häuptlinge. Sein rechtes Auge und seine Backe waren geschwollen, als wäre auch er mit einer Faust zusammengestoßen. Palastgeschwätz wollte wissen, daß er am Morgen eine eheliche Auseinandersetzung mit Sepeli gehabt hatte.

Jedenfalls war ihr Ehegemahl nüchtern, und sein Fett quoll mutlos durch die Risse in Willie Smees Seidenhemd. Sein Durst war unlöschbar, und man brachte ihm unablässig frische Trinknüsse.

Vor dem Hofe stand, von der Armee in Schach gehalten, das gemeine Volk. Nur Häuptlinge, Dorfschöne, Stutzer und Wortführer sowie die Hofbeamten wurden hereingelassen.

Cornelius Deasy saß, wie es einem hohen, begünstigten Beamten zukam, auf der rechten Seite des Königs. Links von der Königin, Cornelius gegenüber und in der Mitte der weißen Händler, die er vertrat, saß Jeremia. Seiner Brille beraubt, schielte er kurzsichtig nach dem Finanzminister hinüber.

Die Reihe nach sprachen die Wortführer von der Luvküste, von der Leeküste und von den Gebirgsdörfern, dann die Häuptlinge und andere, geringere Persönlichkeiten.

Alle sagten ungefähr dasselbe. Sie murrten über das Papiergeld. Die Geschäfte gingen nicht. Es wurde keine Kopra mehr getrocknet. Das Volk war argwöhnisch geworden. Und die Dinge hatten sich so zugespitzt, daß jeder Schulden bezahlen und keiner Geld nehmen wollte. Die Gläubiger flohen vor den Schuldnern. Geld war billig. Alle Preise stiegen, und die Waren wurden knapp. Ein Huhn kostete dreimal soviel wie früher, und dann sah es aus, als müsse es jeden Augenblick vor Altersschwäche sterben, wenn man es nicht sofort verkaufte.

Die Zukunft sah trübe aus. Es gab böse Zeichen. In mehreren Distrikten herrschte Rattenplage. Die Ernte war schlecht. Die Zimtäpfel waren klein. Der fruchtbarste Avocadobaum an der Luvküste hatte auf geheimnisvolle Art und Weise alle Blätter verloren. Die Mangos schmeckten nach nichts. Der Pisang wurde vom Wurm gefressen. Die Fische hatten das Meer verlassen, und große Mengen von Tigerhaien erschienen an ihrer Stelle. Die wilden Ziegen waren in unzugängliche Höhen geflohen.

Die Poi-Pits waren bitter geworden. In den Bergen polterte es, Geister gingen nachts um. Eine Frau in Punta-Punta hatte plötzlich die Sprache verloren, und in dem Dorfe Eiho war eine Ziege mit fünf Beinen geboren. Und an alledem war nur das merkwürdige Papiergeld Fulualeas schuld, das war die feste Überzeugung der ganzen Versammlung.

Uiliami sprach für die Armee. Seine Leute waren unzufrieden und drohten zu meutern. Obgleich den Händlern durch eine königliche Verordnung befohlen war, das Geld anzunehmen, hatten sie es doch zurückgewiesen. Er wollte es nicht behaupten, aber es sähe so aus, als wäre das merkwürdige Geld Fulualeas schuld daran.

Als nächster redete Jeremia, als Wortführer der Händler. Als er sich erhob, bemerkte man, daß er mit gespreizten Beinen über einem großen Bambuskorb stand.

Er sprach von den Stoffen der Händler, ihrer Verschiedenartigkeit, Schönheit und Haltbarkeit im Vergleich zu dem durchlässigen, brüchigen und rauhen Tapa. Niemand trüge mehr Tapa. Aber alle hätten Tapa und nichts als Tapa getragen, bis die Händler gekommen waren. Moskitonetze, wie sie die geschicktesten

Weber auf Fitu-Iva in tausend Jahren nicht nachmachen könnten, seien fast verschenkt worden. Er verbreitete sich über die unvergleichlichen Vorzüge von Gewehren, Äxten und stählernen Angelhaken und kam auf dem Wege über Nadel, Faden und Angelschnur zu Mehl und Petroleum.

Mit vielen »Erstens« und »Zweitens« und unzähligen Finessen sprach er schließlich von Organisation, Zivilisation und Ordnung. Er bewies, daß der Händler Träger der Kultur sei und daß er in seinem Handel geschützt werden müsse, sonst käme er nicht wieder. Im Westen gab es Inseln, auf denen die Händler keinen Schutz genossen. Was war die Folge? Die Händler kamen nicht, und die Eingeborenen waren wie wilde Tiere! Sie trugen keine Kleider, keine seidenen Hemden — hier blinzelte er bedeutungsvoll zum König hinüber — und fraßen sich gegenseitig auf.

Das merkwürdige Geld von ›Federn der Sonne‹ sei gar kein Geld. Die Händler wüßten, was Geld ist, wollten es nicht nehmen. Wenn Fitu-Iva darauf beharre, daß sie es nehmen sollten, dann würden sie fortgehen und nie wiederkommen. Und dann würden die Einwohner von Fitu-Iva, die verlernt hätten, Tapa zu machen, nackt herumlaufen und sich gegenseitig auffressen.

Noch viel mehr sagte er in der vollen Stunde, die seine Rede dauerte, und immer wieder kam er auf die heikle Lage zu sprechen, in die das Volk von Fitu-Iva geraten würde, wenn die Händler nicht mehr kämen.

»Und was wird man draußen in der Welt von Fitu-Iva sagen?« fragte er zum Schluß pathetisch. »Kai-Kanak wird man seine Bewohner nennen, Kai-Kanak, Menschenfresser!«

Tui Tulifau faßte sich kurz.

Nun hätten, so sagte er, das Volk, die Armee und die Händler ihre Meinung gesagt. Jetzt sei es Zeit, daß ›Federn der Sonne‹ seinerseits die Sache beleuchte. Niemand könne leugnen, daß sein Finanzsystem Wunder getan hätte. »Oft hat er mir ein System erklärt«, schloß Tiu Tulifau. »Es ist sehr einfach. Und jetzt wird er es euch erklären.«

Es handle sich hier um eine Verschwörung der weißen Händler, behauptete Cornelius. Jeremia habe recht in dem, was er vom Segen des Mehls und Petroleums sagte. Fitu-Iva wolle nicht »Kai-Kanak« werden. Fitu-Iva wolle die Zivilisation; es wolle immer mehr Zivilisation. Aber darum drehe es sich eben, und man solle genau zuhören, was er sage.

Papiergeld sei ein Zeichen höherer Zivilisation. Deshalb habe er, ›Federn der Sonne‹, es eingeführt. Und deshalb seien die Händler dagegen. Sie wollten nicht, daß Fitu-Iva zivilisiert würde. Warum kämen sie von weit her über das Meer mit ihren Waren nach Fitu-Iva? Er, ›Federn der Sonne‹, wolle es ihnen vor der ganzen Nationalversammlung ins Gesicht sagen. In ihren eignen Ländern seien die Menschen zu zivilisiert, als daß sie so ungeheuer verdienen könnten wie in Fitu-Iva. Würden die Fitu-Ivaner ebenfalls so zivilisiert, dann wäre es mit dem Geschäft der Händler aus. Dann könne jeder Fitu-Ivaner selbst Händler werden, wenn er nur Lust dazu hätte.

Dies sei der Grund, warum die weißen Händler das Papiergeld bekämpften, das er, ›Federn der Sonne‹, eingeführt hätte. Warum werde er ›Federn der Sonne‹ genannt? Weil er das Licht aus einer anderen Welt bringe. Das Licht sei das Papiergeld. Die räuberischen weißen Händler könnten in dem Licht nicht gedeihen. Daher bekämpften sie es.

Das würde er dem guten Volk von Fitu-Iva beweisen, und er würde es durch den Mund seiner Feinde beweisen. Es sei eine wohlbekannte Tatsache, daß alle hochzivilisierten Völker das Papiergeldsystem anwendeten. Er fragte Jeremia, ob dem nicht so sei. Jeremia antwortete nicht.

»Ihr seht«, fuhr Cornelius fort, »er antwortet nicht. Er kann nicht leugnen, daß es wahr ist. England, Frankreich, Deutschland, Amerika, alle die großen Papalangiländer haben das Papiergeldsystem. Und es bewährt sich. Seit Jahrhunderten hat es sich bewährt. Ich frage dich, Jeremia, als ehrlichen Mann, der einst ein eifriger Arbeiter im Weinberg des Herrn war, ich frage dich: »Leugnest du, daß das System sich in den großen Papalangiländern bewährt hat?«

Jeremia konnte es nicht leugnen, und seine Finger spielten nervös mit den Schnüren um den Korb, den er auf den Knien hielt.

»Ihr seht, es ist, wie ich sage«, fuhr Cornelius fort. »Jeremia gibt zu, daß es wahr ist. Daher frage ich euch alle, ihr guten Leute von Fitu-Iva: Warum sollte für Fitu-Iva nicht taugen, was für die Papalangiländer taugt?«

»Das ist nicht dasselbe!« rief Jeremia. »Das Papier von ›Federn der Sonne‹ ist anders als das Papier der großen Länder.«

Auf diesen Einwand war Cornelius vorbereitet gewesen. Er hielt eine Fitu-Iva-Note hoch, die alle erkannten.

»Was ist das?« fragte er.

»Papier, nichts als Papier«, lautete die Antwort Jeremias.

»Und das?« Diesmal hielt Cornelius eine Note der Bank von England hoch.

»Das ist Papiergeld von England«, erklärte er der Versammlung, indem er Jeremia die Note zur Untersuchung reichte.

»Stimmt das nicht, Jeremia, ist das nicht Papiergeld von England?«

Jeremia nickte widerstrebend.

»Du hast gesagt, daß das Papiergeld von Fitu-Iva nur Papier sei, aber wie steht es nun mit dem von England? Was ist das? ... Antworte mir ehrlich ... Alle warten auf deine Antwort, Jeremia.«

»Das ist — das ist —«, begann Jeremia verwirrt, blieb aber rettungslos stecken. Der Trugschluß überstieg sein Fassungsvermögen.

Auf allen Gesichtern stand zu lesen, daß sie überzeugt waren. Der König klatschte voller Bewunderung in die Hände und murmelte: »Das ist klar, ganz klar.«

»Ihr seht, daß er es selbst zugibt.« Cornelius konnte seinen Triumph nicht verbergen. »Er kennt den Unterschied nicht. Es gibt nämlich keinen Unterschied. Es ist ein Ersatz für Geld. Es ist selbst Geld.«

Unterdessen hatte Grief Jeremia etwas ins Ohr geflüstert, und der nickte und begann zu sprechen:

»Aber allen Papalangi ist bekannt, daß die englische Regierung gemünztes Geld für das Papiergeld bezahlt.«

Jetzt war Deasys Sieg entschieden. Er hielt eine Fitu-Iva-Note hoch.

»Steht nicht dasselbe auf diesem Papier geschrieben?« Wieder flüsterte Grief etwas.

»Daß Fitu-Iva gemünztes Geld zahlt?« fragte Jeremia.

»So steht es geschrieben.«

Ein drittes Mal flüsterte Grief.

»Auf Verlangen?« fragte Jeremia.

»Auf Verlangen«, versicherte Cornelius.

»Dann verlange ich jetzt gemünztes Geld«, sagte Jeremia und zog ein kleines Päckchen Banknoten aus dem Gürtel.

Cornelius schätzte das Päckchen mit einem raschen Blick ab.

»Schön«, stimmte er zu. »Ich werde dir das gemünzte Geld jetzt geben. Wieviel ist es?«

»Jetzt werden wir sehen, wie das System arbeitet!« rief der König, der den Triumph seines Ministers teilte.

»Ihr habt gehört! — Er will jetzt gemünztes Geld geben!« rief Jeremia mit lauter Stimme der Versammlung zu. Gleichzeitig tauchte er seine beiden Hände in den Korb und zog eine Menge Pakete heraus. In diesem Augenblick verbreitete sich ein furchtbarer Gestank in der Versammlung.

»Ich habe hier«, verkündete Jeremia, »eintausendundachtundzwanzig Pfund, zwölf Shilling und sechs Pence. Und hier ist ein Sack, um das gemünzte Geld hineinzutun.«

Cornelius erschrak. Eine solche Summe hatte er nicht erwartet, und ringsum sah er zu seinem Schrecken Häuptlinge und Wortführer Bündel von Papiergeld hervorholen.

Die Armee drängte sich, die Löhnung von zwei Monaten in den Händen schwenkend, heran, und hinter ihr kam die ganze Bevölkerung in den Hof geströmt.

»Sie haben einen Run auf die Bank gemacht«, sagte Cornelius vorwurfsvoll zu Grief.

»Hier ist der Sack für das gemünzte Geld«, drängte Jeremia.

»Wir müssen es aufschieben«, sagte Cornelius verzweifelt. »Jetzt ist keine Bürozeit.«

Jeremia schwang ein Geldpaket.

»Hier steht nichts von Bürozeit drauf. Hier steht ›auf Verlangen‹, und ich verlange es jetzt.«

»Lasse sie morgen kommen, o Tui Tulifau«, flehte Cornelius den König an. »Morgen soll ausbezahlt werden.«

Tui Tulifau zögerte, aber seine Gattin fixierte ihn scharf, ihr brauner Arm straffte sich, und sie ballte vielsagend die Faust. Tui Tulifau versuchte fortzusehen, aber es gelang ihm nicht. Er räusperte sich.

»Wir wollen sehen, wie das System arbeitet«, entschied er. »Das Volk ist von weit her gekommen.«

»Sie verlangen gutes Geld von mir«, flüsterte Deasy dem König zu.

Sepeli fing die Worte auf und knurrte so wild, daß der König unwillkürlich von ihr fortrückte.

»Vergessen Sie das Schwein nicht«, flüsterte Grief Jeremia zu, der sofort aufstand.

Mit einer abwehrenden Handbewegung brachte er das Stimmengewirr, das sich erhoben hatte, zum Schweigen.

»Es gab einen alten ehrwürdigen Brauch in Fitu-Iva«, sagte er, »daß einem Manne, der überführt wurde, ein Bösewicht zu sein, die Gelenke gebrochen und er bis an den Hals in seichtes Wasser gestellt wurde, um lebendig von den Haien gefressen zu werden. Diese Tage sind leider vorbei. Aber einen andern alten ehrwürdigen Brauch gibt es noch bei uns. Ihr alle wißt, was ich meine. Wenn ein Mann überführt ist, ein Dieb und Lügner zu sein, wird er mit einem toten Schwein geprügelt.«

Seine Rechte griff in den Korb, und obwohl er seine Brille nicht hatte, landete das tote Schwein, das er herausholte, gerade auf Deasys Nacken. Mit solcher

Kraft war es geschleudert, daß der Minister auf der Stelle, wo er saß, zu Boden stürzte. Ehe er wieder auf die Füße kommen konnte, sprang Sepeli mit einer Leichtigkeit, die man ihren zweihundertsechzig Pfund nicht zugetraut hätte, zu ihm hin. Ihre eine Hand packte ihn am Hemdkragen, die andre schwenkte das Schwein, und so gab sie ihm unter dem Jubel ihrer Untertanen eine königliche Tracht Prügel.

Tui Tulifau blieb nichts übrig, als gute Miene zum bösen Spiel zu machen und sich in den Fall seines Günstlings zu finden. Er warf seinen Fettberg auf die Matten zurück und schüttelte sich vor Lachen.

Als Sepeli Schwein und Finanzminister fallen ließ, hob ein Redner von der Luvseite den Kadaver auf. Cornelius hatte sich erhoben und wollte fortlaufen, als das Schwein ihn zwischen die Beine traf, so daß er wieder stürzte. Volk und Armee beteiligten sich lachend und schreiend an dem Vergnügen. Wohin sich der Exminister auch drehte und wandte, überall traf ihn das fliegende Schwein. Wie ein furchtsamer Hase rannte er zwischen Avocadobäumen und Palmen hin und her, keiner legte die Hand an ihn, ja, man machte ihm sogar Platz, aber immer wieder traf ihn das Schwein, das so oft flog, wie die Hände es wieder aufheben konnten.

In der milden Kühle der Dämmerung paddelte ein Mann aus einem kleinen Dschungel auf die Cantani zu. Es war ein leckes, längst nicht mehr benutztes Kanu. Der Mann mußte immer wieder schöpfen und kam nur langsam vorwärts. Die Kanaken lachten lustig, als er endlich längsseits kam und sich mühsam über die Reling zog. Er war über und über besudelt und schien halb betäubt zu sein.

»Könnte ich ein paar Worte mit Ihnen sprechen, Herr Grief?« fragte er mutlos und demütig.

»Ja, aber setzen Sie sich auf die Leeseite und ein bißchen weiter. So ist's recht.«

Cornelius setzte sich auf die Reling und ließ den Kopf in die Hände sinken.

»Ja«, sagte er, »ich dufte wie ein frisches Schlachtfeld. Mein Kopf platzt bald. Mein Hals ist wie zerbrochen. Alle meine Zähne sitzen lose im Mund. Ich hab' ein Wespennest in den Ohren. Mein Rückgrat ist verrenkt. Mir ist, als hätte ich Pest und Erdbeben hinter mir und als hätte es tote Schweine geregnet.«

Mit einem Seufzer, der in einem Stöhnen endete, hielt er inne.

»Ich habe einem furchtbaren Tod ins Auge geschaut, einem Tod, so schrecklich, wie kein Dichter ihn ausdenken könnte. Von Ratten gefressen, in siedendem Öl gekocht, von wilden Pferden zerrissen zu werden, das muß sicher unangenehm sein. Aber mit einem toten Schwein zu Tode geprügelt zu werden« — ihn schauderte bei dem Gedanken — »das übersteigt die wildeste Einbildungskraft!«

Kapitän Boig schnaubte deutlich, rückte seinen Deckstuhl weiter in den Wind und setzte sich dann wieder.

»Wie ich höre, wollen Sie nach Jap fahren, Herr Grief«, fuhr Cornelius fort. »Und da möchte ich Sie um zweierlei bitten: erstens um freie Überfahrt und zweitens um einen Schluck von dem alten Whisky, den ich an dem Abend, als Sie landeten, ausschlug.«

»Gehen Sie erst mal nach vorn, und schrubben Sie sich gründlich ab, Cornelius«, sagte Grief, klatschte in die Hände und befahl, Seife und Handtücher zu bringen. »Der Boy wird Ihnen ein Paar Arbeitshosen und ein Hemd geben. Aber ehe Sie gehen, müssen Sie mir noch eines sagen: Wie kommt es, daß wir in Ihrer Schatz-kammer mehr Bargeld gefunden haben, als Sie in Papier ausstellten?«

»Das war mein eigener Einsatz, den ich in das Abenteuer gesteckt hatte.«

»Wir haben beschlossen, Tui Tulifau mit allen Unkosten und Verlusten zu belasten«, sagte Grief. »Ihr Überschuß wird Ihnen also ausbezahlt werden. Aber zehn Shilling müssen wir abziehen.«

»Wofür?«

»Glauben Sie, daß tote Schweine auf den Bäumen wachsen? Zehn Shilling gehen zu Ihren Lasten.«

Schaudernd gab Cornelius seine Einwilligung.

»Ich freue mich nur, daß es kein Schwein für fünfzehn oder zwanzig Shilling war.«

Das Haus des Stolzes

Percival Ford dachte nach, warum er eigentlich gekommen wäre. Er tanzte nicht. Er machte sich nicht viel aus Militär. Dennoch kannte er sie alle, die über den breiten Lanai am Strande dahinglitten und sich drehten, die Offiziere in ihren frisch gestärkten weißen Uniformen, die Zivilisten im Frack und die Frauen mit bloßen Schultern und Armen. Nach zweijährigem Aufenthalt in Honolulu sollte das Zwanzigste nach seiner neuen Garnison in Alaska abgehen, und Percival Ford mußte als einer der angesehensten Männer der Inseln die Offiziere und ihre Damen natürlich kennen.

Aber zwischen Kennen und Lieben war ein weiter Schritt. Die Offiziersdamen flößten ihm einen gelinden Schrecken ein. Sie unterschieden sich durchaus von den Frauen, die ihm am besten gefielen — den Matronen, den alten Jungfern und den bebrillten jungen Mädchen sowie den sehr ernsten Damen jedes Alters, die er in Kirchen-, Lese- und Kindergarten-Komitees traf und die ihn demütig aufsuchten, um ihn um Hilfe und Rat zu bitten. Diese Frauen beherrschte er durch seinen überlegenen Geist, seinen großen Reichtum und die hohe Stellung, die er in der Handelswelt von Hawaii einnahm. Und sie fürchtete er nicht im geringsten. Bei ihnen war das Geschlecht nicht aufdringlich. Ja, das war es eben. Sie hatten etwas anderes, Besseres als die selbstbewußte Plumpheit des Lebens. Er war wählerisch: das gestand er sich selber; und diese Offiziersdamen mit ihren bloßen Schultern und nackten Armen, ihrem offenen Blick, ihrer Lebenskraft und ihrer herausfordernden Weiblichkeit störten seine Empfindsamkeit.

Ebenso erging es ihm mit den Offizieren, die das Leben leichtnahmen, sich durch die Welt tranken, rauchten und fluchten und die dem Fleische innewohnende Plumpheit ebenso schamlos zur Schau stellten wie ihre Frauen. Er fühlte sich stets unbehaglich in der Gesellschaft der Offiziere. Und sie schienen sich auch nicht wohl zu fühlen. Stets hatte er das Gefühl, daß sie heimlich über ihn lachten, daß er ihnen leid täte oder daß sie sich ihn eben gefallen ließen. Und zudem schienen sie durch ihr bloßes Zusammenhalten einen Mangel bei ihm hervorzuheben, die Aufmerksamkeit auf das zu lenken, was er nicht besaß, Gott sei Dank nicht besaß. Pfui! Sie glichen ihren Damen!

Tatsächlich war Percival Ford ebensowenig ein Mann der Frauen, wie er ein Mann der Männer war. Ein Blick auf ihn zeigte die Ursache. Er hatte eine gute Konstitution, kannte keine Krankheit, ja nicht einmal Unpäßlichkeit; aber es fehlte ihm an Lebenskraft. Sein Organismus war negativ. Kein gärendes Blut hatte dieses lange schmale Gesicht, diese dünnen Lippen, diese mageren Wangen und diese scharfen kleinen Augen genährt und geformt. Das einem Strohdach gleichende staubfarbene, struppige und dünne Haar erzählte von dem kargen Boden, ebenso die schmale, feine Nase, die entfernt an einen Schnabel erinnerte. Sein dünnes Blut hatte ihm viel vom Leben vorenthalten und ihm nur erlaubt, in einer Beziehung auszuschweifen, nämlich in Rechtssinn. Stets bemühte er sich, korrekt zu sein, und rechtfertig zu handeln war für seine Natur ebenso notwendig, wie es für geringere Geschöpfe notwendig war, zu lieben und geliebt zu werden. Er saß unter den Johannisbrotbäumen zwischen Lanai und Strand. Seine Augen schweiften über die Tanzenden, dann wandte er den Kopf und starrte nach der See, über die weittönende Brandung hinweg nach dem Kreuz des Südens, das tief am Horizont brannte. Die bloßen Schultern und Arme der Frauen irritierten ihn. Hätte er eine Tochter gehabt, er würde so etwas nie erlaubt haben, niemals. Aber das war reine Theorie. Der Gedankenprozeß wurde nicht von dem inneren Bild einer Tochter begleitet. Er sah keine Tochter mit Armen und Schultern vor sich. Statt dessen lächelte er über die entfernte Möglichkeit. Er war einunddreißig, und da er keine persönliche Erfahrung in Liebessachen hatte, war es für ihn nichts Mythisches, sondern etwas Tierisches. Heiraten konnte jeder. Die japanischen und chinesischen Kulis, die auf den Zuckerplantagen und Reisfeldern arbeiteten, heirateten. Sie heirateten unweigerlich bei der ersten Gelegenheit. Das kam daher, daß sie so tief auf der Stufenleiter des Lebens standen. Für sie gab es keine andere Möglichkeit. Sie waren wie die Offiziere und ihre Frauen. Für ihn aber gab es anderes und Höheres. Er war anders als sie. Er war stolz darauf, so zu sein, wie er eben war.

Er war keiner elenden Liebesehe entsprungen. Er war erhabenem Pflichtgefühl und der Hingebung an eine Sache entsprungen. Sein Vater hatte nicht aus Liebe geheiratet. Liebe war eine Tollheit, mit der Isaac Ford sich nie abgegeben hatte. Als er der Berufung, den Heiden die Botschaft des Lebens zu bringen, gehorchte, hatte er weder den Gedanken noch den Wunsch gehabt zu heiraten. In dieser Beziehung gleichen sie einander, sein Vater und er. Aber die Verwaltung der Missionsgesellschaften war ökonomisch. Mit der Sparsamkeit der Yankees wog und maß sie und kam zu dem Ergebnis, daß verheiratete Missionare billiger per Kopf und dazu tätiger waren. Also befahl die Verwaltung Isaac Ford, zu heiraten. Ferner versorgte sie ihn mit einer Gattin, auch einer eifrigen Seele ohne einen Gedanken an Ehe, die nur darauf bedacht war, das Wort des Herrn unter den Heiden zu verbreiten. Sie sahen sich das erstemal in Boston. Die Verwaltung brachte sie zusammen, ordnete alles, und als die Woche um war, heirateten sie und wurden auf die lange Reise um Kap Hoorn herum geschickt. Percival Ford war stolz auf seinen Ursprung aus einer solchen Verbindung. Er war hochgeboren und hielt sich selbst für einen geistigen Aristokraten. Und er war stolz auf seinen Vater. Das war eine Leidenschaft von ihm. Die aufrechte strenge Gestalt Isaac Fords hatte sich seinem Stolz eingebrannt. Auf seinem Schreibtisch stand ein Miniaturbild von diesem Kämpfer des Herrn. In seinem Schlafzimmer hing das Porträt Isaac Fords, zu der Zeit gemalt, als er dem Reiche als Premierminister gedient hatte. Nicht daß Isaac Ford eine hohe Stellung und weltlichen Ruhm ersehnt hatte, aber als Premierminister und später als Bankier hatte er der Missionssache große Dienste geleistet. Die deutsche Kolonie, die englische Kolonie und alle andern Angehörigen des Handelsstandes hatten Isaac Ford als seelenrettenden Krämer verhöhnt; aber er, sein Sohn, wußte es besser. Als die Eingeborenen plötzlich ihr Feudalsystem aufgaben und, ohne die Bedeutung von Landbesitz zu kennen, sich ihre großen Felder unter den Händen fortnehmen ließen, war es Isaac Ford, der zwischen die Handelsherren und ihre Beute trat und ihren großen, wertvollen Besitz mit Beschlag belegte. Kein Wunder, daß den Handelsherren sein Andenken nicht teuer war. Aber er hatte seinen riesigen Reichtum nie als sein eigen betrachtet. Er hatte sich für Gottes Haushälter angesehen. Seine Einnahmen hatte er dazu verwendet, Schulen, Krankenhäuser und Kirchen zu bauen. Es war auch nicht seine Schuld, daß der Zucker nach den schlechten Zeiten vierzig Prozent gebracht hatte; daß die von ihm gegründete Bank das Glück hatte, die Konzession für die Eisenbahn zu erhalten, und daß unter anderem fünfzigtausend Morgen Weide auf Oahu, die er für einen Dollar den Morgen gekauft hatte, jetzt alle anderthalb Jahre acht Tonnen Zucker auf jedem Morgen ergaben. Nein, wahrlich, Isaac Ford war eine Heldengestalt und verdiente, in Percival Fords Gedanken neben der Statue Kamehamehas des Ersten vor dem Justizgebäude zu stehen. Isaac Ford war gestorben, aber er, sein Sohn, setzte das gute Werk mindestens ebenso unbeugsam, wenn auch nicht so herrisch, fort.

Er wandte den Blick wieder nach dem Lanai. Welcher Unterschied bestand, so fragte er sich, zwischen den schamlosen Hulamädchen mit ihren Grasgürteln und den Frauen seiner eigenen Rasse mit den ausgeschnittenen Kleidern auf den Bällen? War es ein Wesensunterschied? Oder nur ein Gradunterschied?

Während er noch über dieses Problem nachdachte, legte sich eine Hand auf seine Schulter.

»Hallo, Ford, was machen Sie hier? Geht es dort nicht ein bißchen zu lustig her?«

»Ich bemühte mich, milde in meinem Urteil zu sein, Dr. Kennedy, wenn ich auch zusehe«, antwortete Percival Ford ernst. »Wollen Sie nicht Platz nehmen?«

Dr. Kennedy setzte sich und klatschte in die Hände. Ein weißgekleideter japanischer Diener trat schnell ein. Kennedy bestellte Whisky und Soda; dann wandte er sich zu dem andern und sagte: »Ihnen biete ich natürlich nichts an.«

»Aber ich will auch etwas genießen«, sagte Ford bestimmt. Die Augen des Doktors zeigten Überraschung, und der Diener wartete. »Bringen Sie mir Limonade.« Der Doktor lachte herzlich, als hätte der andere einen Witz gemacht, und betrachtete die Musikanten unter dem Haubaum.

»Aber das ist ja das Aloha-Orchester«, sagte er. »Ich glaubte, es spielte Dienstag abend im Hawaii-Hotel. Da hat es vermutlich Krach gegeben.«

Seine Augen hafteten einen Augenblick auf einem Mann, der Gitarre spielte und zur Begleitung aller übrigen Instrumente ein hawaiisches Lied sang. Sein Gesicht wurde ernst, als er den Singenden betrachtete, und es war immer noch ernst, als er sich wieder an seinen Gefährten wandte.

»Sagen Sie, Ford, wäre es nicht Zeit, daß Sie Joe Garland in Frieden ließen? Ich höre, Sie haben sich widersetzt, als die Beförderungskommission ihn wegen des Wellenbrecherprojekts nach Amerika schicken wollte, und ich möchte mit Ihnen darüber reden. Ich hätte geglaubt, daß Sie sich freuen würden, ihn aus dem Lande zu bekommen. Das wäre eine gute Art und Weise, Ihre Verfolgung seiner Person zu beenden.«

»Verfolgung?« Die Brauen Percival Fords hoben sich fragend.

»Nennen Sie es, wie Sie wollen«, fuhr Kennedy fort.

»Sie haben den armen Kerl jahrelang gejagt. Es ist nicht seine Schuld. Das werden Sie selbst einräumen.«

»Nicht seine Schuld?« Die dünnen Lippen Percival Fords strafften sich einen Augenblick. »Joe Garland ist ausschweifend und faul. Er ist immer ein Taugenichts, ein ruchloser Mensch gewesen.«

»Aber das ist noch kein Grund, daß Sie ihm so auf dem Nacken sitzen, wie Sie es tun. Ich habe Sie von Anfang an beobachtet. Das erste, was Sie taten, als Sie von der Universität zurückkamen und ihn als Ersatz-Luna auf der Plantage fanden, war, daß Sie ihn hinauswarfen — Sie mit Ihren Millionen ihn mit seinen sechzig Dollar monatlich.«

»Nicht das erste«, sagte Percival Ford in dem Ton eines Richters, wie er ihn bei Komiteesitzungen zu gebrauchen pflegte. »Ich warnte ihn. Der Verwalter sagte, er sei ein tauglicher Luna. In dieser Beziehung hatte ich nichts gegen ihn einzuwenden. Wohl aber gegen das, was er außerhalb der Arbeitszeit tat. Er riß mein Werk schneller nieder, als ich es aufbauen konnte. Was nützten Sonntagsschulen, Abendschulen und Näh-unterricht, wenn Joe Garland abends mit seinem ewigen Geklimper auf der Gitarre und der Ukulele, mit seinen starken Getränken und seinem Hula-Tanz kam? Nachdem ich ihn gewarnt hatte, traf ich ihn — ich vergesse es nie — unten bei den Hütten. Es war Abend. Ich konnte die Hula-Lieder hören, ehe ich die Szene sah. Und als ich sie erblickte, sah ich die Mädchen schamlos im Mondschein tanzen — Mädchen, denen ein reines Leben und ordentliches Benehmen beizubringen ich mich bemüht hatte. Und drei Mädchen waren darunter, das weiß ich noch, die gerade erst von der Religionsschule gekommen waren. Natürlich entließ ich Joe Garland. Ich weiß, mit Hilo war es dasselbe. Die

Leute sagten, ich überschritte meine Befugnisse, als ich Mason und Fitch bewog, ihn zu entlassen. Aber die Missionare baten mich darum. Er verdarb ihre Arbeit durch sein tadelnswertes Beispiel.«

»Später, als er bei der Eisenbahn, Ihrer Eisenbahn, ankam, wurde er ohne Grund entlassen«, sagte Kennedy herausfordernd.

»Keineswegs«, lautete die schnelle Antwort. »Ich nahm ihn in mein Privatkontor und sprach eine halbe Stunde mit ihm.«

»Sie entließen ihn wegen Untauglichkeit?«

»Wegen unmoralischen Lebenswandels, bitte.«

Dr. Kennedy lachte schneidend. »Wer, zum Teufel, hat Sie zum Richter eingesetzt? Verleiht Ihnen Ihr Grundbesitz die Herrschaft über die unsterblichen Seelen der Menschen, die für Sie arbeiten? Ich bin Ihr Arzt gewesen. Habe ich deshalb morgen einen Erlaß von Ihnen zu erwarten, daß ich entweder auf meinen Whisky-Soda oder auf Ihre Gönnerschaft zu verzichten habe? Pah! Ford, Sie nehmen das Leben zu ernst. Und als Joe wegen der Schmuggelei in Verlegenheit kam (damals stand er nicht in Ihren Diensten) und nach Ihnen schickte und Sie bat, die Strafe für ihn zu bezahlen, da ließen Sie ihn ein halbes Jahr Strafarbeit auf dem Riff verbüßen. Vergessen Sie nicht, daß Sie Joe Garland damals im Stich ließen. Sie ließen ihn fallen, und er fiel hart; aber ich erinnere mich des ersten Tages, als Sie in die Schule kamen — wir waren Pensionäre, und Sie besuchten nur die Schule —, da sollten Sie eingeweiht werden. Dreimal Untertauchen im Schwimmbassin — Sie wissen, das war die Dosis, die jeder neue Junge bekam. Aber Sie hatten Angst. Sie sagten, Sie könnten nicht schwimmen. Sie waren furchtsam, hysterisch.«

»Ja, ich erinnere mich wohl«, sagte Percival Ford langsam. »Ich fürchtete mich. Und es war Lüge, denn ich konnte schwimmen . . . Aber ich fürchtete mich.«

»Und wissen Sie noch, wer für Sie kämpfte? Wer für Sie log, schlimmer als Sie selbst lügen konnten, und schwor, er wüßte, daß Sie nicht schwimmen könnten? Wer ins Bassin sprang, Ihnen nach dem ersten Unter- tauchen half und dafür fast von den andern Jungen ertränkt wurde, die inzwischen herausgefunden hatten, daß Sie doch schwimmen konnten?«

»Natürlich weiß ich das«, antwortete der andere kalt. »Aber eine edle Tat als Knabe entschuldigt nicht eine unrichtige Lebensweise ein ganzes Leben lang.«

»Er hat Ihnen nie etwas getan — persönlich, meine ich.«

»Nein«, lautete Percival Fords Antwort. »Das ist es ja eben, was meine Stellung unangreifbar macht. Ich hege keinen persönlichen Haß gegen ihn. Er ist schlecht, das ist alles. Sein Leben ist schlecht —«

»Das heißt, daß er mit Ihnen nicht einig ist über die Art und Weise, wie das Leben geführt werden soll«, unterbrach ihn der Doktor.

»Nennen Sie es so. Es ist gleichgültig. Er ist ein Tage- dieb —«

»Dazu hat er auch alle Ursache«, unterbrach ihn der Doktor wieder, »in Anbetracht all der Stellungen, aus denen Sie ihn hinausgeworfen haben.«

»Er ist unmoralisch —«

»Ach, hören Sie auf, Ford. Käuen Sie diese Geschichte nicht immer wieder. Sie sind von reiner amerikanischer Rasse. Joe Garland ist ein halber Kanake. Ihr Blut ist dünn. Das seine ist heiß. Das Leben ist für Sie etwas anderes als für ihn. Er lacht und singt und tanzt durchs Leben, liebenswürdig, selbstlos, kindlich, als Freund aller Menschen. Sie gehen durchs Leben wie eine wandelnde Gebetsmaschine, ohne einen andern Freund als die Gerechten, und die Gerechten sind eben die, welche mit Ihnen einig sind über das, was recht sein soll. Und schließlich, was soll man dazu sagen? Sie leben als Einsiedler. Joe Garland lebt als ein lustiger Bursche. Wer hat mehr vom Leben? Wir werden bezahlt, um zu leben, das wissen Sie wohl. Wenn unser Lohn zu gering ist, geben wir die Arbeit auf, das ist, glauben Sie mir, der Grund aller vernünftigen Selbstmorde. Joe Garland würde verhungern bei dem Lohn, den Sie vom Leben erhalten. Sehen Sie, er ist anders beschaffen. Und ebenso würden Sie verhungern bei seinem Lohn, der Gesang und Liebe ist —«

»Lüsternheit, wenn Sie gestatten«, unterbrach Ford ihn. Dr. Kennedy lächelte.

»Liebe ist für Sie ein Wort von fünf Buchstaben und eine dem Konversationslexikon entnommene Bedeutung. Aber Liebe, wirkliche Liebe, taufrisch und pochend, kennen Sie nicht. Wenn Gott Sie und mich und Männer und Frauen erschaffen hat, so können Sie glauben, daß er auch die Liebe erschaffen hat. Um aber auf unsern Ausgangspunkt zurückzukommen — es wird Zeit, daß Sie mit der Verfolgung Joe Garlands aufhören. Es ist Ihrer nicht würdig, und es ist feige. An Ihnen ist es jetzt, die Hand auszustrecken und sie ihm zu reichen.«

»Warum ich mehr als Sie?« fragte der andere. »Warum helfen Sie ihm nicht?«

»Das habe ich auch getan. Ich helfe ihm augenblicklich. Ich versuche, Sie dazu zu bringen, daß Sie ihn ruhig von der Beförderungskommission fortschicken lassen. Ich habe ihm die Stellung auf Hilo bei Mason und Fitch verschafft. Ich habe ihm ein Dutzend Stellungen verschafft, und Sie haben ihn aus jeder vertrieben. Aber das ist einerlei. Vergessen Sie eines nicht — ein bißchen Offenheit kann Ihnen nichts schaden —, es ist nicht richtig, Joe Garland für die Fehler eines andern büßen zu lassen; und Sie wissen, daß Sie es am allerwenigsten tun sollten. Es sieht nicht gut aus, Mann. Es ist geradezu unziemlich.«

»Jetzt verstehe ich Sie nicht«, antwortete Percival Ford. Sie schweben in der Luft mit irgendeiner merkwürdigen wissenschaftlichen Theorie von Erblichkeit und persönlicher Verantwortungslosigkeit. Aber wie eine Theorie Joe Garland für seine unrichtigen Taten unverantwortlich und mich gleichzeitig für sie verantwortlich machen kann — verantwortlicher als jeden anderen, Joe Garland selbst eingerechnet —, das geht über meinen Verstand.«

»Es ist vermutlich eine Angelegenheit des Feingefühls oder des Geschmacks, was Sie hindert, mich zu verstehen«, zischelte Dr. Kennedy. »Es ist sehr gut für die Gesellschaft, gewisse Dinge mit Schweigen zu übergehen, aber Sie tun mehr, als sie mit Schweigen zu übergehen.«

»Darf ich fragen, was ich mit Schweigen übergehe?«

Dr. Kennedy war zornig. Eine tiefere Röte, als sein Whisky und Soda sonst bei ihm hervorrief, übergoß sein Gesicht, als er antwortete:

»Der Sohn Ihres Vaters.«

»Was meinen Sie damit?«

»Zum Teufel, Mann, Sie können doch nicht verlangen, daß ich noch deutlicher werden soll. Aber wenn Sie wollen, schön — Isaac Fords Sohn — Joe Garland — Ihr Bruder.«

Percival Ford saß ruhig mit einem ärgerlichen und erschrockenen Ausdruck im Gesicht da. Kennedy betrachtete ihn neugierig, und während die Minuten langsam dahinglitten, wurde er verlegen und erschrocken.

»Donnerwetter!« rief er schließlich. »Es ist doch nicht Ihr Ernst, daß Sie das nicht wußten?«

Als Antwort wurden die Wangen Percival Fords langsam grau.

»Das ist ein unheimlicher Spaß«, sagte er, »ein unheimlicher Spaß.«

Der Doktor hatte seine Selbstbeherrschung wiedergewonnen.

»Alle Menschen wissen es«, sagte er. »Ich glaubte, Sie wüßten es. Da Sie es aber nicht wußten, ist es Zeit, daß Sie es erfahren, und es freut mich, daß ich Gelegenheit hatte, Ihre Begriffe zu klären. Joe Garland und Sie sind Brüder — Halbbrüder.«

»Das ist nicht wahr!« rief Ford. »Das glauben Sie selber nicht, Joe Garlands Mutter war Eliza Kunilio.« (Dr. Kennedy nickte.) »Ich erinnere mich ihrer gut, mit ihrem Ententeich und ihrem Tarogarten. Sein Vater war Joseph Garland, der Schauermann.« (Dr. Kennedy schüttelte den Kopf.) »Er starb erst vor ein paar Jahren. Er war immer betrunken. Daher hat Joe seine Neigung zu Ausschweifungen. Es ist Erblichkeit.«

»Und keiner hat es Ihnen erzählt?« fragte Kennedy nach einer Pause verwundert.

»Dr. Kennedy, Sie haben etwas Furchtbares gesagt, das ich nicht durchgehen lassen kann. Entweder müssen Sie es beweisen oder . . .«

»Den Beweis können Sie selber finden. Drehen Sie sich um und sehen Sie ihn sich an. Jetzt haben Sie ihn im Profil. Sehen Sie seine Nase. Es ist die von Isaac Ford. Ihre ist nur eine verdünnte Ausgabe davon. So ist es recht. Sehen Sie ihn sich an. Die Linien sind voller, aber alles stimmt.«

Percival Ford betrachtete den Halbblut-Kanaken, der unter dem Haubaum spielte, und ihm war, als starrte er in irgendeiner Beleuchtung auf sein eigenes Gespenst. Zug auf Zug machte sich jetzt mit unverkennbarer Ähnlichkeit bemerkbar. Oder vielmehr, er war selbst ein Gespenst des andern muskulösen, prachtvoll gebauten Mannes. Und seine Züge wie die des andern erinnerten alle an Isaac Ford. Und keiner hatte es ihm gesagt. Jede Linie in Isaac Fords Gesicht kannte er. Miniaturen, Fotografien und Porträts seines Vaters musterte er in Gedanken, und immer wieder entdeckte er in dem Gesicht vor sich Ähnlichkeiten und schwache Andeutungen von Gleichartigkeit. Es war Teufelei, was die strengen Züge Isaac Fords in dem schlaffen, wollüstigen Gesicht vor ihm erscheinen ließ. Einmal wandte der Mann sich um, und blitzartig kam es Percival Ford vor, als schaute sein verstorbener Vater aus dem Gesicht Joe Garlands heraus. »Es hat ja gar nichts zu sagen«, hörte er Dr. Kennedy wie aus weiter Ferne sagen. »Damals war alles ein Durcheinander. Das wissen Sie. Das haben Sie Ihr ganzes Leben lang gesehen. Matrosen heirateten Königinnen und zeugten Prinzessinnen und so weiter, das war etwas Alltägliches auf den Inseln.«

»Aber nicht für meinen Vater«, unterbrach Percival Ford ihn.

»Sie sehen es selber«, Kennedy zuckte die Achseln. »Kosmischer Saft und Lebensrauch. Der alte Isaac Ford war Puritaner und so weiter, und ich weiß, es ist nicht zu erklären, am wenigsten für ihn selber. Er verstand es ebensowenig wie Sie. Lebensrauch, das ist alles. Und vergessen Sie eines nicht, Ford. Es war ein Schuß unruhigen Blutes in Isaac Ford. Joe Garland erbte das — das alles, Lebensrauch und kosmischen

Saft; wohingegen Sie das asketische Blut des alten Isaac erbten. Und eben weil Ihr Blut kalt und ordentlich und gezügelt ist, haben Sie gar keinen Grund, die Nase über Joe Garland zu rümpfen. Wenn Joe Garland vernichtet, was Sie aufbauen, so denken Sie daran, daß es nur der alte Isaac Ford ist, der mit der einen Hand auslöscht, was er mit der andern tut. Sie sind Isaac Fords rechte Hand; sagen wir, daß Joe Garland seine linke ist.«

Percival Ford antwortete nicht, und schweigend leerte Dr. Kennedy seinen Whisky-Soda, den er vergessen hatte. Vor dem Garten hupte ein Automobil gebieterisch. »Das ist mein Wagen«, sagte Dr. Kennedy und erhob sich. »Ich muß fort. Es tut mir leid, daß ich Sie erschreckt habe, aber gleichzeitig freue ich mich darüber. Und eines sollen Sie wissen: Der Schuß von Unruhe in Isaac Fords Blut war außerordentlich gering, und Joe Garland hat ihn ganz bekommen. Und noch eines: Wenn die linke Hand Ihres Vaters Sie ärgert, sollten Sie sie nicht abhauen. Außerdem ist Joe ein netter Bursche. Offen gestanden, wenn ich mit Ihnen oder mit ihm auf einer öden Insel zusammen leben sollte, so würde ich Joe wählen.«

Zwei barfüßige Kinder spielten im Gras um ihn her, aber Percival Ford sah sie nicht. Er starrte immer noch auf den Sänger unter dem Haubaum. Er wechselte sogar einmal seinen Platz, um ihm näher zu kommen. Der Buchhalter vom Küsten-Hotel ging vorbei, humpelnd vor Alter und seine widerspenstigen Füße nachziehend. Er wohnte seit vierzig Jahren auf den Inseln. Percival Ford winkte ihm, und der Buchhalter trat ehrerbietig näher, verwundert, daß Ford Notiz von ihm nahm.

»John«, sagte Ford, »ich möchte gern etwas von Ihnen wissen. Wollen Sie Platz nehmen?«

Der Buchhalter setzte sich verlegen, gelähmt durch die unerwartete Ehre. Er blinzelte dem andern zu und murmelte: »Ja, danke sehr.«

»John, wer ist Joe Garland?«

Der Buchhalter starrte ihn an, blinzelte, räusperte sich und schwieg.

»Nur heraus mit der Sprache!« kommandierte Percival Ford. »Wer ist er?«

»Sie machen sich über mich lustig«, brachte der andere schließlich hervor.

»Es ist mein Ernst.«

Der Kontorist wich vor ihm zurück.

»Es ist doch wohl nicht Ihr Ernst, daß Sie das nicht wissen?« fragte er, und seine Frage war an und für sich schon die Antwort.

»Ich wünsche es zu wissen.«

»Aber er ist doch —« John hielt inne und sah sich hilflos um. »Würden Sie nicht lieber einen anderen fragen? Alle Menschen glauben, daß Sie es wissen. Wir haben stets gedacht . . .«

»Ja, weiter.«

»Wir haben stets gedacht, daß Sie ihm deshalb so im Nacken säßen.«

Fotografien und Miniaturen Isaac Fords flogen durch das Hirn seines Sohnes, und Gespenster von Isaac Ford schienen die Luft um ihn her zu erfüllen.

»Gute Nacht!« hörte er den Buchhalter sagen und sah ihn forthumpeln.

»John!« rief er.

John kehrte um und blieb dicht vor ihm stehen, blinzelnd und sich nervös die Lippen leckend.

»Sie haben es mir ja noch nicht gesagt.«

»Was, das von Joe Garland?«

»Ja, von Joe Garland. Wer ist er?«

»Er ist Ihr Bruder, wenn ich mir erlauben darf, das zu sagen.«

»Danke, John. Gute Nacht!«

»Und das wußten Sie nicht?« fragte der Alte, der jetzt, da der kritische Punkt überstanden war, nichts dagegen hatte zu warten.

»Danke, John. Gute Nacht!« lautete die Antwort.

»Jawohl, vielen Dank, Ich glaube, es gibt Regen. Gute Nacht!«

Von einem klaren Himmel voller Sterne und Mondschein fiel ein so feiner Regen, daß er an eine Dampfwolke erinnerte. Niemand kümmerte sich darum; die Kinder setzten ihr Spiel fort, liefen mit bloßen Beinen durch das Gras und hüpften im Sand; und wenige Minuten später hatte er aufgehört. Im Südosten hob die Diamantenspitze ihre schwarze, scharfgezeichnete Kratersilhouette zu den Sternen. Schläfrig und monoton warf die Brandung ihren Schaum auf den Sand und ins Gras hinauf, und weit draußen konnte man Schwimmer als schwarze Punkte im Mondschein sehen. Die Stimmen der Männer, die einen Walzer sangen, verhallten; und in der Stille, unter den Bäumen, ertönte ein Frauenlachen, das wie ein Liebesschrei war. Percival Ford fuhr zusammen und dachte an die Worte Dr. Kennedys. Bei den Ausleger-Kanus, die auf den Sand gezogen waren, sah er Männer und Frauen, Kanaken, die in schmachtenden Stellungen wie Lotosesser ruhten, Frauen in weißen Holokus; und neben einem solchen Holoku sah er das dunkle Haupt vom Steuermann des Kanus an die Schulter der Frau gelehnt. Weiter unten, wo der Sandstreifen bei der Laguneneinfahrt breiter wurde, sah er einen Mann und eine Frau Seite an Seite sich ergehen. Als sie sich dem erleuchteten Lanai näherten, sah er die Hand der Frau abwärts streifen und einen umschlingenden Arm entfernen. Als sie vorbeigingen, nickte Percival Ford einem Hauptmann, den er erkannte, und der Tochter eines Majors zu. Lebensrauch, das war es — ein umfassender Ausdruck. Und wieder ertönte unter dem dunklen Johannisbrotbaum ein Frauenlachen, das wie ein Liebesschrei war, und an seinem Stuhl vorbei wurde ein barfüßiges Kind von einem scheltenden japanischen Kindermädchen geführt, um zu Bett gebracht zu werden. Die Sänger stimmten sanft und schmelzend ein hawaiisches Liebeslied an, und Offiziere und Damen glitten umschlungen vorbei und wirbelten über den Lanai; und wieder lachte die Frau unter den Johannisbrotbäumen.

Aber Percival Ford fühlte nur Unbehagen über das alles. Ihn irritierten das Liebeslachen der Frau, der Steuermann, der seinen Kopf an den weißen Holoku lehnte, die Paare, die sich am Strande ergingen, die tanzenden Offiziere und Damen, die Stimmen der Sänger, die von Liebe sangen, und sein Bruder, der, einer von ihnen, drunten unter dem Haubaum sang. Namentlich die lachende Frau irritierte ihn. Ein merkwürdiger Gedanke stieg in ihm auf. Er war der Sohn Isaac Fords, und was Isaac Ford zugestoßen war, konnte auch ihm zustoßen. Er fühlte bei dem Gedanken die schwache Wärme einer Röte in seine Wangen steigen, er spürte einen scharfen Stachel der Scham. Er erschrak über das, was in seinem Blute war. Es war ihm, als erführe er plötzlich, daß sein Vater aussätzig gewesen war und daß vielleicht auch er in seinem eigenen Blute den Keim dieser furchtbaren Krankheit trug. Isaac Ford, der gestrenge Kämpfer des Herrn — ein alter Heuchler! Welcher Unterschied war zwischen ihm und irgendeinem Lumpen? Das Haus des Stolzes, das Percival Ford erbaut hatte, stürzte jetzt über seinem

Haupte zusammen. Die Stunden verrannen, die Offiziere lachten und tanzten, das eingeborene Orchester spielte, und Percival Ford kämpfte mit dem plötzlich erstandenen, überwältigenden Problem, das ihm aufgezwungen worden war. Er betete still, den Ellbogen auf den Tisch gestützt und den Kopf in die Hand gelehnt, so daß er wie ein müder Zuschauer aussah. Zwischen den Tänzen kamen die Offiziere, ihre Damen und die Zivilisten zu ihm und plauderten konventionell, und wenn sie nach dem Lanai zurückkehrten, nahm er seinen Kampf wieder auf, wo er ihn unterbrochen hatte.

Er begann sein zerbrochenes Götzenbild Isaac Fords wieder zusammenzustücken, und um es zu flicken, benutzte er eine schlaue, verzwickte Logik. Sie war von der Art, wie sie in den Gehirn-Laboratorien von Egoisten gebraut wird, und sie erfüllte ihren Zweck. Es war unumstößlich, daß sein Vater aus einem feineren Stoff geschaffen war als seine Umgebung; aber doch war der alte Isaac erst in der Schöpfung begriffen gewesen, während er selbst, Percival Ford, fertig geschaffen war. Als Beweis dafür verzieh er seinem Vater und erhöhte dadurch gleichzeitig sich selber. Sein kleines mageres Ich wuchs zu riesigen Dimensionen. Er war groß genug, um zu verzeihen. Er glühte vor Stolz bei dem Gedanken hieran. Isaac Ford war groß gewesen, aber er selbst war größer, denn er konnte Isaac Ford verzeihen und ihm sogar in seiner Erinnerung seinen heiligen Platz wieder einräumen, wenn auch der Platz nicht mehr ganz so heilig war, wie er gewesen. Er fand es sogar richtig, daß Isaac Ford das Ergebnis seines einzigen Fehltritts ignoriert hatte. Er würde es auch ignorieren, jawohl!

Der Ball war zu Ende. Das Orchester hatte »Aloha

Oe« gespielt und schickte sich an heimzugehen. Percival Ford klatschte in die Hände, und der japanische Diener erschien.

»Sag dem Mann, daß ich mit ihm reden will«, sagte er und zeigte auf Joe Garland. »Sag ihm, daß er herkommen soll, gleich.«

Joe Garland näherte sich und blieb ehrerbietig in einer Entfernung von einigen Schritten stehen, während er nervös an der Gitarre zupfte, die er noch in der Hand hielt. Der andere bat ihn nicht, sich zu setzen.

»Du bist mein Bruder«, sagte er.

»Ja, das wissen alle«, lautete die verwunderte Antwort.

»Ja, das höre ich«, sagte Percival Ford trocken. »Aber ich habe es erst heute erfahren.«

Der Halbbruder wartete, unangenehm berührt, in dem eintretenden Schweigen, während Percival Ford kaltblütig überlegte, was er sagen sollte.

»Erinnerst du dich des ersten Tages, als ich in die Schule kam und die Jungen mich untertauchten?« fragte er. »Warum nahmst du meine Partei?«

Der Halbbruder lächelte verlegen.

»Weil du es wußtest?«

»Ja, das war der Grund.«

»Aber ich wußte es nicht«, sagte Percival Ford in derselben trockenen Weise.

»Nein«, sagte der andere.

Wieder trat Schweigen ein. Die Diener begannen das Licht auf dem Lanai auszulöschen.

»Jetzt ... weißt du es«, sagte der Halbbruder leichthin. Percival Ford runzelte die Stirn. Dann betrachtete er den andern nachdenklich.

»Was willst du haben, um die Insel zu verlassen und nie wiederzukommen?« fragte er.

»Um nie wiederzukommen?« stammelte Joe Garland. »Dies ist das einzige Land, das ich kenne. Andere Länder sind kalt. Ich kenne keine andern Länder. Ich habe viele Freunde hier. In andern Ländern wird nicht eine Stimme sein, die sagt: ›Aloha, Joe, mein Freund.‹«

»Ich sagte: Um nie wiederzukommen«, wiederholte Percival Ford. »Die Alameda geht morgen nach San Francisco ab.«

Joe Garland war verwirrt.

»Aber warum?« fragte er. »Jetzt weißt du doch, daß wir Brüder sind.«

»Eben darum«, lautete die Antwort. »Wie du selbst sagtest: alle Menschen wissen es. Ich will dich gut dafür bezahlen.«

Alle Verlegenheit fiel von Joe Garland ab. Alle Ungleichheit in Geburt und gesellschaftlicher Stellung verschwunden.

»Du willst, daß ich fortgehe?« fragte er.

»Ich wünsche, daß du fortgehst und nie wiederkehrst«, antwortete Percival Ford.

Und in diesem Augenblick war es ihm blitzhaft, als sähe er den Bruder sich über ihn erheben wie ein Berg und sich selbst einschrumpfen und zu mikroskopischer Kleinheit schwinden. Aber es tut einem Menschen nicht gut, sich selbst in der richtigen Größe zu sehen, und keiner kann sich lange so sehen und dabei am Leben bleiben; und nur einen einzigen kurzen Augenblick sah Percival Ford sich und seinen Bruder in der richtigen Perspektive. In der nächsten Sekunde wurde er wieder von seinem mageren, unersättlichen Ich beherrscht.

»Wie gesagt, ich werde dich dafür schadlos halten. Du sollst nicht darunter zu leiden haben. Ich will dich gut bezahlen.«

»Schön«, sagte Joe Garland. »Dann werde ich fort-
gehn.« Er schickte sich zum Gehen an.

»Joe!« rief der andere. »Du kannst dich morgen früh
an meinen Rechtsanwalt wenden. Fünfhundert sofort
und zweihundert monatlich, solange du fortbleibst.«

»Sehr freundlich von dir«, antwortete Joe Garland
sanft. »Zu freundlich. Aber ich glaube nicht, daß ich
dein Geld brauche. Ich fahre morgen mit der Alameda
ab.«

Er ging, ohne sich zu verabschieden.

Percival Ford klatschte in die Hände.

»Ein Limonade!« befahl er dem Japaner.

Und über der Limonade lächelte er lange und selbst-
zufrieden vor sich hin.

Der Teufel von Fuatino

Von all seinen vielen Schonern und Kuttern, die zwischen den Koralleninseln der Südsee herumpirschten, liebte David Grief die Rattler am meisten. Es war dies ein jachtähnlicher Schoner von neunzig Tonnen, der so schnell war, daß er in den Tagen des Opiumschmuggels von San Diego nach Puget Sound berühmt gewesen war. Er hatte Robbenraubfang im Beringmeer und Waffenschmuggel im Fernen Osten betrieben. Allen Regierungsbeamten ein Dorn im Auge, war das Schiff die Freude aller Seefahrer und der Stolz seines Erbauers gewesen. Und noch jetzt, nach vierzig Jahren, war sie die alte, gute Rattler, die die Wogen so prachtvoll durchschnitt, daß ein Seemann es sehen mußte, um es zu glauben, und immer noch verursachte sie in den Häfen von Valparaiso bis Manila manche heftige Debatte, bei der Zunge wie Fäuste gebraucht wurden.

In der Nacht, von der hier die Rede ist, machte sie bei der denkbar schwächsten Brise mit ganz schlaff hängendem Großsegel eine Fahrt von vier Knoten durch die ruhige See. Eine Stunde lang hatte David Grief sich vorn in Lee über die Reling gelehnt und in das phosphoreszierende Kielwasser gestarrt. Der von den Toppsegeln zurückgefächelte schwache Lufthauch strich ihm kühl über die Wangen, und er begeisterte sich an seinem herrlichen Schiff.

»Ach, ist sie nicht prächtig, Taute, was?« sagte er zu dem Kanaken, der den Ausguck hatte, und seine Hand streichelte zärtlich die Teakholzreling.

»Eh, Kapitän«, antwortete der Kanake mit der reichen, kraftvollen, klingenden Stimme des Polynesiers, »dreißig Jahre befahre ich die See, aber noch nie habe ich ein Schiff wie dieses gesehen. Auf Raiatea nennen wir sie Fanauao.«

»Die Taggeborene«, übersetzte Grief den Kosenamen. »Wer nannte sie so?«

Ehe Taute antworten konnte, sah er gerade voraus etwas, was seine Aufmerksamkeit völlig in Anspruch nahm.

Grief blickte ebenfalls hin.

»Land«, sagte Taute.

»Ja, Fuatino«, bestätigte Grief, dessen Augen noch auf der Stelle ruhten, wo der sternenleuchtende Horizont von einem dunklen Punkt durchbrochen wurde.

»Es stimmt, ich werde dem Kapitän Bescheid sagen.«

Die Rattler glitt weiter, bis man die Umrisse der Insel sehen, das schläfrige Brüllen der Brandung und das Meckern der Ziegen hören und den Blumenduft, den der Landwind herübertrug, spüren konnte.

»Wenn kein Riff wäre, könnten wir in einer Nacht wie dieser glatt einfahren«, meinte Kapitän Glass, der den Rudergast beaufsichtigte, welcher das Rad jetzt hart herumlegte.

Eine Meile vom Lande entfernt drehte die Rattler bei, um das Tageslicht abzuwarten, ehe sie sich in die gefährliche Einfahrt von Fuatino wagte. Es war eine völlig tropische Nacht, ohne einen Hauch, ohne eine Spur von Regen. Vorn legten sich die Raiatea-Matrosen zum Schlafen auf das Deck. Achtern bereiteten der Kapitän, der Steuermann und David Grief sich ihre Betten in ähnlich primitiver Weise. Sie legten sich auf ihre Decken, rauchten und erzählten sich leise, was sie von Mataara, der Königin von Fuatino, und von der Liebesgeschichte ihrer Tochter Naumoo und Motuaro wußten.

»Ja, es ist eine sehr romantische Rasse«, sagte Brown, der Steuermann, »ebenso romantisch wie wir Weißen.«

»Gerade so romantisch wie Pilsach«, lachte Grief, »und das will etwas heißen. Wie lange ist es eigentlich her, Kapitän, daß er ihnen durchbrannte?«

»Elf Jahre«, grunzte Kapitän Glass ärgerlich.

»Erzählen Sie ein bißchen davon«, bat Brown. »Es heißt, daß er Fuatino seitdem nicht mehr verlassen hätte. Stimmt das?«

»Das stimmt«, polterte der Kapitän. »Er ist in seine Frau verliebt. Das verteufelte kleine Frauenzimmer! Hat ihn mir einfach gestohlen, und einen bessern Seemann hat's auf diesen Meeren nie gegeben, wenn er auch Holländer ist.«

»Deutscher«, berichtigte Grief.

»Das kommt auf eins hinaus«, lautete die Antwort. »In der Nacht, als wir hier an Land gingen und Notutu ihren Blick auf ihn warf, war die See um einen guten Mann ärmer. Sie glotzten sich beide schön an. Ehe man Pieps sagen konnte, hatte sie ihm einen Kranz aus irgendwelchen weißen Blumen auf den Kopf gesetzt, und fünf Minuten später liefen sie wie ein paar Kinder, sich an den Händen haltend, über den Strand. Ich hoffe nur, daß er jetzt den großen Korallenblock im

Kanal gesprengt hat. Ich schramme mir jedesmal eine Kupferplatte daran ab.«

»Erzählen Sie weiter«, drängte Brown.

»Das ist alles. Es war aus mit ihm. Heiratete noch dieselbe Nacht und kam nicht mehr an Bord. Am nächsten Tage suchte ich ihn auf. Fand ihn in einer Grashütte im Busch, barfüßig, ein weißer Wilder, ganz unter Blumen und anderm Zeugs vergraben und auf einer Gitarre spielend. Sah aus wie 'n Pfingstochse. Sagte mir, ich solle seine Sachen an Land schicken. Ich sagte, erst wolle ich ihn gehängt sehen. Das ist die ganze Geschichte. Morgen werden Sie die beiden sehen. Jetzt haben sie noch dazu drei Junge, prächtiges kleines Gesindel. Ich habe ihm ein Grammophon und eine Menge Platten mitgebracht.«

»Und dann machten Sie ihn zum Händler?« wandte sich der Steuermann an Grief.

»Was blieb mir übrig? Fuatino ist ein Land der Liebe und Pilsach ein Liebender. Er kennt die Eingeborenen und ist nebenbei einer der besten Händler, die ich jemals hatte. Er ist durchaus zuverlässig. Sie werden ihn ja morgen kennenlernen.«

»Hören Sie mal, junger Mann«, sagte Kapitän Glass drohend zu seinem Steuermann. »Sind Sie romantisch veranlagt? Wenn Sie es sind, dann bleiben Sie gefälligst an Bord. Fuatino ist das Land der romantischen Tollheit. Jeder ist in irgend jemand verliebt. Sie leben nur für die Liebe. Es kommt von der Kokosmilch oder von der Luft und der See. Die Geschichte dieser Insel besteht seit zehntausend Jahren nur aus Liebesgeschichten. Ich weiß das. Ich habe mit den Alten gesprochen. Und wenn ich Sie auf dem Strand erwische Hand in Hand —«

Plötzlich hielt er inne. Die beiden andern folgten seinem Blick, der am Großmast vorbei an die Reling glitt, und sahen eine braune Hand und einen muskulösen, nassen Arm, denen gleich darauf ein zweite Hand und ein zweiter Arm folgten. Dann kam ein Kopf mit langen, wirren Locken und ein Gesicht, in dem ein paar schelmische schwarze Augen lachend blitzten.

»Mein Gott«, stammelte Brown. »Ein Faun — ein richtiger Meeresfaun.«

»Der Ziegenmann«, sagte Glass.

»Es ist Mauriri«, sagte Grief. »Mein Blutsbruder nach dem heiligen Brauch der Eingeborenen. Mein Name ist der seine, seiner der meine.«

Breite braune Schultern und eine prachtvolle Brust schoben sich über die Reling, dann folgte, wie ohne Anstrengung, der mächtige Körper, und der Mann betrat geräuschlos das Deck.

Brown, der sich zu allem andern eher als zum Steuermann eines Südseeschoners eignete, war entzückt. Alles, was er darüber gelesen hatte, mußte den Gedanken an einen Faun in ihm wachrufen.

›Aber ein trauriger Faun‹, dachte der junge Mann, als der goldbraune Waldgott über das Deck auf den mit ausgestreckter Hand dasitzenden David Grief zuschritt.

»David«, sagte David Grief.

»Mauriri, mein Großer Bruder«, sagte Mauriri.

Und während des ganzen Gesprächs nannte jeder den andern bei seinem eigenen Namen, wie Männer tun, die Blutsbrüderschaft geschlossen haben. Im übrigen sprachen sie Polynesisch, und Brown konnte nur erraten, wovon die Rede war.

»Du bist weit geschwommen, um Talofa zu sagen«, meinte Grief, als der andre sich, von Wasser triefend, niedersetzte.

»Viele Tage und viele Nächte habe ich nach dir ausgespäht, Großer Bruder«, erwiderte Mauriri. »Ich saß auf dem Großen Felsen, wo das Dynamit aufbewahrt wird, zu dessen Wächter man mich gemacht hat. Ich sah dich einlaufen und wieder in der Dunkelheit verschwinden. Ich dachte mir, daß du bis zum Morgen warten würdest, und folgte dir. Große Trauer ist über uns gekommen. Mataara hat viele Tage nach deinem Kommen gerufen. Sie ist eine alte Frau, Motuaro ist tot, und sie ist traurig.«

»Heiratete er nicht Naumoo?« fragte Grief, nachdem er den Kopf geschüttelt und geseufzt hatte, wie es die Sitte gebot.

»Ja. Schließlich liefen sie zu den Ziegen und lebten dort, bis Mataara ihnen verzieh; dann kehrten sie zu ihr in das große Haus zurück. Aber jetzt ist er tot, und Naumoo wird auch bald sterben. Groß ist unser Schmerz, Großer Bruder. Tori ist tot und Tati-Tori und Petoo und Nari und Pilsach und viele andere.«

»Pilsach auch!« rief Grief. »War denn eine große Krankheit?«

»Es war ein großes Sterben. Höre, Großer Bruder. Vor drei Wochen kam ein fremder Schoner. Vom Großen Felsen aus sah ich seine Masten. Er wurde von den Booten eingeschleppt und lief mehrmals auf die Riffe auf. Jetzt liegt er auf dem Strande, und sie bessern die Schäden aus. Es sind acht weiße Männer an Bord. Sie haben Frauen mit von einer Insel weit im Osten. Die Frauen reden eine Sprache, die der unsern ähnlich ist, so daß wir sie verstehen können. Sie sagen, daß die Männer auf dem Schoner sie gestohlen haben. Wir wissen es nicht, aber sie singen und tanzen und sind glücklich.«

»Und die Männer?« unterbrach ihn Grief.

»Sie sprechen Französisch. Ich weiß es, denn vor langer Zeit war auf deinem Schoner ein Steuermann, der Französisch sprach. Sie haben zwei Häuptlinge, und die sehen nicht wie die andern aus. Sie haben blaue Augen wie du und sind Teufel. Einer ist ein größerer Teufel als der andre. Die übrigen sechs sind auch Teufel. Sie zahlen uns nichts für unsre Jamswurzeln, unsern Taro, unsre Brotfrüchte. Sie nehmen uns alles, und wenn wir uns beklagen, dann töten sie uns. So wurden Tori und Tati-Tori und Petoo und andre getötet. Wir können nicht kämpfen, denn wir haben keine Flinten — nur zwei oder drei alte.

Sie mißhandeln unsre Frauen. Motuaro wurde getötet, als er Naumoo verteidigte, die sie nun auf ihren Schoner gebracht haben. Aus demselben Grunde wurde Pilsach getötet. Der eine von den beiden Häuptlingen, der größte Teufel, schoß auf ihn in seinem Walboot und dann noch zweimal, als er auf den Strand zu kriechen versuchte. Pislach war ein tapferer Mann, und jetzt sitzt Notutu in ihrem Hause und weint ohne Aufhören. Viele, die sich fürchteten, sind fortgelaufen, um bei den Ziegen zu leben. Aber in den Bergen ist nicht Nahrung genug für sie alle. Und keiner will mehr fischen und in den Gärten arbeiten, weil die Teufel ihnen alles, was sie haben, fortnehmen. Aber wir sind bereit zu kämpfen.

Großer Bruder, wir brauchen Gewehre und viel Munition. Ehe ich zu dir herausschwamm, benachrichtigte ich die Männer, und sie warten. Die fremden weißen Männer wissen nicht, daß du gekommen bist. Gib mir ein Boot und Gewehre, und ich bin drüben, ehe die Sonne aufgeht. Und wenn du morgen kommst, wirst du uns bereit finden, unter deinem Befehl die fremden Weißen zu töten. Sie müssen getötet werden. Großer

Bruder, du bist von unserm Blut, und Männer und Frauen haben die Götter um dein Kommen angefleht, und nun bist du gekommen.«

»Ich werde dich im Boot an Land begleiten«, sagte Grief.

»Nein, Großer Bruder«, entgegnete Mauriri, »du mußt auf dem Schoner bleiben. Die fremden weißen Männer werden den Schoner fürchten und gar nicht an uns denken. Wir werden Gewehre haben, ohne daß sie es wissen. Sobald sie deinen Schoner erblicken, werden sie sich fürchten. Schicke lieber diesen jungen Mann mit dem Boot.«

Und so kam es, daß Brown, durchzittert von der Romantik der Abenteuer, von denen er gelesen und gehört, die er aber nie erlebt hatte, auf dem Achtersitz eines mit Gewehren und Munition angefüllten Walbootes Platz nahm, das von vier Raiatea-Matrosen gerudert und von einem goldbraunen, aus dem Meere getauchten Faun durch die warme tropische Dunkelheit nach der sagenhaften Liebesinsel Fuatino gesteuert wurde, die von Seeräubern überfallen worden war.

Wenn man eine Linie von Jaluit in den Marschall-Inseln bis Bougainville in den Salomon-Inseln und mitten durch diese Linie eine andere nach Ukuor in den Karolinen zieht, so stößt man, zwei Grad südlich vom Äquator, auf Fuatino, das hoch aus diesem einsamen Meere emporragt. Von einem den Hawaiianern, Samoanern, Tahitianern und Maoris verwandten Stamm bewohnt, bildet diese Insel die äußerste Spitze eines Keils, den die Polynesier weit nach Westen zwischen Melanesier und Mikronesier getrieben haben.

Und nach Fuatino steuerte David Grief am nächsten Morgen — zwei Meilen östlich und dann gerade in die aufgehende Sonne hinein. Der leichte Wind hielt an. Die Rattler glitt durch die glatte See mit einer Schnelligkeit, die für jeden anderen Südseeschoner bei dreifach stärkerem Winde ungewöhnlich gewesen wäre. Fuatino war nichts als ein alter Krater, der in Urzeiten durch eine verheerende Katastrophe vom Meeresgrunde emporgeschleudert war. Im Westen bildete der bis zur Meereshöhe abgebröckelte Kraterrand selbst die Hafeneinfahrt. Derart war Fuatino ein zackiges, nach Westen offenes Hufeisen. Und in dieses Hufeisen hinein steuerte nun die Rattler. Kapitän Glass stand auf Deck, das Glas in der Hand, und blickte auf seine selbstverfertigte Seekarte, die er auf dem Kajütendach ausgebreitet hatte. Dann richtete er sich mit einem halb bestürzten, halb ergebenen Ausdruck auf.

»Ich spüre, daß es kommt«, sagte er, »das Fieber. Es ist eigentlich erst morgen fällig. Es packt mich immer tüchtig, Herr Grief. In fünf Minuten weiß ich nichts mehr von mir. Sie werden selbst den Schoner führen müssen.

Boy! Mach meine Koje zurecht. Viele Decken! Und füll die Wärmflasche!

Es ist so still, Herr Grief, daß ich glaube, Sie kommen am großen Riff vorbei, ohne zu bugsieren. Gehen Sie einfach in den Wind. Die Rattler ist das einzige Fahrzeug in der ganzen Südsee, das es machen kann, und ich weiß, daß Sie den Trick kennen. Sie können eben um den Großen Felsen herumkommen, aber achten Sie auf den Großbaum.«

Er hat hastig, fast wie ein Betrunkener gesprochen; sein schwindelndes Hirn kämpfte gegen den drohenden Malariaanfall. Als er auf die Kajütentreppe zuwankte, wurde sein Gesicht schon fleckig und rot, wie mit einem schrecklichen Ausschlag übersät. Seine Augen wurden glasig, seine Hände zitterten, und seine Zähne schlugen frostklappernd zusammen.

»Es dauert zwei Stunden, ehe ich in Schweiß gerate«, stammelte er mit einem unheimlichen Grinsen, »und dann noch ein paar Stunden, und ich bin wieder in Ordnung. Ich kenne die verfluchte Geschichte durch und durch. S-S-S-ie n-n-ehmen d-d-d-« Seine Stimme sank zu einem undeutlichen Gestammel herab. In der Kajüte brach er zusammen, und sein Dienstherr mußte den Befehl über den Schoner übernehmen.

Die Rattler hatte gerade die Einfahrt erreicht. Die Enden der Hufeisen bildeten zwei mächtige, tausend Fuß hohe Felsen, die beide mit der eigentlichen Insel nur durch schmale Landzungen zusammenhingen. Von dem südlichen Felsen erstreckte sich ein Korallenriff fast über die ganze Breite von etwa einer halben Meile. Die von Kapitän Glass erwähnte Einfahrt wand sich durch dieses Riff hindurch, führte dann gerade auf den nördlichen Felsen zu und an ihm entlang. Der Großmast des Schiffes berührte fast die überhängende Felswand, und wenn David Grief an Steuerbord über die Reling blickte, konnte er das steil abschießende Riff zwei Faden unter sich sehen. Ein Walboot wurde zu Wasser gelassen und nahm die Rattler ins Schlepp, um sie klar vom Felsen zu halten; dann benutzte Grief die schwache Brise, schwenkte hinein und glitt an der Korallenwand entlang. Die Schiffswand schrammte den Felsen, aber so leicht, daß keine von den Kupferplatten beschädigt wurde.

Jetzt lag der Hafen von Fuatino offen vor ihm, ein runder See von fünf Meilen Durchmesser, umrahmt von dem weißen Korallenstrand, aus dem sich unvermittelt die grünbekleideten Böschungen zu den drohenden Kraterwänden erhoben. Den Kamm bildeten zakkige vulkanische Spitzen, über denen die Passatwolken wie ein Heiligenschein thronten.

Jeder Winkel, jeder Spalt in der zermürbten Lava bildete einen Stützpunkt für kriechende und kletternde Ranken und Bäume; das Grün überschäumte gleichsam den Felsen. Feine, nebelartige Wasserfälle stäubten hundert Fuß tief in den Abgrund hinunter. Und um den Zauber vollkommen zu machen, war die warme feuchte Luft schwanger vom Duft der gelben Zimtblüten.

Gegen die leichte unregelmäßige Landbrise ankreuzend, näherte sich die Rattler dem Strande. Grief holte das Walboot ein und suchte das Gestade mit dem Glase ab.

Nichts Lebendiges regte sich. In der heißen Tropensonne schlief das Land. Kein Willkommen wurde der Rattler geboten. Am Nordende des Strandes, wo der Saum von Kokospalmen das Dorf verbarg, konnte er die dunklen Steven einiger Kanus in den Kanuhäusern sehen, und hoch auf dem Strande lag der fremde Schoner. Nichts regte sich an Bord oder in der Nähe des Schiffes.

Erst fünfzig Schritt vom Strande ließ Grief in vierzig Faden Tiefe den Anker fallen. In der Mitte des Bassins hatte er vor vielen Jahren bei dreihundert Faden noch keinen Grund gefunden, was doch bei einem stillen Krater wie Fuatino zu erwarten gewesen wäre.

Als die Kette durch das Klüsgatt rasselte, bemerkte er eine Anzahl prächtig gewachsener polynesischer Frauen in wehenden Ahus und mit Blumen geschmückt an Bord des Schoners. Ferner bemerkte er, was sie nicht sahen, wie eine zusammengekauerte männliche Gestalt über das Deck huschte, sich auf den Strand hinabließ und im grünen Schirm des Busches untertauchte.

Während die Segel beschlagen, das Sonnensegel ausgespannt und das Tauwerk aufgerollt wurde, schritt Grief an Deck auf und ab und spähte vergebens nach einem Lebenszeichen an Land. Einmal hörte er unzweifelhaft in der Ferne, in der Richtung des Großen Felsens, eine Büchse knallen, da aber keine weiteren Schüsse folgten, vermutete er, daß ein Jäger eine wilde Ziege geschossen hätte.

Nach zwei Stunden hatte Kapitän Glass unter einem Berg von Decken aufgehört, vor Kälte zu zittern, und stand jetzt alle Qualen einer gründlichen Schwitzkur aus.

»In einer halben Stunde ist es vorbei«, sagte er schwach.

»Schön«, meinte Grief. »Es sieht aus, als ob die ganze Insel ausgestorben wäre; ich gehe jetzt an Land, um Mataara zu besuchen und mich über die Lage zu orientieren.«

»Es ist eine schlimme Bande, halten Sie die Augen offen«, warnte ihn der Kapitän. »Wenn Sie nicht in einer Stunde zurück sein können, so geben Sie mir Nachricht.«

Grief nahm das Ruder, und vier von seinen Raiatea-Leuten beugten sich über die Riemen.

Als sie den Strand erreicht hatten, betrachtete er neugierig die Frauen unter dem Sonnensegel des Schoners. Er winkte mit der Hand, und sie kicherten und winkten wieder.

»Talofa!« rief er. Sie verstanden ihn, erwiderten jedoch seinen Gruß mit dem Worte »Irana«, woraus er schloß, daß sie von den Gesellschafts-Inseln stammten.

Einer der Matrosen nannte, ohne zu zögern, den Namen der Insel: »Huahine«, und auf Griefs Frage bestätigten sie es unter Kichern und Lachen.

»Es sieht aus, als wäre es der Schoner vom alten Dupuy«, sagte Grief leise auf Tahitianisch. »Starrt nicht so hinüber. Was meint ihr, ist das nicht die Valetta?«

Während die Matrosen aus dem Boot kletterten und es auf den Strand zogen, warfen sie verstohlene Blicke auf das Fahrzeug.

»Es ist die Valetta«, bestätigte Taute. »Vor sieben Jahren hat sie ihren Mast verloren. In Papeete wurde ein neuer eingesetzt, der zehn Fuß niedriger war. Das ist er.«

»Geht hinüber und sprecht mit den Frauen, Jungens. Von Raiatea kann man beinahe nach Huahine hinübersehen, und ihr werdet sicher einige von ihnen kennen. Sucht soviel wie möglich zu erfahren. Und wenn sich einer von den Weißen zeigt, dann seht, ohne Streit auszukommen.«

Ein ganzes Heer von Einsiedlerkrebsen flüchtete raschelnd vor Griefs Füßen, als er über den Strand schritt; aber unter den Palmen wühlten und grunzten nicht wie sonst die Schweine. Die Kokosnüsse lagen, wie sie gefallen waren, und in den Kopraschuppen deutete nichts darauf, daß gearbeitet wurde. Fleiß und Sauberkeit waren verschwunden und die Grashütten eine wie die andre verödet. Er stieß auf einen alten Mann, der blind und zahnlos und voller Runzeln war; er saß hinter einem Baum versteckt und zitterte vor Angst, als man ihn ansprach. Grief dachte, daß der Ort wie von der Pest verheert war.

Jetzt näherte er sich dem Versammlungshause. Alles war trostlos und öde. Es waren keine mit Blumen bekränzten Männer und Mädchen zu sehen, keine braunen Kinder spielten im Schatten der Avocadobäume.

In der Tür saß, zusammengekauert und sich hin und her wiegend, die alte Königin Mataara. Bei seinem

Anblick brach sie in Tränen aus, und während sie ihm ihr Herz ausschüttete, entschuldigte sie sich immer wieder bei ihm, daß sie ihm keine Gastfreundschaft erweisen konnte.

»Sie haben Naumoo geraubt«, schloß sie. »Motuaro ist tot. Mein Volk ist geflohen und hungert bei den Ziegen. Und es gibt keinen, der dir auch nur eine Kokosnuß zum Trunk öffnen könnte. O Bruder, deine weißen Brüder sind Teufel.«

»Das sind nicht meine Brüder, Mataara«, erklärte Grief. »Es sind Räuber, Schurken, und ich werde schon die Insel von ihnen säubern —«

Er unterbrach sich und drehte sich blitzschnell um, seine Hand fuhr nach dem Gürtel, und in der nächsten Sekunde zeigte die Mündung seines großen Coltrevolvers auf das Gesicht eines krummgebeugten Mannes, der zwischen den Bäumen hervorgesprungen war. Er feuerte nicht, obwohl der Mann nicht stehen blieb, sondern sich ihm zu Füßen warf. Dann begann er einen Strom schrecklicher Laute hervorzusprudeln, und Grief erkannte in ihm das Geschöpf, das er von der Valetta fortschleichen und im Busch verschwinden gesehen hatte. Aber erst, als er den Mann aufgehoben hatte und die Zuckungen des durch eine Hasenscharte verunzierten Mundes beobachten konnte, verstand er, was der Mann sagte.

»Retten Sie mich, Herr, retten Sie mich!« jammerte der Mann auf Englisch, obwohl er unverkennbar ein eingeborener Südsee-Insulaner war. »Ich kenne Sie, retten Sie mich!«

Und dann folgte ein wilder Ausbruch unzusammenhängender Worte, der erst versiegte, als Grief ihn bei den Schultern packte und schüttelte, bis er schwieg.

»Ich kenne dich«, sagte Grief. »Du warst vor zwei

Jahren doch Koch im französischen Hotel auf Papeete. Sie nannten dich Hasenscharte.«

Der Mann nickte heftig.

»Und jetzt bin ich Koch auf der Valetta«, spie und sprudelte er, indem sein Mund verzweifelt kämpfte, um die Worte herauszubringen.

»Ich kenne Sie. Ich habe Sie im Hotel gesehen. Und ich habe Sie bei Lavina getroffen. Ich sah Sie auf der Kittiwake. Ich sah Sie auf der Mariposa-Werft. Sie sind Kapitän Grief, und Sie können mich retten. Diese Männer sind Teufel. Sie haben Kapitän Dupuy getötet. Mich haben sie gezwungen, ihnen zu helfen, die halbe Mannschaft zu töten. Zwei haben sie von den Dwarssalingen heruntergeschossen, die übrigen im Wasser. Ich kannte sie alle. Sie haben die Mädchen in Huahine gestohlen. Dann bekamen sie Verstärkung durch Verbrecher aus Noumea. Sie haben die Händler auf den Neuen Hebriden beraubt. Sie töteten den Händler in Vanikori und stahlen zwei Frauen dort. Sie —« Mehr hörte Grief nicht. Vom Hafen her ertönte das Knallen von Büchsen, und er lief zum Strand hinab. Seeräuber aus Tahiti und Sträflinge aus Neukaledonia! Eine schöne Gesellschaft! Und jetzt griffen sie offenbar den Schoner an. Hasenscharte folgte ihm, immer noch seine Geschichte von den weißen Teufeln sprudelnd.

Das Schießen hörte so plötzlich auf, wie es begonnen hatte, aber Grief rannte mit trüben Ahnungen weiter, bis er an einer Wegbiegung auf Mauriri stieß, der ihm vom Strande her entgegenlief.

»Großer Bruder«, keuchte der Ziegenmann. »Ich kam zu spät. Sie haben deinen Schoner genommen. Komm! Denn sie suchen dich schon.«

Sie liefen den Weg zurück, den Grief gekommen war.

»Wo ist Brown?« fragte er.

»Auf dem Großen Felsen. Ich erzähle es dir später. Komm jetzt!«

»Aber meine Leute im Walboot?«

Mauriri dachte an nichts, als forzukommen.

»Bei den Frauen auf dem fremden Schoner. Sie werden nicht getötet werden. Ich spreche die Wahrheit. Die Teufel brauchen Seeleute. Aber dich werden sie töten. Horch!«

Vom Wasser herüber klang ein französisches Jagdlied, von einem brüchigen Tenor gesungen.

»Jetzt gehen sie an Land. Sie haben deinen Schoner genommen — das sah ich. Komm!«

Obwohl David Grief nicht davor zurückschreckte, seine Haut zu wagen, war er doch nicht unüberlegt tollkühn. Er wußte, wann es zu kämpfen und wann es auszureißen galt, und daß er jetzt laufen mußte, war ihm keinen Augenblick zweifelhaft. Er schoß den Pfad hinauf, an dem blinden Alten, der im Schatten saß, vorbei, vorbei an Mataara, die im Eingang des Versammlungshauses zusammengekauert saß, und immer weiter, dicht hinter Mauriri. Ihm auf den Fersen folgte wie ein Hund Hasenscharte. Hinter ihnen her drangen die Rufe der Verfolger, aber der Weg, den Mauriri einschlug, war für sie schauerlich. Er verengte sich immer mehr und führte fast senkrecht empor. Das letzte Grashaus lag hinter ihnen, und durch ein hohes Dikkicht von Cassibäumen und Schwärme großer goldener Wespen ging es steil hinauf, bis es zuletzt nur noch ein Ziegensteig war.

Mauriri wies auf einen nackten Felsabsatz über ihnen.

»Wenn wir den hinter uns haben, sind wir in Sicherheit, Großer Bruder«, sagte er. »Die weißen Teufel wagen sich nicht hin, denn dort können wir ihnen Felsblöcke auf die Köpfe schleudern, und einen andern Weg gibt es nicht. Wenn wir den Felsen überschreiten, bleiben sie zurück und schießen von hier. Komm!«

Eine Viertelstunde später machten sie halt, wo der Pfad auf den nackten Felsen stieß.

»Wart einen Augenblick; dann aber schnell!« mahnte Mauriri. Er selbst sprang zuerst in die blendende Sonne, und im selben Augenblick knallten unten mehrere Büchsen. Die Kugeln umpfiffen ihn, und kleine Staubwölkchen wirbelten auf, aber er kam sicher hinüber. Grief folgte ihm, und so nahe schwirrte eine Kugel, daß er einen Schlag auf der Wange spürte. Auch Hasenscharte wurde nicht getroffen, obwohl er langsamer als die andern war.

Den Rest des Tages lagen sie in einer Felsenschlucht, wo Taro und Papaia wuchsen. Und hier erfuhr Grief alles und schmiedete seine Pläne.

»Es war ein Unglück«, sagte Mauriri. »Von allen Nächten hatten die weißen Teufel gerade diese eine zum Fischen ausersehen. Es war finster, als wir durch die Einfahrt kamen. Sie waren in Booten und Kanus. Stets haben sie ihre Büchsen bei sich. Einen Raiatea-Mann erschossen sie. Brown war sehr tapfer. Wir versuchten, an ihnen vorbei bis zum Ende der Bucht zu gelangen, wurden aber von ihnen abgeschnitten und zwischen dem Großen Felsen und dem Dorf eingeschlossen. Wir retteten die Schußwaffen und die ganze Munition, aber sie nahmen das Boot. So hörten sie von deinem Kommen. Brown ist jetzt mit den Büchsen und der Munition auf dieser Seite.«

»Aber warum kletterte er nicht über den Großen Felsen und warnte uns, ehe wir einliefen?« sagte Grief vorwurfsvoll.

»Sie kannten den Weg nicht. Nur die Ziegen und ich kennen ihn, und ich dachte nicht daran und kroch durch den Busch bis ans Wasser, um zu dir zu schwimmen. Aber die Teufel waren schon im Busch und schossen auf Brown und die Raiatea-Leute. Mich jagten sie bis spät in den Morgen hinein. Dann fuhrst du mit deinem Schoner ein, und ich entkam, aber du warst schon an Land.«

»Du warst es, der den Schuß abgab?«

»Ja, um dich zu warnen. Aber sie waren klug genug, nicht auch noch zu schießen, und es war meine letzte Patrone.«

»Und du, Hasenscharte?« fragte Grief den Koch.

Sein Bericht war lang und wurde mühsam hervorgestammelt. Vor einem Jahr hatte er auf der Valetta Tahiti verlassen und die Paumotus befahren. Besitzer und Kapitän des Schiffes war der alte Dupuy. Auf der letzten Reise hatte er in Tahiti zwei Fremde als Steuermann und Superkargo geheuert. Noch einen dritten Fremden hatte er an Bord, der auf Fanriki als Agent abgesetzt werden sollte. Steuermann und Superkargo hießen Raoul van Asveld und Karl Lepsius.

»Es sind Brüder, das weiß ich, denn ich habe sie im Dunkeln auf Deck miteinander reden hören, als sie sich unbelauscht glaubten«, erklärte Hasenscharte.

Die Valetta kreuzte durch die Low-Inseln und holte von den Stationen Dupuys Schildpatt und Perlen. Frans Amundson, so hieß der dritte Fremde, löste Pierre Gollard in Fanriki ab. Pierre Gollard kam an Bord, um nach Tahiti zurückzukehren. Die Eingeborenen von Fanriki sagten, er hätte eine Menge Perlen für Dupuy.

In der ersten Nacht nach der Abfahrt von Fanriki gab es eine Schießerei in der Kajüte. Dann wurden die Leichen von Dupuy und Pierre Gollard über Bord geworfen.

Die Tahiti-Leute flüchteten ins Vorderkastell und blieben dort zwei Tage lang ohne Nahrung. Dann ließ Raoul van Asveld ihnen durch Hasenscharte Essen bringen, in das er Gift getan hatte. Die Hälfte der Matrosen starb.

»Er richtete seine Büchse auf mich, Herr, was konnte ich tun?« wimmerte Hasenscharte. »Zwei von den Tahiti-Leuten flohen in die Takelung und wurden erschossen. Fanriki war zehn Meilen entfernt, aber trotzdem sprangen die übrigen über Bord, um hinzuschwimmen. Sie wurden im Wasser erschossen. Nur ich und die beiden Teufel blieben am Leben. Ich sollte für sie kochen. Sie fuhren nach Fanriki zurück und holten Frans Amundson ab, der mit ihnen im Bunde war.«

Dann folgte der Bericht über Hasenschartes Leiden während der zweiten Fahrt des Schoners nach Westen. Als einziger überlebender Zeuge wußte er, daß sie ihn getötet haben würden, wenn sie ihn nicht als Koch gebraucht hätten. In Noumea hatten sich ihnen fünf Sträflinge angeschlossen. Hasenscharte durfte nirgends an Land gehen, und Grief war der erste Mensch, dem er sein Herz ausschütten konnte.

»Und jetzt werden sie mich töten«, sprudelte Hasenscharte, »denn sie wissen, daß ich Ihnen alles erzählt habe. Aber ich bin kein Feigling, und ich will bei Ihnen bleiben, Herr, und mit Ihnen sterben.«

Der Ziegenmann schüttelte den Kopf und stand auf.

»Leg dich schlafen«, sagte er zu Grief. »Wir müssen heute nacht weit schwimmen. Den Koch werde ich jetzt höher in die Berge bringen, wo meine Brüder mit den Ziegen leben.«

»Es ist gut, daß du schwimmst wie ein Mann, Großer Bruder«, flüsterte Mauriri.

Von der Bergschlucht waren sie zum Strande der Bucht hinabgestiegen. Sie schwammen leise, ohne zu plätschern, Mauriri voran. Die schwarzen Kraterwände erhoben sich rings um sie, und es sah aus, als schwämmen sie auf dem Grunde einer gewaltigen Schüssel. Über ihnen wölbte sich, schwach leuchtend, der von Sternen überstäubte Himmel. Vor sich konnten sie die Lichter der Rattler erblicken, und aus der Ferne erklangen die Töne eines Chorals von dem Grammophon, das für Pilsach bestimmt gewesen war.

Die beiden Schwimmer wandten sich nach links, um dem gekaperten Schiff nicht zu nahe zu kommen. Die Klänge des Chorals wurden von Lachen und Singen abgelöst, und dann setzte das Grammophon wieder ein.

Grief mußte lächeln, als jetzt »Führe mich, freundliches Licht« über die dunkle Fläche klang.

»Wir müssen durch das Riff und versuchen, auf den Großen Felsen zu kommen«, flüsterte Mauriri. »Die Teufel haben die Landzunge besetzt. Horch!«

Ein halbes Dutzend Büchsenschüsse, die in unregelmäßigen Abständen knallten, bezeugten, daß Brown noch den Felsen hielt und daß die Piraten ihn von der Landzunge aus belagerten.

Nach zwei Stunden hatten sie den finster dräuenden Schatten des Großen Felsens erreicht. Mauriri tastete sich vorwärts, bis er einen Spalt fand, der hundert Fuß aufwärts zu einem schmalen Grat führte.

»Warte hier«, sagte Mauriri. »Ich gehe zu Brown. Am Morgen kehre ich zurück.«

Mauriri lauschte in die Finsternis.

»Selbst du, Großer Bruder, kannst das nicht. Ich bin

der Ziegenmann, und auf ganz Fuatino bin ich der einzige, der nachts über den Großen Felsen gehen kann, ja, es ist das erstemal, daß selbst ich es tue. Strecke die Hand aus. Fühlst du etwas? Hier liegt Pilsachs Dynamit. Lege dich nicht an die Wand, und du kannst gut schlafen, ohne hinabzustürzen. Ich gehe jetzt.«

Und hoch über der rauschenden Brandung, auf einem schmalen Felsvorsprung saß David Grief neben einer Tonne Dynamit und entwarf seinen Kriegsplan, dann legte er den Kopf auf seinen Arm und schlief ein.

Als Mauriri ihn am Morgen über den Gipfel des Großen Felsens führte, verstand David Grief, warum es in der Nacht nicht möglich gewesen wäre. Trotz seiner Seemannsnerven, die schwieriges Klettern gewöhnt waren, wunderte er sich, daß er das Wagestück überhaupt, selbst jetzt bei hellem Tage, unternehmen konnte. Es gab Stellen, an denen er sich, stets unter der sorgsamsten Führung Mauriris, über hundert Fuß tiefe Spalten vornüber fallen lassen mußte, bis seine ausgestreckte Hand einen Halt an der gegenüberliegenden Wand fand, worauf er die Füße nachziehen konnte. Einmal galt es, einen zehn Fuß weiten Sprung über einen tausend Fuß tief gähnenden Schlund schräg hinunter auf einen Absatz zu machen, der kaum Platz für seine Füße bot. Und einmal verlor er trotz seines kühlen Kopfes die Selbstbeherrschung, als er auf einem nur zwölf Zoll breiten Vorsprung stand, wo er nirgends einen Halt fand. Er schwankte, aber da schwang Mauriri sich an ihm vorbei über die Tiefe und versetzte ihm dabei einen scharfen Hieb auf den Rücken, der ihn wieder zu sich brachte. Jetzt verstand er, warum Mauriri die Bezeichnung »Ziegenmann« erhalten hatte.

Die Verteidigung des Großen Felsens hatte ihre Vorzüge und ihre Nachteile. Für den Belagerer uneinnehmbar, konnten zwei Mann die Stellung gegen Zehntausende halten. Dazu beherrschte sie die Ausfahrt in das offene Meer, und so konnten die beiden Schoner mit Raoul van Asveld und seiner Räuberbande nicht entkommen.

Mit seiner Tonne Dynamit, die er höher hinauf auf den Felsen geschafft hatte, war Grief Herr der Situation. Das bewies er eines Morgens, als die Schoner den Versuch machten, in See zu stechen. Die Valetta übernahm die Führung, im Schlepp des Walbootes, das mit Gefangenen aus Fuatino bemannt war.

Grief und der Ziegenmann blickten von ihrer sicheren Zuflucht dreihundert Fuß tief auf sie hinab. Ihre Gewehre lagen neben ihnen, dazu ein glimmender Feuerschwamm und ein großes Bündel mit Lunten versehener Dynamitpatronen.

Als das Boot gerade unter ihnen war, schüttelte Mauriri den Kopf:

»Es sind unsre Brüder, wir dürfen nicht schießen.«

Vorn auf der Valetta standen einige von Griefs eignen Raiatea-Leuten. Einer stand achtern am Rade. Die Piraten befanden sich unter Deck oder auf dem andern Schoner, bis auf einen, der, ein Gewehr in der Hand, mittschiffs stand. Als Deckung hielt er Naumoo, die Tochter der Königin, dicht an sich.

»Das ist der Hauptteufel«, flüsterte Mauriri, »und seine Augen sind ebenso blau wie die deinen. Er ist ein schrecklicher Mann. Schau! Er hält Naumoo vor sich, damit wir nicht auf ihn schießen können.«

Ein leichter Gegenwind und die Strömung hemmten die Schnelligkeit des Schoners.

»Sprechen Sie Englisch?« rief Grief hinunter.

Der Mann zuckte zusammen, dann hob er die Büchse und blickte hinauf. Es war etwas Blitzhaftes, Katzenartiges in seinen Bewegungen, und sein sonnengebräuntes Gesicht funkelte vor Kampfgier. Es war das Gesicht eines Mörders.

»Ja«, antwortete er. »Was wünschen Sie?«

»Kehren Sie um, oder ich sprenge den Schoner in die Luft«, warnte Grief ihn.

Er blies auf den Feuerschwaum und sagte leise zu Mauriri: »Ruf Naumoo zu, daß sie sich losreißen und nach achtern laufen soll.«

Auf der Rattler, die gleich hinterher folgte, knallten die Büchsen, und die Kugeln stoben gegen den Felsen.

Van Asveld lachte verächtlich, und Mauriri rief dem Mädchen etwas in der Sprache der Eingeborenen zu.

Als das Schiff gerade unter ihnen war, sah Grief, wie das junge Mädchen sich losriß, und im selben Augenblick berührte er mit dem Schwamm die Lunte, sprang an den Rand des Felsens und ließ das Dynamit fallen.

Van Asveld war es indessen gelungen, Naumoo wieder zu fangen, und er kämpfte mit ihr.

Der Ziegenmann hielt seine Büchse auf ihn gerichtet und wartete auf eine Gelegenheit, um zum Schusse zu kommen. Das Dynamit fiel auf Deck und rollte an das Backbordspeigatt.

Van Asveld sah es, ließ das Mädchen los, und beide liefen nach achtern, um sich in Sicherheit zu bringen.

Der Ziegenmann feuerte, traf aber nur die Ecke der Kombüse. Die Kugeln von der Rattler flogen dichter, und die beiden Männer auf dem Felsen zogen sich zurück und warteten. Mauriri wollte sehen, was unten geschah, aber Grief hielt ihn zurück.

»Die Lunte war zu lang«, sagte er. »Das nächste Mal wird es besser gehen.«

Es dauerte eine halbe Minute, ehe die Explosien erfolgte. Sie konnten indessen die Wirkung nicht gleich sehen, da die Schützen auf der Rattler sich jetzt eingeschossen hatten und ein heftiges Feuer unterhielten.

Einmal wagte sich Grief doch vor, um einen Blick hinunterzuwerfen, obwohl ihm die Kugeln um die Ohren pfiffen. An Backbord der Valetta waren Deck und Reling fortgerissen, sie krängte stark und trieb in den Hafen zurück. Die Besatzung und die Frauen von Huahine, die sich in der Kajüte der Valetta befunden hatten, schwammen zur Rattler und kletterten an Bord. Die Fuatino-Leute, die mit dem Walboot die Valetta bugsiert hatten, ruderten wild durch die Einfahrt nach dem Südstrand zurück.

Vom Ufer der Landenge ertönte das Knallen von vier Büchsen; Brown und seine Leute hatten sich einen Weg durch den Busch gebahnt und griffen jetzt ein. Auch Grief und Mauriri feuerten, vermochten aber nicht viel auszurichten, da ihre Feinde auf der Rattler Deckung hinter den Kajütenaufbauten suchten, während Wind und Strömung das Fahrzeug immer weiter zurücktrieben. Die Valetta war spurlos in der Tiefe des Kraters verschwunden. Jetzt zeigte Raoul van Asveld eine Kühnheit und Besonnenheit, die die Bewunderung Griefs erregte. Mit Büchsenschüssen von der Rattler zwang er die fliehenden Fuatino-Leute zur Umkehr: gleichzeitig schickte er die Hälfte seiner Banditen mit dem Boot an Land und ließ sie die Landenge besetzen, wodurch Brown von der Insel selbst abgeschnitten wurde. Und den Rest des Morgens hindurch konnte Grief aus dem Schießen hören, wie Brown auf der entgegengesetzten Seite nach dem Großen Felsen zurückgetrieben wurde. Mit Ausnahme des Verlustes der Valetta war die Lage unverändert.

Auf dem Großen Felsen sah es in Wirklichkeit kata-
stophal aus. Es gab weder Nahrung noch Wasser. Mehrere Nächte hintereinander schwamm Mauriri in Begleitung eines Raiatea-Mannes bis ans Ende der Bucht,
um Lebensmittel zu holen.

Dann kam eine Nacht, in der Lichter über dem Wasser
aufblitzten und Schüsse knallten. Der Große Felsen
war auch von der Wasserseite blockiert.

»Eine merkwürdige Situation«, meinte Brown, der
jetzt alle Abenteuer erlebte, von denen er geträumt
hatte. »Wir haben sie und können sie nicht loslassen,
und Raoul hat uns und kann nichts machen. Er kann
nicht entwischen, und während wir ihn bewachen, können wir verhungern.«

»Wenn es nur regnen würde, daß die Felslöcher sich
füllten«, sagte Mauriri.

Sie waren jetzt vierundzwanzig Stunden ohne Wasser.
»Großer Bruder, heute nacht werden du und ich Wasser
holen. Es ist eine Arbeit für starke Männer.«

In der Nacht führte er Grief vom Großen Felsen auf
die Landenge hinunter. Sie waren beide mit festver-
korkten Kokosnußkalabassen versehen. Dann schwammen sie etwa hundert Fuß weit hinaus. Sie konnten hin
und wieder das Plätschern von Riemen oder das Schlagen eines Paddels gegen die Kanuwand hören; zuweilen blitzte ein Streichholz auf, wenn einer der Männer
in den Booten, die die Felsen bewachten, sich eine Zigarette oder seine Pfeife anzündete.

»Warte hier und halte die Kalabassen«, flüsterte Mauriri. Dann tauchte er.

Grief beobachtete die phosphoreszierende Spur im
Wasser, die sich allmählich trübte und verschwand.

Erst nach einer guten halben Minute tauchte Mauriri
geräuschlos wieder neben ihm auf. »Hier! Trink!«

Er hatte eine Kalabasse gefüllt, und Grief trank das labende frische Wasser, das Mauriri ihm aus der salzigen Tiefe gebracht hatte.

»Es kommt vom Lande«, sagte Mauriri.

»Ganz unten auf dem Grunde?«

»Nein. Das Meer ist hier so tief, wie die Berge hoch sind. Fünfzig Fuß unter der Oberfläche strömt es. Tauch hinunter, bis du seine Kühle spürst.«

Nach Taucherart füllte und leerte Grief seine Lunge erst einigemal, ehe er tauchte. Das Wasser war salzig und warm, aber tief unten wurde es plötzlich kühl und schmeckte brackig. Dann befand er sich in dem klaren unterseeischen Strom. Er zog den Stöpsel aus der Kalabasse, und während das süße Wasser hineingurgelte, sah er, einem Seegespenst gleich, den phosphoreszierenden Umriß eines großen Fisches langsam vorbeigleiten. Dann blieb er oben und hielt das immer schwerer werdende Gewicht der Kalabassen, während Mauriri immer wieder tauchte und eine andre füllte.

»Es waren Haie da«, sagte Grief, als sie an Land zurückschwammen.

»Pah!« lautete die Antwort. »Das sind nur Fischhaie! Wir Männer von Fuatino sind ihre Brüder.«

»Aber die Tigerhaie, die habe ich auch schon hier gesehen.«

»Wenn die kommen, Großer Bruder, werden wir kein Wasser mehr zu trinken haben — es sei denn, daß es regnet.«

Eine Woche darauf schwammen Mauriri und ein Raiatea-Mann mit leeren Kalabassen zurück. Die Tigerhaie waren in die Bucht gekommen. Am nächsten Tage durstete man auf dem Großen Felsen.

»Wir müssen unser Heil versuchen«, sagte Grief.

»Heute nacht werde ich mit Mautau Wasser holen, und morgen, Bruder, wirst du mit Tehaa gehen.«

Nur drei Flaschen konnte Grief füllen, dann vertrieben die Haie sie. Sie waren sechs auf dem Felsen, und ein halber Liter täglich ist bei der sengenden Hitze der Tropen keine genügende Feuchtigkeit für den Körper eines Mannes.

In der folgenden Nacht kehrten Mauriri und Tehaa ohne Wasser zurück. Und am nächsten Tage lernte Brown den Durst kennen. Er erfuhr, was es heißt, wenn die Lippen rissig werden, daß sie bluten, wenn die Mundhöhle sich mit körnigem Schleim bedeckt und die Zunge so anschwillt, daß sie keinen Platz mehr im Munde zu finden scheint.

Bei Einbruch der Dunkelheit schwamm Grief mit Mautau hinaus.

Immer wieder tauchten sie durch die salzige Flut in den kühlen süßen Strom hinab und tranken sich satt, während die Kalabassen sich füllten.

Dann kam die Reihe an Mautau, um die letzte Kalabasse zu füllen. Grief sah von der Oberfläche aus den Schimmer der Seegespenster, dann das phantastische Phosphoreszieren eines Kampfes unter Wasser.

Er schwamm allein zurück, ohne jedoch die kostbare Last der gefüllten Kalabassen im Stich zu lassen.

Auch die Nahrung wurde knapp. Auf dem Felsen wuchs nichts, und der Fluß war zwar mit Schaltieren bedeckt, aber die Brandung war zu stark und der Hang zu abschüssig, als daß man hätte hingelangen können. Hin und wieder fanden sie in einem Spalt einige übelriechende Muscheln und Seeigel, und zuweilen glückte es ihnen, einen Fregattvogel oder eine Möwe in der Schlinge zu fangen. Dann gelang es ihnen, mit einem Stück Vogelfleisch einen Hai zu angeln. Das

Haifleisch benutzten sie wieder als Köder und fingen damit mehrere weitere Haie.

Aber der Wassermangel war schrecklich. Mauriri betete zum Ziegengott, Taute zum Gott der Missionare um Regen, und seine beiden Landsleute wurden rückfällig und riefen die Götter aus ihrer Heidenzeit an. Grief lächelte und dachte nach, Brown aber fluchte mit wilden Blicken und geschwollener schwarzer Zunge. Namentlich verfluchte er das Grammophon, das, wenn die kühlen Abende hereinbrachen, seine Lieder herunterleierte. Der Choral »Jenseits von Lächeln und Weinen« konnte ihn zur Verzweiflung bringen. Es schien das Lieblingslied der Besatzung zu sein und wurde immer wieder gespielt.

Wenn Brown auch vor Hunger, Durst und Schwäche halb von Sinnen war, konnte er doch dem Zirpen der Ukuleles und Gitarren und dem Singen der Huahine-Frauen ruhig lauschen. Sobald aber der Gesang des Dreifaltigkeits-Chors über das Wasser tönte, geriet er außer sich.

Eines Abends fiel sogar der brüchige Tenor ein und sang den Choral mit.

Da stand Brown auf. Und immer wieder schoß er, blind vor Wut, seine Büchse auf den Schoner ab. Männer und Frauen brachen in Lachen aus, und ein Kugelregen von der Landzunge war die Antwort.

Der Tenor aber sang, und Brown schoß, bis der Choral zu Ende gespielt war.

In dieser Nacht kehrten Grief und Mauriri nur mit einer Kalabasse zurück. Das Fehlen eines sechs Zoll langen Hautfetzens an Griefs Schulter zeugte von der Berührung mit der sandpapierartigen Haut eines Hais, dem er nur mit Mühe und Not entronnen war.

Früh am Morgen des nächsten Tages, ehe noch die Sonne ihre volle Kraft erreicht hatte, schlug Raoul van Asveld eine Unterredung vor. Brown, der hundert Schritt entfernt auf einem Ausguck gelegen hatte, brachte den Bescheid. Grief kauerte an einem kleinen Lagerfeuer und briet ein Stück Haifleisch.

Man hatte Seeanemonen und Seeigel gefunden, Tehaa hatte einen Hai geangelt und Mauriri auf dem Grunde des Spalts, in dem das Dynamit aufbewahrt wurde, einen ansehnlichen Kraken gefangen. In der Dunkelheit waren sie zudem zweimal hinausgeschwommen und hatten Wasser geholt, ehe die Tigerhaie ihnen auf die Spur gekommen waren.

»Er sagt, er möchte gern herkommen und mit Ihnen sprechen«, berichtete Brown. »Aber ich weiß ja, was der Kerl will. Er will nur sehen, wie nahe wir am Verhungern sind.«

»Bringen Sie ihn her«, sagte Grief.

»Und dann töten wir ihn«, rief der Ziegenmann froh.

Grief schüttelte den Kopf.

»Aber er ist ein Mörder. Großer Bruder, ein Ungeheuer, ein Teufel«, protestierte der Ziegenmann.

»Er darf nicht getötet werden, Bruder. Wir brechen nicht unser Wort.«

»Das ist töricht.«

»So sind wir nun einmal«, antwortete Grief ernst, indem er das Haistück über dem Feuer drehte.

Er merkte, wie Tehaa einen Blick voller Gier darauf warf.

»Tue das nicht, wenn der große Teufel kommt, Tehaa. Du mußt aussehen, als ob Hunger dir etwas ganz Unbekanntes wäre. Koche diese Seeigel, und du, Bruder, koche den Kraken. Wir werden einen Festschmaus mit dem großen Teufel halten! Spart nichts, kocht alles!«

Grief erhob sich, das Fleisch, das er briet, noch in der Hand, als Raoul van Asveld sich in Begleitung eines kräftigen irischen Terriers dem Lager näherte. Raoul beging nicht den Fehler, die Hand auszustrecken.

»Hallo!« sagte er. »Habe von Ihnen gehört.«

»Ich möchte, ich hätte nie von Ihnen gehört«, antwortete Grief.

»Danke, gleichfalls!« lautete die Antwort. »Ehe ich wußte, wer Sie waren, glaubte ich, mit einem gewöhnlichen Handelskapitän zu tun zu haben. Sonst hätten Sie mich nie hier eingeschlossen.«

»Und ich muß zu meiner Schande gestehen, daß ich Sie auch unterschätzte«, lächelte Grief. »Ich hielt Sie für einen gewöhnlichen Strandräuber und nicht für einen intelligenten Piraten und Mörder. Wir haben uns also nichts vorzuwerfen.«

Das Blut stieg in Raouls sonnengebräunte Wangen, aber er bezwang seinen Zorn. Sein Blick glitt über die Vorräte und die vollen Kalabassen, aber er ließ sich seine Überraschung nicht merken. Er war ein großer, schlanker, gut gewachsener Mann, und Grief betrachtete genau seine Züge, um seinen Charakter abzuschätzen. Die Augen waren kühn und scharf, saßen aber etwas zu dicht zusammen — ein wenig zu nahe im Verhältnis zu der breiten Stirn, dem kräftigen Kinn, den starken Kiefern und den weit ausladenden Backenknochen. Stärke! Das war es, was das Gesicht ausdrückte, und doch spürte Grief, daß dem Manne etwas Unbestimmbares fehlte.

»Wir sind beide starke Männer«, sagte Raoul mit einer Verbeugung. »Vor hundert Jahren würden wir um Kaiserreiche gekämpft haben.«

Jetzt verbeugte Grief sich.

»Aber wie die Dinge stehen, schlagen wir uns jetzt

unter dem Zwang der Gesetze gerade der Reiche, deren Geschick wir vermutlich vor hundert Jahren bestimmt haben würden«, sagte er.

»Alles wird zu Staub«, sagte Raoul sinnend, indem er sich niedersetzte. »Essen Sie nur weiter. Lassen Sie sich nicht stören.«

»Wollen Sie nicht mitessen?« forderte Grief ihn auf.

Der andere blickte ihn scharf an.

»Ich klebe von Schweiß«, sagte er. »Kann ich mich waschen?«

Grief nickte und befahl Mauriri, eine Kalabasse zu bringen.

Raoul sah dem Ziegenmann in die Augen, konnte aber nur die größte Gleichgültigkeit darin entdecken, als das kostbare Naß auf den Boden verschüttet wurde.

»Der Hund ist durstig«, sagte Raoul.

Eine zweite Kalabasse wurde dem Tiere gereicht.

Wieder forschte Raoul in den Augen des Eingeborenen, aber ohne Ergebnis.

»Tut mir leid, daß ich Ihnen keinen Kaffee anbieten kann«, entschuldigte Grief sich. »Sie müssen mit reinem Wasser vorliebnehmen. Eine Kalabasse, Tehaa! Wollen Sie nicht ein Stück Hai versuchen? Hinterher gibt es Kraken und Seeigel nebst Algensalat. Es ist schade, daß wir heute keinen Fregattvogel haben, die Leute waren aber faul und haben keinen gefangen.«

Mit einem Appetit, der nicht vor in Schmalz gebackenen Nägeln zurückgeschreckt wäre, aß Grief gedankenlos und schob die Reste dann dem Hunde hin.

»Ich fürchte, ich habe mich noch nicht recht an die primitive Kost gewöhnt«, seufzte er, sich zurücklehnend. »Die Konservenbüchsen auf der Rattler wären jetzt nicht ohne, aber dieser Dreck —« Er nahm ein halbes Pfund Haifleisch und warf es dem Hunde hin.

»Wenn Sie sich nicht bald ergeben, werde ich mich schließlich daran gewöhnen müssen.«

Raoul lachte etwas gezwungen:

»Ich bin gekommen, um Ihnen ein Angebot zu machen«, sagte er mit Nachdruck.

Grief schüttelte den Kopf.

»Von einem Vergleich kann nicht die Rede sein. Jetzt hab' ich Sie an der Leine, und ich denke nicht daran, loszulassen.«

»Sie glauben also, daß Sie mich in diesem Loch festhalten können!« rief Raoul.

»Lebendig kommen Sie nicht heraus, es sei denn an Händen und Füßen gefesselt.«

Grief betrachtete seinen Gast genau, um ihn abzuschätzen.

»Ich bin schon früher mit Leuten Ihres Schlages fertiggeworden. Wir haben die Südsee hübsch von ihnen gesäubert. Sie — nun ja, wie soll ich sagen —, Sie sind eine Art Anachronismus, Sie sind eine Rückfallsform, von der wir uns befreien müssen. Wenn ich Ihnen einen Rat geben darf, dann begeben Sie sich wieder auf den Schoner und schießen Sie sich eine Kugel durch den Kopf. Das ist die einzige Möglichkeit für Sie, dem Schicksal zu entgehen, das Ihnen sonst blüht.«

Raoul verstand, daß jede Unterhaltung fruchtlos enden mußte, und kehrte zurück mit der festen Überzeugung, daß die Männer auf dem Großen Felsen jahrelang aushalten konnten. Hätte er aber gesehen, wie Tehaa und die Raiatea-Leute sich, sobald er außer Sicht war, über die Brocken stürzten, die der Hund übriggelassen hatte, so wäre er schnell andrer Meinung geworden.

»Jetzt hungern wir zwar, Bruder«, sagte Grief. »Aber besser jetzt eine kurze Weile, als noch lange Zeit zu hungern. Nachdem der große Teufel in Hülle und Fülle bei uns gegessen und gutes Wasser getrunken hat, wird er nicht mehr lange in Fuatino bleiben. Er wird wohl schon morgen den Versuch machen wegzukommen. Heute nacht werden du und ich auf dem Gipfel des Felsens schlafen, und Tehaa, der gut schießt, wird mit uns gehen, wenn er sich hinaufwagt.«

Tehaa war der einzige der Raiatea-Leute, der das Wagestück unternehmen konnte, und als der Tag anbrach, befand sich hinter einer Barrikade von Felsblöcken, hundert Schritt von der Stelle, wo Grief und Mauriri lagen.

Das Signal gab ein heftiges Schießen von der Landenge. Brown und seine beiden Raiatea-Leute hatten den Rückzug ihrer Belagerer bemerkt und verfolgten sie jetzt durch den Busch bis an den Strand.

Eine Stunde lang konnte Grief aus seinem Ausguck nichts bemerken. Dann erschien plötzlich die Rattler, die offenbar die Ausfahrt forcieren wollte. Wie beim erstenmal mußten die gefangenen Fuatino-Leute im Walboot bugsieren. Als sie langsam unten vorbeifuhren, rief Mauriri ihnen Weisungen zu, die Grief ihm gab. Neben Grief lag ein ganzer Haufen Dynamitpatronen, die fest zusammengeschnürt und mit ganz kurzen Lunten versehen waren.

Vorn auf dem Deck der Rattler stand mitten unter den Raiatea-Matrosen, die Büchse in der Hand, einer der Verbrecher, wie Mauriri erklärte, der Bruder Raouls. Achtern neben dem Rudergast stand ein zweiter und, mit einem Tau an ihn gebunden, Mataara, die alte Königin. Auf der anderen Seite des Rudergastes stand, einen Arm in der Schlinge, Kapitän Glass. Mittschiffs sah man wieder Raoul und, fest an ihn gebunden, Naumoo.

»Guten Morgen, Herr David Grief«, rief Raoul.

»Ich habe Sie doch gewarnt und Ihnen gesagt, daß Sie die Insel nur an Händen und Füßen gefesselt verlassen würden«, rief Grief bedauernd.

»Sie können doch nicht alle Ihre Leute töten, die ich an Bord habe«, lautete die Antwort.

Der Schoner bewegte sich langsam unter den Ruderschlägen der Leute im Walboot und war beinahe unter der Stelle, wo Grief und Mauriri lagen. Die Ruderer hielten inne, wurden aber sofort von dem Mann, der vorn auf der Rattler stand, mit der Büchse bedroht.

»Wirf, Großer Bruder!« rief Naumoo in der Sprache von Fuatino. »Ich bin traurig und möchte gern sterben. Er hat sein Messer zur Hand, um das Tau zu durchschneiden, aber ich werde ihn halten. Hab keine Furcht, Großer Bruder. Wirf und wirf richtig. Lebe wohl!«

Grief zögerte, dann senkte er den Feuerschwamm, den er zu heller Glut angefacht hatte.

»Wirf!« drängte der Ziegenmann.

Noch zögerte Grief.

»Wenn Sie hinausgelangen, stirbt Naumoo doch. Und auch die andern werden getötet. Was gilt Naumoos Leben gegen das so vieler!«

»Wenn Sie das Dynamit fallen lassen oder einen einzigen Schuß abgeben, töten wir alle, die wir an Bord haben«, rief Raoul nach oben. »Jetzt habe ich Sie, David Grief. Sie können die Leute nicht töten, aber ich kann es. Halt den Mund!«

Die letzten Worte waren an Naumoo gerichtet, die in ihrer Sprache etwas hinaufgerufen hatte. Jetzt packte Raoul sie mit einer Hand am Genick, um sie zum

Schweigen zu bringen. Da schlang sie beide Arme um ihn und blickte flehend zu Grief empor.

»Werfen Sie, Herr Grief, und lassen Sie sie alle zur Hölle gehen«, rief Kapitän Glass mit seiner rauhen Stimme. »Es sind blutige Mörder, und die ganze Kajüte ist voll von ihnen.«

Der Kerl, an den die alte Königin gebunden war, drehte sich halb um und richtete die Büchse drohend auf Kapitän Glass. In diesem Augenblick feuerte Tehaa aus seinem Versteck auf ihn. Die Büchse entfiel seiner Hand, und mit einem Ausdruck tiefsten Erstaunens brach er zusammen, im Fallen die Königin mit sich reißend.

»Backbord! Hart Backbord!« schrie Grief.

Kapitän Glass und der Rudergänger legten das Ruder über, und der Bug der Rattler bewegte sich geradewegs auf den Felsen zu. Mittschiffs kämpfte Raoul noch mit Naumoo. Sein Bruder rannte ihm zu Hilfe; einige rasche Schüsse von Tehaa und dem Ziegenmann verfehlten ihn. Als er die Mündung seiner Büchse Naumoo an die Seite setzte, berührte Grief mit dem Feuerschwamm das gespaltene Ende einer Lunte. Er stieß an das große Dynamitbündel, und im selben Augenblick ging unten die Büchse los. Naumoo brach auf dem Deck zusammen, und gleichzeitig fiel das Dynamit. Diesmal war die Lunte kurz genug. In dem Augenblick, als der Sprengstoff das Deck berührte, fand die Explosion statt, und der Teil der Rattler, auf dem Raoul, sein Bruder und Naumoo gestanden hatten, verschwand für immer.

Die Seite des Schoners war zerschmettert, und er begann sofort zu sinken. Vorn sprangen alle Raiatea-Leute über Bord. Den ersten Mann, der die Kajütentreppe heraufstürmte, traf Kapitän Glass mit einem

240

wuchtigen Tritt ins Gesicht, dann aber wurde er über den Haufen geworfen und niedergetrampelt. Den Verbrechern folgten die Huahine-Frauen, und als sie über Bord gesprungen waren, sank die Rattler dicht an der Felswand. Ihre Dwarssalinge guckten noch heraus.

Grief konnte von seinem Standpunkt aus beobachten, was unter der Oberfläche geschah. Er sah Mataara, die sich von dem toten Piraten befreite und dann nach oben schwamm. Als ihr Kopf auftauchte, sah sie Kapitän Glass, der nicht schwimmen konnte, dicht neben sich untersinken. War die Königin auch eine alte Frau, so war sie doch Insulanerin. Sie schwamm zu ihm, hielt seinen Kopf über Wasser und schleppte ihn zu den Dwarssalingen.

Fünf blonde und braune Köpfe schwammen zwischen den schwarzen der Polynesier auf der Oberfläche. Grief wartete, die Büchse in der Hand, darauf, zum Schuß zu kommen. Der Ziegenmann feuerte, und im nächsten Augenblick sah man den Körper eines Mannes langsam sinken.

Aber jetzt war für die Raiatea-Leute der Augenblick der Rache gekommen. Rasch wie die Fische schwammen sie herbei, und vom Felsen konnte Grief sehen, wie die vier überlebenden Verbrecher trotz verzweifelten Widerstandes gepackt, unter Wasser gezogen und wie die Katzen ersäuft wurden.

In zehn Minuten war alles vorbei. Die Huahine-Frauen klammerten sich, lachend und kichernd, an das Walboot, das den Schoner bugsiert hatte. Die Raiatea-Leute hingen jetzt mit Kapitän Glass und Mataara an den Dwarssalingen und warteten auf Griefs Befehle.

»Die arme, alte Rattler«, sagte Kapitän Glass später traurig.

»Das hat nichts zu sagen«, antwortete Grief. »In einer

Woche haben wir sie gehoben, neue Spanten eingesetzt und können die Reise fortsetzen.«

Dann wandte er sich zur Königin:

»Wie steht es mit dir, Schwester?«

»Naumoo ist tot und Motuaro, aber Fuatino ist wieder unser. Die Sonne scheint wieder für uns. Jetzt sende ich meinem Volk bei den Ziegen in den Bergen Botschaft. Und heute abend soll ein Freudenfest im Versammlungshause gefeiert werden.«

»Wir brauchten schon längst neue Spanten achtern«, meinte Kapitän Glass. »Aber der Chronometer wird auf dieser Reise wohl nicht mehr funktionieren.«

Der unvermeidliche weiße Mann

Kein Schwarzer wird einen Weißen verstehen lernen, und kein Weißer einen Schwarzen, solange Schwarz schwarz und Weiß weiß ist«, sagte Kapitän Woodward. Wir saßen in der Gaststube von Charley Roberts' Wirtschaft in Apia und tranken große Abu Hameds, die von besagtem Charley Roberts gemischt und verteilt wurden; er behauptete, das Rezept direkt von Stevens zu haben, der sich durch die Erfindung des Abu Hamed berühmt gemacht hatte zu einer Zeit, als der ägyptische Durst ihn anspornte — Stevens, der das Buch »Mit Kitchener nach Khartum« geschrieben hatte und später bei der Belagerung von Ladysmith gefallen war.

Kapitän Woodward, klein und gedrungen, bejahrt, von vierzigjähriger Tropensonne gebräunt, mit den schönsten klaren braunen Augen, die ich je an einem Manne gesehen, sprach aus einer reichen Erfahrung. Die kreuz und quer über seine Glatze laufenden Narben redeten von vertraulichem Umgang mit den Tomahawks der Schwarzen; gleiche Vertraulichkeit bezeugten die Narben vorn und hinten an seiner rechten Halsseite, wo

einmal ein Pfeil eingedrungen und ganz hindurchge-
zogen worden war. Wie er erklärte, hatte er bei dieser Gelegenheit Eile gehabt — er wurde durch den
Pfeil am Laufen behindert —, und er hatte sich nicht
Zeit lassen können, die Spitze abzubrechen und den
Schaft auf demselben Wege herauszuziehen, den er
gekommen war. Zur Zeit war er Kommandant der
»Savaii«, des Dampfers, der an der Westküste Arbeiter
für die deutschen Plantagen auf Samoa anwarb.

»Das Unglück kommt zum größten Teil von der
Dummheit der Weißen«, sagte Roberts und machte
eine Pause, um einen tüchtigen Schluck aus seinem
Glase zu nehmen und in kraftvollen Ausdrücken auf
den Samoaner Kellner zu fluchen. »Wenn sich der
weiße Mann ein bißchen damit abgeben würde, die
Denkart des schwarzen Mannes zu verstehen, so würden die meisten Krawalle vermieden werden.«

»Ich hab' welche gesehen, die behaupteten, sich auf
Niggers zu verstehen«, erwiderte Kapitän Woodward,
»und ich hab' immer bemerkt, daß sie die ersten waren, die kai-kait (gefressen) wurden. Denken Sie an
die Missionare auf Neuguinea und den Neuen Hebriden, der Märtyrerinsel Erromanga und so weiter. Denken Sie an die österreichische Expedition, die auf den
Salomoninseln im Busch von Guadalcanar in Stücke
gehauen wurde. Und denken Sie an die Händler, selbst
die erfahrensten, die damit prahlten, daß kein Nigger
mit ihnen fertig werden würde, und deren Köpfe heute
die Dachsparren der Kanuhäuser zieren. Der alte
Johnny Simons — sechsundzwanzig Jahre hatte er an
den rauhen Küsten Melanesiens verbracht — schwor
darauf, daß er die Nigger wie ein Buch in- und aus-
wendig kenne und daß sie ihn nie kriegen würden,
und er fiel bei der Marovo-Lagune in Neugeorgien.

Der Kopf wurde ihm abgesägt von einer schwarzen Mary (Frau) und einem alten Nigger, der nur ein Bein hatte. Das andre hatte er im Maul eines Haies vergessen, als er nach Fischen tauchte, die mit Dynamit betäubt waren. Und Billy Watts, der einen furchtbaren Ruf als Niggertöter hatte, ein Mann, der den Teufel selbst in Schrecken versetzen konnte. Ich weiß noch, wie wir einmal bei Kap Little auf Neuirland lagen, wißt ihr, da stahlen die Nigger ihm eine halbe Kiste Handelstabak — kostete ihn gegen dreieinhalb Dollar. Zur Vergeltung zog er aus, erschoß sechs Nigger, zerstörte ihre Kriegskanus und brannte zwei Dörfer nieder. Und vier Jahre später wurde er bei Kap Little mit fünfzig Bukuleuten, die er zum Trepangfischen bei sich hatte, überfallen. In fünf Minuten waren sie alle tot, mit Ausnahme von drei Leuten, die in einem Kanu entkamen. Nein, reden Sie mir nicht davon, daß man was von Niggern verstehen kann. Der weiße Mann hat die Mission, die Welt in die Höhe zu bringen, und die Aufgabe ist groß genug. Hat er da noch Zeit, die Nigger zu verstehen?«

»Stimmt«, sagte Roberts. »Und alles in allem ist es auch gar nicht nötig, daß man die Nigger versteht. Je größer die Dummheit des weißen Mannes ist, desto mehr Erfolg hat er dabei, die Welt in die Höhe zu bringen —«

»Und Gottesfurcht in die Herzen der Nigger zu pflanzen«, platzte Kapitän Woodward heraus. »Vielleicht haben Sie recht, Roberts. Vielleicht ist es seine Dummheit, die ihm die Erfolge schafft, und es gehört vermutlich mit zu seiner Dummheit, daß er die Nigger versteht. Aber eins ist sicher: Der Weiße muß die Nigger beherrschen, ob er sie nun versteht oder nicht. Das ist unvermeidlich. Das ist Schicksal.«

»Und natürlich ist der weiße Mann unvermeidlich — das ist das Schicksal des Niggers«, fiel Roberts ein. »Erzählt dem weißen Manne, daß es irgendwo in einer Lagune, die mit zehntausend heulenden Kannibalen behaftet ist, Perlmuscheln gibt, und er wird ihnen entgegentreten, ganz allein, nur mit einem halben Dutzend kanakischer Taucher und einer billigen Weckuhr als Chronometer, alles wie die Sardinen in einer bequemen Jacht von fünf Tonnen verstaut. Flüstert ihm zu, daß am Nordpol eine Goldmine sei, und dasselbe unvermeidliche weißhäutige Wesen macht sich auf, mit Hacke und Schaufel, einer Speckseite und der neuesten Patent-Goldwaschwiege bewaffnet — und was mehr ist, er setzt durch, was er will. Gebt ihm einen Wink, daß die rotglühenden Wände der Hölle mit Diamanten besetzt seien, und Mr. Weißer Mann wird die Hölle stürmen und den alten Satan selbst mit Hacke und Spaten arbeiten lassen. Das sind die Folgen von Dummheit und Unvermeidlichkeit.«

»Aber ich möchte wissen, was der schwarze Mann von der — Unvermeidlichkeit denkt«, sagte ich.

Kapitän Woodward brach in ruhiges Lachen aus. Seine Augen glänzten von Erinnerungen.

»Ich denke gerade daran, was die Nigger von Mallu von dem unvermeidlichen weißen Mann dachten und noch denken müssen, den wir an Bord hatten, als wir sie mit der ›Duchess‹ besuchten«, erklärte er. Roberts mischte drei neue Abu Hameds.

»Es ist zwanzig Jahre her. Saxtorph hieß er. Er war bestimmt der dümmste Mensch, den ich je gesehen habe, aber so unvermeidlich wie der Tod. Nur eins konnte der Kerl: schießen. Ich weiß noch, wie ich ihm das erstemal in den Weg lief — gerade hier in Apia, vor zwanzig Jahren. Das war vor Ihrer Zeit, Roberts.

Ich lief im Hotel vom ›Deutschen Heinrich‹, wo jetzt der Markt ist. Habt ihr je von ihm gehört? Er verdiente ein tüchtiges Stück Geld mit Waffenschmuggel an die Rebellen, verkaufte sein Hotel und wurde genau sechs Wochen später bei einer Wirtshausrauferei getötet.

Um aber auf Saxtorph zurückzukommen: Eines Abends war ich gerade schlafen gegangen, als ein Katzenpärchen unten im Hofe zu singen begann. Da wurde im Nebenzimmer das Fenster geöffnet, zwei Schüsse fielen, und das Fenster wurde wieder geschlossen. Ich kann Ihnen kaum einen Begriff davon geben, wie schnell das ging. Es dauerte höchstens zehn Sekunden. Fenster auf, peng, peng, der Revolver, Fenster zu. Wer es auch war, so hatte er jedenfalls keine Pause gemacht, um die Wirkung seiner Schüsse zu sehen. Er kannte sie. Versteht ihr? — er kannte sie. Das Katzenkonzert war zu Ende, und am Morgen lagen die beiden Ruhestörer mausetot da. Für mich war es ein Wunder. Ist es auch heute noch. Erstens war Sternenlicht, und Saxtorph schoß, ohne zu visieren; zweitens schoß er so schnell, daß die beiden Knalle wie einer klangen, und endlich wußte er, ohne hinzusehen, daß er getroffen hatte.

Zwei Tage darauf kam er an Bord, um mich zu besuchen. Ich war damals Steuermann auf der ›Duchess‹, einem riesigen Schoner von hundertundfünfzig Tonnen, der auf Sklavenjagd ging. Und laßt euch sagen, daß Sklavenjagden in jenen Tagen Sklavenjagden waren. Es gab damals noch keine Regierungsinspektoren und anderseits auch für uns keinen behördlichen Schutz. Es ging heiß her für beide Teile, und wenn wir abgeschlachtet wurden, krähte kein Hahn danach, und wir holten Nigger von jeder Südseeinsel, von der wir nicht vertrieben wurden. Also Saxtorph kam an Bord, John Saxtorph, wie er sich nannte. Er war ein kleiner, sandfarbener Mann mit sandfarbenem Haar, sandfarbener Haut und sogar sandfarbenen Augen. Es war nichts Auffallendes an ihm. Und seine Seele war so farblos wie sein Äußeres. Er sagte, es gehe ihm dreckig und er suche eine Anstellung an Bord. Wollte als Kajütsteward, Koch, Superkargo oder gewöhnlicher Matrose fahren. Verstand nichts von irgendeinem dieser Berufe, sagte aber, daß er es lernen wolle. Ich brauchte ihn nicht, aber sein Schießen hatte solchen Eindruck auf mich gemacht, daß ich ihn als Matrosen für drei Pfund monatlich heuerte.

Er hatte wirklich den besten Willen, das muß ich zugeben. Aber er war von Natur unfähig, etwas zu lernen. Von Kompaßstrichen verstand er nicht mehr als ich vom Getränkemischen. Und sein Steuern verschaffte mir die ersten grauen Haare. Wenn Seegang war, konnte ich es nicht wagen, ihn am Ruder zu lassen. ›Voll und bei‹ und ›Dicht am Wind‹ waren und blieben ihm böhmische Dörfer. Konnte nie den Unterschied zwischen Schote und Talje lernen, konnte einfach nicht. Fock und Klüverbaum waren ein und dasselbe für ihn. Wenn man ihm sagte, er solle das Großsegel nachlassen, so hatte er, eh' man es merkte, die Piek losgemacht. Er fiel mehrmals über Bord und konnte nicht schwimmen. Aber er war immer vergnügt, niemals seekrank und der willigste Mensch, den ich je gekannt habe. Mitteilsam war er nicht. Er sprach nie von sich. Für uns begann seine Geschichte mit dem Tage, als er auf der ›Duchess‹ angeheuert wurde. Wo er schießen gelernt hatte, wußten die Sterne allein. Er war Yankee — soviel merkten wir an seiner Aussprache. Aber das war alles, was wir herausbrachten.

Und jetzt kommen wir endlich zur Sache. Wir hatten wenig Glück auf den Neuen Hebriden — nur vierzehn Mann in fünf Wochen — und fuhren südostwärts nach den Salomoninseln. Malaita war damals wie heute ein gutes Feld für Werber, und wir fuhren nach Mallu an der Nordwestecke. Dort gibt es ein Strandriff und ein äußeres Riff, und das Ankern greift die Nerven an; aber es klappte, und wir feuerten unser Dynamit ab als Signal für die Nigger, daß sie kommen und sich anwerben lassen sollten. In drei Tagen bekamen wir nicht einen Mann. Die Nigger kamen zu Hunderten in ihren Kanus zu uns, aber sie lachten nur, wenn wir ihnen Perlen und Kaliko und Beile zeigten und von den Freuden der Plantagenarbeit auf Samoa sprachen. Am vierten Tage trat ein Umschwung ein. Etwa fünfzig Mann ließen sich anwerben und wurden im Raum einquartiert, durften sich aber natürlich an Deck bewegen. Und wenn man es bedenkt, war dies Sichwerbenlassen en gros natürlich recht verdächtig, aber damals meinten wir, daß irgendein mächtiger Häuptling das Verbot, sich anwerben zu lassen, aufgehoben hätte. Am Morgen des fünften Tages gingen unsere beiden Boote wie gewöhnlich an Land — das eine, wissen Sie, um das andre im Fall von Unruhen zu dekken. Und wie gewöhnlich befanden sich die fünfzig Nigger, die wir an Bord hatten, auf Deck, lümmelten sich herum, schwatzten, rauchten, schliefen. John Saxtorph, ich und vier andre Matrosen waren allein an Bord geblieben. Die beiden Boote waren mit Gilbert-Insulanern bemannt. In dem einen befanden sich der Kapitän, der Superkargo und der Werber; in dem andern, dem Begleitboot, das hundert Ellen vom Strande ab lag, der zweite Steuermann. Beide Boote waren gut bewaffnet, obwohl man kaum Unruhen erwartete. Vier von den Matrosen, unter ihnen John Saxtorph, schrubbten die Reling bei der Hütte, der fünfte hielt, mit dem Gewhr in der Hand, am Wassertank gerade vor dem Großmast Wache. Ich war vorn beschäftigt, die letzte Hand an eine neue Klaue für die Vordergaffel zu legen. Ich wollte gerade meine Pfeife aufheben, die ich beiseite gelegt hatte, als ich einen Schuß von Land hörte. Ich richtete mich auf, um zu sehen, was los war, als irgend etwas mich am Hinterkopf traf, so daß ich fast das Bewußtsein verlor und auf das Deck schlug. Mein erster Gedanke war, daß etwas aus der Takelage heruntergefallen war; aber im Fallen, noch ehe ich aufgeschlagen war, hörte ich vom Lande ein Flintengeknatter wie von tausend Teufeln, und als ich mich zur Seite drehte, sah ich flüchtig den Matrosen, der die Wache hielt. Zwei große Nigger umklammerten seine Arme, und ein dritter bearbeitete ihm den Schädel von hinten mit dem Tomahawk.

Ich sehe es noch vor mir: den Wassertank, den Großmast, die Bande, die sich um den Matrosen drängte, die Axt, die sich auf seinen Hinterkopf senkte, und das alles in dem blendenden Sonnenlicht. Ich war gebannt von dieser wachsenden Vision des Todes. Der Tomahawk schien unendlich lange Zeit zu brauchen, um herunterzusausen. Ich sah, wie er traf und wie die Beine des Mannes nachgaben, als er zusammenbrach. Die Nigger hielten ihn aber durch ihre Kraft aufrecht, während sie ihm noch einige Axthiebe versetzten. Dann bekam ich noch zwei Hiebe über den Kopf und kam zu dem Ergebnis, daß ich tot sei. Das meinten auch die Bestien, die auf mich einhieben. Ich war zu hilflos, um mich zu bewegen, lag nur da und sah zu, wie sie der Schildwache den Kopf abhieben. Ich muß sagen, daß es recht glatt ging. Sie hatten Übung in dem Geschäft.